YINGKE®
盈科律师事务所
YINGKE LAW FIRM

『律师说法』案例集（4）

韩英伟 主编

中国商务出版社
CCTP
CHINA COMMERCE AND TRADE PRESS

图书在版编目（CIP）数据

“律师说法”案例集.4／韩英伟主编．－－北京：中国商务出版社，2022.5

ISBN 978－7－5103－4244－8

Ⅰ.①律… Ⅱ.①韩… Ⅲ.①案例－汇编－中国 Ⅳ.①D920.5

中国版本图书馆 CIP 数据核字（2022）第 065749 号

“律师说法”案例集（4）

LÜSHI SHUOFA ANLIJI（4）

韩英伟 主编

出版发行：中国商务出版社

社　　址：北京市东城区安定门外大街东后巷 28 号　邮编：100710

网　　址：http：//www.cctpress.com

电　　话：010－64212247（总编室）　010－64218072（事业部）

010－64208388（发行部）　010－64515137（事业部）

排　　版：北京墨知缘文化传媒有限公司

印　　刷：北京荣泰印刷有限公司

开　　本：710 毫米×1000 毫米　1/16

印　　张：16.5

版　　次：2022 年 5 月第 1 版　**印　　次**：2022 年 5 月第 1 次印刷

字　　数：262 千字　**定　　价**：68.00 元

编委会

策　　划： 郝惠珍

主　　编： 韩英伟

执行主编： 张印富　杨　倩

副 主 编： 刘　涛　娄　静　高　庆
王　琪　李　娟　李　韬

编　　者（按姓氏拼音首字母排序）：

付　珊　郭灿炎　郝耀华　汤学丽
潘建华　彭　坤　师　萌　王　阳
温奕昕　徐稔璎　袁方臣　张　鹏
张其元　张　颖　赵爱梅　禚　伟

序　言 PREFACE

百年奥运梦，双奥今辉煌，2022 年全国两会胜利闭幕，2022 年 3 月，《“律师说法”案例集（4）》也即将出版。本着“守正笃实，久久为功”的精神，“盈科律师一日一法”团队分别用“赤橙黄绿青蓝紫”七色做本系列图书封面的底色，不断为全社会呈现丰富实用的普法内容，以实际行动进行法治宣传，让法条带着温度、温情、温馨走到群众中。

过去的 2021 年，是党和国家历史上具有里程碑意义的一年。这一年来，以习近平同志为核心的党中央团结带领全党全军全国各族人民，隆重庆祝中国共产党成立一百周年，胜利召开党的十九届六中全会、发布党的第三个历史决议，庄严宣告在中华大地上全面建成了小康社会、实现了第一个百年奋斗目标，全面开启建设社会主义现代化国家、向第二个百年奋斗目标迈进的新征程，在中华民族伟大复兴历史进程中写下了浓墨重彩的一笔。这一年来，在百年变局和世纪疫情交织的复杂形势下，我国经济发展和疫情防控保持世界领先地位，构建新发展格局，迈出新步伐，高质量发展取得新成效。

历史的画卷，在砥砺前行中铺展；盈科的案例，为前进中的祖国献力。

“盈科律师一日一法”公众号创建于 2019 年，发展于 2020 年，成熟于 2021 年。在建党一百周年之际，“盈科律师一日一法”团队一年内已出版了两本书，并在中信大厦五十五层召开了“盈科律师一日一法”公众号成立两周年座谈会。这些都激励着“盈科律师一日一法”团队要站得更高、看得更远、做得更好，让业绩更上一层楼，让服务更锦上添花。

“盈科律师一日一法”公众号在大家的努力下，产生了巨大的影响，经过三年的培育打造，已经成为一个“品牌”。每日推送的案例，在今日头条、搜狐网、新浪网等 200 多家网站、120 家公众号上传播。盈科案例受到了老百姓的广泛关注，其影响力、感染力达到了“弘扬法律精神、传播法律知识”的目的。本系列图书如同一套工具书，已经被社会知晓、大众关注，真正成为读者学法、用法的良师益友。

“盈科律师一日一法”公众号体现了律师对普法活动的爱心、坚持推进法治中国建设的恒心、提高全民法治信仰的信心。案例的采集和编写，充分展现了律师的专业精神和法学功底。案例精选广大人民群众常遇到的事或社会热点问题，突出了典型性、时代性、新颖性、群众性、实用性，同时起到了正面引导和反面警示的作用。

时代的华章，在接续奋斗里书写。2022 年初北京冬奥会、冬残奥会取得佳绩，两会召开喜讯频传、各地重大项目集中开工、一系列惠民政策接连落地……种种图景，见证着亿万中华儿女踔厉奋发、笃行不怠的身姿，印证着“团结就是力量，奋斗开创未来”的时代精神。新时代的改革发展，激情永在、境界常新，这一切都离不开法治的守护。2022 年是党的二十大召开之年，是全面建设社会主义现代化国家、向第二个百年奋斗目标迈进的重要一年。即将出版的《“律师说法”案例集（4）》是盈科律师向党的二十大的献礼篇。

“奉法者强则国强，奉法者弱则国弱。”推进法治中国建设，盈科人一直在路上。

再次祝福《“律师说法”案例集（4）》的出版。我隆重推荐这本书，也希望你能喜欢。

中华全国律师协会女律师协会副会长兼秘书长
盈科律师事务所创始人、盈科律所党委书记　**郝惠珍**

2022 年 3 月 16 日

目　录 CONTENTS

第一部分　民事法篇

第二部分　刑事法篇

第三部分　公司法篇

第四部分　劳动法篇

第五部分 行政法篇

第一部分 民事法篇

1. “一房二卖”违背诚信，法院如何判决？

□ 张印富

【案情简介】

1999 年 9 月，徐某与吴某签订《房屋买卖合同》，约定：吴某将其名下 201 号房产转让给徐某，房屋价格 12 万元，吴某负责办理过户手续。1999 年 10 月，徐某支付购房款，吴某交付房屋，徐某入住使用。之后，吴某未办理该房过户手续，徐某与吴某失去联系，该房一直未过户。2017 年 12 月，徐某突然接到王某委托律师发来的要求腾退涉案房屋的律师函及涉案房屋登记在王某名下的权属登记证书复印件。吴某、王某均未出面。徐某遂至房管部门调阅相关档案信息得知：吴某已于 2007 年 11 月 30 日取得涉案房所有权证书，2016 年 11 月 7 日吴某与王某签订《存量房屋买卖合同》，就涉案房屋以 330 万元价格卖给了王某，于签订合同当日提交所有权转移登记申请，2016 年 11 月 10 日办理完产权过户手续，王某取得涉案房所有权证。徐某突遇此情况不知所措，遂向律师咨询寻求帮助。律师经了解得知：徐某入住该房已 18 年余，因与吴某失联，一直未办理房产过户；期间，从未有人来看房买房或主张权益。徐某与王某不相识也从未见面。遂建议徐某先以吴某、王某为被告提起确认合同无效之诉，待确认无效后再启动其他法律程序维护自身权益。徐某接受了律师的建议并委托代为提起诉讼。诉讼中，吴某于 2018 年 3 月 12 日去世，原告遂申请变更吴某的继承人吴甲、吴乙为被告。另，申请调取银行流水查明：2016 年 12 月 8 日，王某转至吴某银行卡账户内 330 万元购房款，来自解某的银行账户，2016 年 12 月 9 日，吴某从银行卡取出该 330 万元，解某银行账户有 330 万元入账。原告徐某认为：吴某“一房二卖”，违背诚信，恶意损害了原告的合法权益。被告王某未实地查看房屋就签订合同；在未支付购房款的情况下，双方即申请办理过户；在过户登记一年后，王某才委托律师发函收房；王某与徐某不认识，未要求卖房人吴某交付房屋，而直接向徐某发函要求腾退房屋；2016 年 12 月 8 日吴某收到来自解某的 330 万元后，于 2016 年 12 月 9 日取出该 330 万元，而解某的银行账户 2016 年 12 月 9 日有 330 万元入账，二者时间、数额高度吻合；王某解释是同公司员工张某汇入的投资人投资金额，但未提供证据来源。吴某与王某房屋交易过程存在多个不合常理之处，足以认定吴某与王某构成恶意串通，损害了徐某合法权益。故请求法院确认吴某与王某签订的房屋买卖合同无效。被告王某辩称：其与吴某的儿子吴甲原同为某小贷公司员工，因相信吴某所说房屋暂由朋友居住的说辞，故买房时未进入涉案房查看；解某转给王某的 330 万元是王某的个人理财资金；2016 年 12 月 9 日解某账户入账的 330 万元，是公司员工张某柜台汇入的，非吴某汇入的。王某辩称不知涉案房曾出售给徐某，自己按市场价 330 万购买，并办理了产权过户，不存在恶意串通，请求驳回原告的诉讼请求。

【判决结果】

一审法院判决：吴某与王某签订的房屋买卖合同无效。

二审法院判决：驳回王某、吴甲、吴乙上诉，维持原判。

【律师解读】

律师认为，合同效力是法律对各方当事人合意的评价。当事人订立的合同可能是有效、无效、可撤销或效力待定等状态。当事人站在不同的角度，对合同效力持不同的态度，当双方发生争议时，诉至法院请求依法确认。依照《中华人民共和国民法典》（简称《民法典》）第一百五十四条规定"行为人与相对人恶意串通，损害他人合法权益的民事法律行为无效"（《中华人民共和国合同法》第五十二条第（二）项），恶意串通损害第三人利益的合同无效。本案争议的焦点就在于吴某与王某签订房屋买卖合同的行为是否存在恶意串通，损害了徐某的合法权益。

一、关于恶意串通的认定

恶意串通，是指行为人与相对人互相勾结，为谋取私利实施的损害他人合法权益的民事法律行为。在绝大多数情况下，权益受损的第三人当时并不知情。受害人要证明合同当事人恶意串通，常常会在举证方面遇到困难。因为受害人不仅要证明合同当事人之间主观上具有损害自己利益的意图，而且要证明合同双方必须具有相互串通的行为。这对受害人举证非常不利。但律师认为，头脑中的主观恶意并非虚无缥缈，必然会通过具体的客观行为表现出来。本案中，吴某“一房二卖”严重违背诚信原则，具有明显的主观恶意。涉案房屋转移登记至王某名下，虽然没有直接证据证明吴某与王某恶意串通，但房屋交易过程中存在多个不合常理之处，且购房资金来源及交易原因无合理解释。根据最高人民法院《民诉法解释》（2020 修正）第九十三条第（四）项规定，根据已知的事实和日常生活经验法则推定出的另一事实，当事人无须举证证明。现有证据足以推定吴某与王某存在恶意串通，双方签订房屋买卖合同的行为属于恶意串通损害徐某利益的行为。

二、关于本案的诉讼策略

首先，确认合同无效纠纷是《民事案件案由规定》（2021）确定的四级案由。就本案而言，涉案房产已转移登记至王某名下，王某在法律上属于登记物权人，受法律保护。对于徐某来说，只有将物权变动的原因行为（房屋买卖合同）确认无效，才能撤销王某的不动产登记。确认吴某与王某房屋买卖合同无效，是徐某维护自身权益的唯一正确有效途径。

其次，通过当事人实施的行为本身来认定该行为是恶意串通所为。就本案而言，原告方从已掌握的疑点入手，层层追问被告王某房产交易过程中存在的诸多不合常理之处，倘若存在一个不合常理之处可以忽略，而在一个房屋买卖合同中，存在多个不合常理之处，这个房屋买卖合同非正常的概率必然大大提高。按照高度盖然性的证明标准，促使法官内心确信，现有证据足以证明吴某与王某签订房屋买卖合同的行为构成恶意串通，并损害了徐某的合法权益。在此基础上，形成法官的自由心证，按照民事证据优势证据规则，确认合同无效。

三、关于本案恶意串通的诸多表现

（一）吴某“一房二卖”的事实行为，表明其违背诚信，明显具有主观恶意。

（二）王某与吴某 2016 年 11 月 7 日签订《存量房屋买卖合同》之前，

未实地查看过涉案房，而且王某自认吴某亦未带其查看过涉案房，这与通常的房屋买受人对于所买房屋的关注程度严重不符。

（三）王某与吴某2016年11月7日签订《存量房屋买卖合同》，当日即共同申请过户，2016年11月10日过户至王某名下。但无证据显示王某在该日或该日前向吴某支付过购房款。这与通常的房屋买卖流程及所需的时限严重不符。

（四）银行转账记录显示，王某2016年12月8日支付给吴某的330万元款来自解某，而2016年12月9日吴某将330万元取出，同一天，解某的账户又收到入账的330万元。王某提供的银行流水显示是由张某从柜面汇入解某账户，并未提供张某资金来源及原因。王某称解某、张某、王某、吴甲均为某小贷公司员工，张某通过柜面汇给解某的330万元款项来自投资人，但并无有效证据证明。吴甲、吴乙均称不清楚吴某为何取出330万元，也不知道这330万元去向。

（五）王某称解某在2016年12月8日汇给王某的330万元系王某自有资金，但并无证据证明。解某到庭作证时，亦未能就汇给王某的330万元来源及交易原因进行合理解释。

（六）王某提交张某的银行账户历史交易明细，无法体现张某于2016年12月9日通过柜面向解某汇入330万元的来源，也不能体现张某曾经于2016年12月9日当天或之前从该账户取出330万元，而且王某称该账户的钱均非张某所有，而系投资人的钱。

（七）王某提交其住院10天的病历，并不能证明其于2016年11月10日购房办理过户至2017年12月14日才委托律师发函收房的合理性。王某住院10天不能成为其房屋过户一年多时间不收房的合理理由。

（八）王某委托律师向徐某发函要求腾房，而不向卖房人吴某主张交房，说明王某知道徐某居住该房，不排除王某与吴某恶意串通损害徐某利益的可能。

综合上述房产交易的各个环节，现有证据足以证明吴某与王某签订《房屋买卖合同》的行为属于恶意串通，阻止徐某基于与吴某签订的购房合同而取得涉案房屋所有权，损害了徐某的合法权益，应属无效。

2. 混合担保情形下，如何确定债权人实现债权的顺序？

□ 刘　涛

【案情简介】

2020年2月，徐某与王某签订《抵押借款协议》，约定：徐某向王某借款500万元，年息15%，起止时间为2020年2月2日到2021年2月1日，徐某同时将自己一套价值200万元的A房产抵押给王某，并办理了A房产的抵押登记手续。同时，赵某在该《抵押借款协议》中承诺："借款人徐某因资金周转困难向王某借款，本人自愿为借款人徐某借款做保证人，自愿承担保证责任，借款人若到期不能偿还借款本息，由本人归还全部借款本息。"吴某在该《抵押借款协议》中约定："本人自愿将自己所有的一套价值300万元的B房产抵押给王某。"并办理了抵押登记手续。

2021年2月1日，借款期限届满后，徐某未归还借款本息。经王某与徐某协商，王某同意徐某先归还一半本金及利息。其后王某将赵某以及吴某告上法庭，要求赵某承担保证责任，吴某承担抵押担保责任。

【判决结果】

一审法院判决驳回王某全部诉讼请求。

【律师解读】

本案中涉及对于混合担保情形下实现债权的顺序问题。混合担保是指，担保人不但以人来担保，而且还额外通过物作为担保。《民法典》第三百九十二条规定："被担保的债权既有物的担保又有人的担保的，债务人不履行到期债务或者发生当事人约定的实现担保物权的情形，债权人应当按照约定实现债权；没有约定或者约定不明确，债务人自己提供物的担保的，债权人应当先就该物的担保实现债权；第三人提供物的担保的，债权人可以就物的担保实现债权，也可以请求保证人承担保证责任。提供担保的第三人承担担保责任后，有权向债务人追偿”。

对于混合担保情形下债权人实现债权的顺序，该条作出了三个层次的规定：其一，依据意思自治原则，有约定即从约定；其二，在没有约定或者约定不明确时，存在债务人自己提供物的担保的，债权人应当先就债务人所提供的物的担保实现债权；其三，在没有约定或者约定不明，且不存在债务人自己提供物的担保时，债权人就第三人提供的物保或人保实现债权没有顺序限制。

本案中，债权人王某与债务人徐某，第三人赵某、吴某并未约定实现债权的顺序，且债务人徐某以自己的A房产作为抵押物，属于第二种情形，所以债权人王某应以债务人自己的A房产所担保的200万元债务实现债权，剩余债权不能清偿部分才能再要求第三人赵某、吴某承担担保责任。

3. 购买尚未办理产权证的房屋，卖方不配合能过户吗？

□ 赵爱梅

【案情简介】

2009年11月13日，陈某与北京某置业有限公司签订《北京市住宅房屋认购协议》，购买北京市朝阳区某小区房屋（以下称涉案房屋）。2011年10月20日，陈某与吴某某签订《二手房买卖合同》，约定卖方取得房产证后七日内过户给买方。陈某将尚未取得房产证的涉案房屋出售给吴某某。合同签订当日，吴某某支付了全部购房款。陈某将房屋交给吴某某居住。

2016年涉案房屋具备办理产权登记的条件，但陈某失联，北京某置业有限公司无法按《北京市住宅房屋认购协议》，将涉案房屋的产权证办理在陈某名下，买受人吴某某无法取得房屋产权证。

2021 年吴某某委托律师代理其提起诉讼。

【判决结果】

1. 第三人北京某置业有限公司于本判决生效后七日内协助、配合被告陈某办理房屋所有权登记手续，将涉案房屋登记至被告陈某名下；

2. 被告陈某于取得涉案房屋所有权登记后七日内协助、配合原告吴某某办理过户手续，将涉案房屋过户至原告吴某某名下。

【律师解读】

购房人购买尚未取得房产证的房屋具有很大的法律风险。若房屋办不了房产证，买方就不能取得房屋所有权，可能错失其他购房时机或者遭遇房屋被“一房二卖”的情形。

律师接受委托后，调取了陈某及其家庭成员的户籍信息，证明陈某无正当理由拒不办理房产证并配合过户，制定了“分两步走”的诉讼策略。

本案中，北京某置业有限公司和陈某签订的《北京市住宅房屋认购协议》合法有效，某置业有限公司在符合办理房产证条件的情况下，应当将涉案房屋的所有权证书办理至陈某名下。陈某与吴某某签订的二手房买卖合同合法有效，陈某应在取得涉案房屋的所有权证书之后将房屋过户至吴某某名下。

根据《中华人民共和国民法典》第四百六十五条，依法成立的合同，受法律保护。

依法成立的合同，仅对当事人具有法律约束力，但是法律另有规定的除外。

陈某经合法传唤无正当理由未出庭应诉，法院依据《中华人民共和国民事诉讼法》第一百四十四条之规定缺席判决。

现涉案房屋产权证，已经通过法院强制执行变更至吴某某名下。

4. 利用大数据“杀熟”，触犯法律规定吗？

□ 徐稔璎

【案情简介】

胡女士系某平台APP上享受8.5折优惠价的钻石贵宾客户。2020年7月，胡女士通过该APP订购了一间客房，支付2889元。离开酒店时，胡女士偶然发现，酒店的实际挂牌价仅为1377.63元。在与平台沟通时，该平台以其是平台方，并非涉案订单的合同相对方等为由，仅退还了部分差价。胡女士以平台运营方上海某商务有限公司采集其个人非必要信息，进行“大数据杀熟”等为由诉至法院，提出退一赔三，并要求该APP为其增加不同意《服务协议》和《隐私政策》时仍可继续使用的选项，以避免平台采集其个人信息，掌握数据后进行“杀熟”。

【判决结果】

1. 判处上海某商务有限公司赔偿胡女士未完全赔付的差价243.37元及订房差价的三倍支付赔偿金，共计4777.48元。

2. 判处上海某商务有限公司在其运营的APP中为胡女士增加不同意其现有《服务协议》和《隐私政策》仍可继续使用APP的选项，或者为胡女士修订APP的《服务协议》和《隐私政策》，去除对用户非必要信息采集和使用的相关内容。

【律师解读】

大数据杀熟通常是指大数据平台采集用户数据生成用户画像，继而在同种服务上对不同用户采取差异化定价的现象。例如，新用户与老用户被平台差别对待，令具有较强购买欲和忠诚度的老用户看到的价格反而更高。

随着生活网络化及电子商务的繁荣，被曝光的大数据杀熟现象越来越多，大数据杀熟实质是分析用户特征以差别定价，这种行为实际上是一种价格歧视，侵害的是用户公平交易权和知情权。一些大数据平台不遗余力地获取用户个人信息，包括超过了平台服务范围的非必要信息，涉嫌侵犯用户的个人信息权益。

对大数据杀熟行为的全面监管很有必要。2019 年，中央网信办、工业和信息化部、公安部、市场监管总局四部门联合发布《常见类型移动互联网应用程序必要个人信息范围规定》，明确了地图导航、网络约车、即时通信、网络购物等 39 类常见类型移动应用程序必要个人信息范围。2020 年 10 月 1 日实施的《在线旅游经营服务管理暂行规定》中指出，在线旅游经营者不得滥用大数据分析等技术手段，基于旅游者消费记录、旅游偏好等设置不公平的交易条件，侵犯旅游者合法权益。即将于 2021 年 11 月 1 日实施的《个人信息保护法》，对大数据杀熟行为确定了更加明确的红线。该法要求平台或 APP 利用个人信息进行自动化决策时，应当保证决策的透明度和结果公平、公正，不得对个人在交易价格等交易条件上实行不合理的差别待遇；在正式进行自动化决策前，APP 或平台应当就自动化决策的透明和公平性做好充分说明，并有义务提供不针对个人特征的选项或提供便捷拒绝方式。

在本案中，该 APP 的新用户注册如不同意其《服务协议》《隐私政策》则直接退出 APP，即“不全面授权就不给用”，且该 APP 的《服务协议》《隐私政策》均要求用户特别授权平台及其关联公司、业务合作伙伴对用户信息共享并对分析结果商业利用，同时要求用户同意平台将用户的订单数据进行分析，从而形成用户画像，以便平台能够了解用户偏好。该平台采集的信息显然超越了形成订单的必要范围，其中用户信息分享给其关联公司、业务合作伙伴进行进一步商业利用更是既无必要性，又增加了用户个人信息被滥用的风险。

以往因遭遇大数据杀熟的单个用户单笔消费数额偏小，举证又困难，平台用户一般不会因此去维权甚至诉讼，选择隐忍的用户更多，因此也助长了某些利益熏心平台的肆意妄为。但随着全面监管时代的到来，平台用户的维权通道逐渐建立并完善，在平台的使用过程中：

1. 用户可以要求平台解释其定价算法的透明和公平性。

2. 用户合理怀疑平台定价算法会对个人权益造成重大影响时，有权要求平台进行说明和拒绝其仅通过自动化决策的方式作出决定。

3. 用户与平台沟通，平台拒绝配合的，以及平台未提供不针对个人特征的选项或提供便捷拒绝方式的，或在隐私协议中规定个人信息不完全授权就不能使用的强制条款的，用户可以通过网上举报、投诉等方式，向APP专项治理工作组、消协或市场监管部门反映情况；此外，《个人信息保护法》生效之后，平台侵害个人信息权益造成损害的，将采用过错推定责任方式，要求平台承担举证责任，比起以往相关诉讼中采用“谁主张谁举证”的用户个人举证方式，降低了维权难度，用户可以选择诉讼方式维护自己的权利。

5. 商品房买卖合同解除后，购房人是否还需向银行承担还款责任？

□李　娟

【案情简介】

2018年6月27日，冯某与甲公司签订《某商品房买卖合同》，冯某以按揭贷款的方式购买甲公司开发的预售房屋。合同约定了商品房竣工验收合格标准，以及商品房交付使用的时间，并约定如因出卖人原因未按照约定的交付时间向买受人交付该房屋逾期超过90日的，买受人有权解除合同。2018年9月19日，冯某与某银行签订《个人住房（商业用房）借款合同》约定冯某借款用于购买案涉房屋，并以案涉房屋办理抵押预告登记。2018年10月1日，某银行通过冯某账户直接一次性向甲公司支付剩余房款。借款合同约定本合同履行期间，借款人与售房人签订的商品房买卖合同被确认无效或被撤销、被解除的，借款人仍应承担本合同项下的还款义务；贷款人与借款人的借贷关系解除的，借款人应当立即返还其所欠贷款人的贷款本金、利息、罚息及实现债权的费用，或委托售房人直接将上述款项归还贷款人。若借款人未能履行归还义务，贷款人保留提起诉讼的权利。甲公司收到冯某支付的首付款和银行贷款支付的余款后，为冯某开具了增值税普通发票，并为权利人冯某办理了预售房屋预告登记。

之后，因甲公司逾期交房，冯某起诉要求解除与甲公司签订的《某商品房买卖合同》，并要求甲公司赔偿损失。本案一审辩论终结前，甲公司未向冯某交付房屋，一审法院追加某银行作为第三人参加诉讼。

【判决结果】

一审法院判决：解除冯某与甲公司签订的《某商品房买卖合同》，解除冯某与某银行签订的《个人住房（商业用房）借款合同》，由甲公司向冯某承担违约责任并支付违约金，由甲公司向某银行承担偿还全部贷款及利息的责任。

二审法院判决：驳回甲公司上诉，维持原判。

【律师解读】

一、冯某是否有权对《某商品房买卖合同》行使合同约定解除权？

冯某与甲公司之间签订的《某商品房买卖合同》系双方的真实意思表示，内容没有违反法律、行政法规的强制性规定，是有效协议，应受法律保护，各方均应按照合同约定履行各自义务。冯某依约履行了交付全部房款的义务，甲公司未按合同约定的交房日期交付房屋。庭审中甲公司关于因高考期间政府停工令、高温天气等因素导致停工而逾期的主张，均属于甲公司可预见之情形，不属于逾期交房的免责事由。甲公司逾期交房已超过 90 日，冯某有权行使合同约定的解除权，并有权根据合同约定主张违约金。

二、冯某与某银行签订的借款合同是否应予解除？

《最高人民法院关于审理商品房买卖合同纠纷案件适用法律若干问题的解释》第二十四条规定："因商品房买卖合同被确认无效或者被撤销、解除，致使商品房担保贷款合同的目的无法实现，当事人请求解除商品房担保贷款合同的，应予支持。"在《某商品房买卖合同》已解除的情况下，冯某从某银行借款支付购房款的目的已无法实现，案涉《个人住房（商业用房）借款合同》应予解除。

三、商品房买卖合同解除后，甲公司为何承担向某银行偿还全部贷款

本息的义务？

根据《最高人民法院关于审理商品房买卖合同纠纷案件适用法律若干问题的解释》第二十五条第二款规定：“商品房买卖合同被确认无效或者被撤销、解除后，商品房担保贷款合同也被解除的，出卖人应当将收受的购房贷款和购房款本金及利息分别返还担保权人和买受人。”甲公司在商品房买卖合同被确认解除后，应该承担向冯某返还首付款，以及向某银行偿还全部贷款本息的义务。

四、本案法律适用启示

本案争议焦点为商品房买卖合同解除后，房屋购买人冯某是否还需要向某银行承担还款责任。

冯某因甲公司违约并未取得房屋，但冯某却已经支付了首付款，还一直在按期偿还银行贷款。虽然借款合同约定了借款人与售房人签订的商品房买卖合同被确认无效或被撤销、被解除的，借款人仍应承担本合同项下的还款义务，但该项合同约定属于格式条款，有违公平原则。若按照借款合同约定的权利义务关系处理，则在冯某对商品房买卖合同解除无过错的情况下，仍要求其对剩余贷款承担还款义务，明显不合理地加重了其负担，各方权利义务失衡。本案应予考虑各方权利义务关系的平衡，冯某不应向银行承担还款责任。

6. 燃放烟花致伤残，生产者和销售者如何承担责任？

□ 郭灿炎

【案情简介】

2020年1月8日，原告朱某军在被告双峰县某镇某商店采购酒席所需的部分食材和其他物品，其中包括了被告万载县某花炮制造有限公司生产制造的品名为年年有余的小礼花一件，原告支付了货款。2020年1月12日中午，原告设宴款待了亲戚朋友，下午5时许，原告朱某军拿购买来的两件烟花放到门前公路进行燃放，第一件烟花正常燃放，点燃第二件产品名为年年有余的烟花时，响了几声后就断火了，原告在房屋内打扫卫生，过了10分钟后，原告走到烟花旁，该烟花又复燃冲出将原告左眼炸伤，复燃后响了几声又断火了。原告被送往医院治疗，经鉴定为七级伤残。

原告朱某军向湖南省某县人民法院提出诉讼请求，请求人民法院判令被告双峰县某商店、双峰县某烟花爆竹专营店、万载县某花炮制造有限公司共同赔偿原告朱某军医疗费60065元、后续治疗费5000元、误工费42152.86元、护理费10983元、交通费5950元、住院期间伙食补助费1200元、营养费1800元、残疾赔偿金318736元、更换义眼费用18000元、被扶养人生活费43107.2元、精神损害抚慰金20000元、鉴定费1600元等共计528494元，并互负连带赔偿责任；承担本案的诉讼费用。原告认为，原告的损伤是因为被告生产或销售的产品有严重的缺陷，各被告对于原告的损失都应当承担全部的连带赔偿责任。

【判决结果】

原告朱某军因烟花爆炸造成的各项经济损失524015.25元，由被告万载县某花炮制造有限公司、被告双峰县某烟花爆竹专营店、双峰县某商店共同赔偿419212.2元，其余由原告朱某军自负。

【律师解读】

一、什么是不真正连带责任？有什么特征？

本案涉及数人侵权责任的不真正连带责任。数人侵权责任形态包括四种：连带责任、按份责任、不真正连带责任和补充责任。其中以连带责任、按份责任为原则，以不真正连带责任和补充责任为补充。不真正连带责任制度的产生与发展来源于现实社会需要，我国《侵权责任法》虽然规定了不真正连带责任的情形，却没有规定具体概念。不真正连带责任，通常界定为两个以上的责任人因为不同的原因对同一赔偿受害人负担同一给付内容的责任，每一个责任人对赔偿受害人都负有清偿全部责任的义务，但只有一人承担最终责任的共同责任形态。不真正连带责任具有以下特征：

第一，存在多个不同的行为人基于不相同的行为造成了同一个损害后果。本案中，烟花制造商是产品的生产者，批发商、零售商是产品的销售者，他们都是烟花到达消费者手中的主要环节的参与者。

第二，多个行为人之间的法律责任是不同的。烟花生产者是基于产品缺陷的产品侵权责任，销售者是基于买卖合同的违约责任。

第三，受害人可以基于不同的理由选择向所有致害人要求赔偿，但不能分别行使请求权。受害人可以依不同的法律关系任意选择起诉致害人，受害人有选择权，但不能分成不同的诉去分别起诉，应当在一个诉中提起。

第四，任何一个致害人的赔偿都可以使受害人的请求权归于消灭。各债务人均负全部履行义务，一旦受害人的诉求得到任何一个致害人的满足，该受害人的请求权即归于消灭，不得向其他致害人再行主张。

第五，承担责任的一方有权向其他责任人追偿。承担责任的一方并非一定是最终承担人，其可以向其他致害人追偿。本案中，如销售者赔偿给了消费者，其可以向生产商追偿。

二、是否可以将不真正连带责任人作为共同被告？

在不真正连带责任中受害人有权将所有不真正连带责任人列为共同被告，受害人也有权申请法院追加被告，受害人不申请追加时，人民法院根据案件情况依职权追加被告人。原因如下：

立法机关在立法时的目的在于，为受害人在实体法上提供诉讼方便，并减轻其相应的证明责任，保护受害人的合法权益。在现实生活中发生的不真正连带责任案件往往是被害人处于弱势地位，对于真正责任人的追究很难予以确定，同时受害人也很难提出证据予以证明责任人。同时，将不真正连带责任人作为共同被告，在一个案件中根据不同的归责原则明确各方当事人责任大小，达到减少讼累、提高诉讼效率的目的。

本案中，受害人燃放烟花致伤残，自身是无法确认该烟花是生产者生产的缺陷产品还是销售者在运输、储存或销售环节导致的产品出现质量问题，真正责任人很难确定，需要法院查明或经鉴定才能确认。

三、本案争议的焦点是数个被告是否都应当对原告的各项经济损失承担侵权赔偿责任？

首先，被告万载县某花炮制造有限公司是本案爆炸烟花的生产者，因产品缺陷致人损害而产生侵权诉讼，产品的生产者应当就法律规定的免责事由承担举证责任。但本案的生产者并没有举证，加之从本案原告朱某军燃放烟花受伤过程来看，烟花首先正常燃放后中止燃放，十分钟后原告朱某军探头查看，烟花复燃炸伤原告的左眼，这足以说明被告万载县某花炮制造有限公司生产的产品有危及人身安全的不合理的危险，产品有缺陷。

其次，因产品缺陷造成损害的，受害人可以同时要求产品的生产者、销售者承担民事赔偿责任。产品缺陷由生产者造成的，销售者赔偿后，有权向生产者追偿。被告万载县某花炮制造有限公司是产品的制造者，被告双峰县某烟花爆竹专营店、被告双峰县某商店是产品的销售者，应当对原告朱某军的损失承担赔偿责任。

再次，法院认定，原告朱某军在燃放烟花时，没有严格按照产品说明操作，没有保持足够的安全距离，对于损害的发生也有过错，可以减轻侵权人的责任。

《中华人民共和国民法典》自 2021 年 1 月 1 日起施行，但本案是民法典施行前的法律事实引起的民事纠纷案件，应当适用当时的法律或者司法解释的规定。因此，法院根据《中华人民共和国侵权责任法》《中华人民共和国产品质量法》《最高人民法院关于审理人身损害赔偿案件适用法律若干问题的解释》［法释（2003）20 号］作出判决。随着《中华人民共和国侵权责任法》的废止和《民法典》的施行，类似产品责任侵权案件在以后的判决中会适用《民法典》侵权责任编，但在法律适用上需要保证新旧法律的无缝对接和正确实施。

四、一个被告承担了赔偿责任后，是否可以向其他方追偿?

因产品缺陷导致的人身伤害侵权，应当是产品生产者或制造者承担赔偿责任；如销售者有过错，导致合格的产品在运输或储存中破损、毁坏、变质、过期等，应当由销售者承担相应的赔偿责任；如果双方均有责任，由法院查明认定后分别判决。如果是销售者销售了缺陷产品，其向受害人赔偿了之后，有权向生产者追偿。反过来，生产者出厂产品为合格无缺陷产品，因销售者原因导致产品出现问题，生产者赔偿后，也应当有权向销售者追偿。

以上可以看出，不真正连带责任只是在起诉时原告可以将数个可能致害人列为共同被告，真正在责任划分时没有连带，即不是连带责任。一方承担了责任后可以向终局责任人追偿即是法律赋予的救济方式。

7. 房屋中介卷走租金，租客被房东轰走如何维权?

□ 温奕昕

【案情简介】

2017 年 3 月，小王（房东）与 B 公司（房屋中介）签署《全权委托资产管理合同》，全权委托 B 公司代理出租北京望京地区的房屋。2018 年 5 月，A 公司与 B 公司签署租赁期限为 2018 年 5 月至 2020 年 5 月的《北京市写字楼租赁合同》。合同约定 A 公司承租小王房屋用于商业办公，押金 60000 元，月租金 30000 元，每三个月支付一期租金。合同生效后，A 公司按期履约支付押金、房租。2019 年 5 月，A 公司按合同约定向 B 公司支付 2019 年 5 月 21 日至 8 月 20 日期间房租 90000 元。然而 B 公司收到这笔租金后却直接跑路。因小王未收到房屋的租金，2019 年 6 月 24 日，小王直接把租赁房屋换锁，轰走 A 公司。A 公司紧急搬离承租房屋，损失惨重，被迫拾起法律武器维权。

【判决结果】

一审法院判决小王向 A 公司退还剩余 55068. 5 元房租、60000 元押金以及承担 30000 元违约金。

二审法院维持一审判决。

【律师解读】

《民法典》第一百六十二条规定："代理人在代理权限内，以被代理人名义实施的民事法律行为，对被代理人发生效力。”第一百六十四条规定：“代理人不履行或者不完全履行职责，造成被代理人损害的，应当承担民事责任。”当事人依法可以委托代理人订立合同。代理人在代理权限内，以被代理人名义实施的民事法律行为，对被代理人发生效力。

本案中B公司与小王签署《全权委托资产管理合同》后，B公司以小王的名义与A公司订立《北京市写字楼租赁合同》，小王作为被代理人应承担代理人B公司实施民事法律行为的后果，A公司有理由相信其交易对方（房屋出租方）系小王。因此，小王应当承担《北京市写字楼租赁合同》项下出租人的法律责任。B公司跑路卷走房屋押金和租金，此时，A公司应找房东小王要求退还房屋租金和押金，并要求其承担违约责任。

《民法典》第七百零三条规定：“租赁合同是出租人将租赁物交付承租人使用、收益，承租人支付租金的合同。”房屋租赁合同纠纷是我们日常生活中常遇见的纠纷，租赁房屋时一定要签署好合同并保留好付款证据，当对方违约时请及时拾起法律武器维权。

8. 约定煤炭产能指标的买卖合同，是否有效?

□张　颖

【案情简介】

2017年，原告积极响应国务院、A省关于煤炭行业供给侧结构性改革相关文件要求，主动申请将公司下属的煤矿关闭，并依据《关于进一步加快建设煤矿产能置换工作的通知》《关于明确煤炭产能置换和生产能力核定工作中有关事项的通知》等相关文件精神，积极参加煤炭产能置换指标交易工作。2017年11月28日，原、被告在第三人西南联合产权交易所有限责任公司组织的煤炭产能指标公开交易中成交。同日，原、被告及第三人在第三人位于成都市高新区的交易场所签订《煤炭去产能指标买卖合同》，约定：1. 原告将其依法持有的煤炭去产能计划外指标“发改能源［2018］669号”和“发改办运行［2018］1478号”文件放大后的使用量

0.465 万吨，按照人民币 149.7 万元/万吨的价格出售给被告，交易总价款为 69.6105 万元人民币；2. 被告首期需支付本次指标交易价款总额的 20%，即人民币 13.9221 万元，剩余指标交易价款总额的 80%（含保证金），共 55.6884 万元人民币，被告应在取得产能置换证明文件之日起 15 个工作日内支付至第三人指定账户，再由第三人支付至原告指定账户；3. 被告未依约支付剩余价款的，应当按本合同指标交易价款总额的 1‰/日向原告支付违约金。

合同签订后，被告向原告支付了首期价款即 13.9221 万元，被告将交易合同向主管部门提交，使其煤矿达到了主管部门的产能置换要求，得以继续生产经营。2017 年 12 月 4 日，A 省安全生产监督管理局、A 省煤矿安全监察局、A 省煤炭工业管理办公室以《2018 年第 42 号公告》对已完成综合竣工验收的某煤矿进行了生产能力公告。但被告拒不按约向原告支付剩余 80% 的指标交易价款，原告多次向其催收，被告均置若罔闻。无奈，原告只得提起诉讼。

【判决结果】

被告某煤业有限责任公司于本判决生效之日起十日内支付原告煤炭产能指标交易价款 506884 元、违约金 202753 元；驳回原告其他诉讼请求。

【律师解读】

原、被告及第三人于 2018 年 11 月 28 日签订的《煤炭去产能指标买卖合同》系当事人的真实意思表示，且不违反法律、行政法规的强制性规定，应属有效，对当事人具有法律约束力。当事人应当按照合同约定全面履行自己的义务。

《煤炭去产能指标买卖合同》约定：交易总价款为 69.6105 万元，首期价款为本次指标交易价款总额的 20%，即 13.9221 万元，乙方应在本合同签订之日起 5 个工作日内支付；剩余价款为本次指标交易价款总额的 80%（含保证金），即 55.6884 万元，乙方应在按照本合同第五条第（一）项的约定取得产能置换证明文件之日起 10 个工作日内支付至丙方指定银行账户（账户名称：西南联合产权交易所有限责任公司；开户行：广发银行股份有限公司成都分行营业部；账号：95×××87）；乙方已支付至丙方的保证金5万元，在本合同签订之日起直接转为本次指标交易部分价款。被告已交纳保证金5万元及首期价款13.9221万元，尚欠50.6884万元未支付。根据A省化解煤炭行业过剩产能（煤矿企业兼并重组）和脱困升级工作领导小组办公室于2019年8月13日出具的《关于某煤业集团有限责任公司使用某煤业有限公司产能置换指标的情况说明》，原、被告及第三人签订《煤炭去产能指标买卖合同》后，被告将其购买的产能指标用于扩建工程产能置换，并完成了综合竣工验收，被告的合同目的已经实现。

A省安全生产监督管理局于2018年12月4日对双春煤业公司进行生产能力公告，应视为被告取得了产能置换证明文件，剩余价款已经满足支付条件。按照合同约定，被告已支付的保证金5万元，在合同签订之日起直接转为指标交易部分价款，故被告尚欠原告指标交易价款55.6884万元－5万元＝50.6884万元。根据《中华人民共和国合同法》第一百五十九条“买受人应当按照约定的数额支付价款。对价款没有约定或者约定不明确的，适用本法第六十一条、第六十二条第二项的规定”、第一百六十一条“当事人应当按照约定的时间支付价款。对支付时间没有约定或者约定不明确，依照本法第六十一条的规定仍不能确定的，买受人应当在收到标的物或者提取标的物单证的同时支付”之规定，对原告请求被告支付的剩余价款，应当支付50.6884万元。按照合同约定，该款应直接支付至第三人指定银行账户（账户名称：西南联合产权交易所有限责任公司；开户行：广发银行股份有限公司成都分行营业部；账号：95×××87）。

《煤炭去产能指标买卖合同》第十一条约定：

违约责任：（二）乙方违反本合同第四条第（三）项约定，逾期向甲方支付指标交易剩余价款的，视为乙方违约，每逾期一日应按本合同指标交易价款总额的1‰向甲方支付违约金。被告未按合同约定支付剩余价款，已经构成违约。

根据《中华人民共和国合同法》第一百一十四条“当事人可以约定一方违约时应当根据违约情况向对方支付一定数额的违约金，也可以约定因违约产生的损失赔偿额的计算方法。约定的违约金低于造成的损失的，当事人可以请求人民法院或者仲裁机构予以增加；约定的违约金过分高于造成的损失的，当事人可以请求人民法院或者仲裁机构予以适当减少。当事人就迟延履行约定违约金的，违约方支付违约金后，还应当履行债务”之规定，原告请求从2018年1月5日起至2019年11月4日按月利率百分之二计算逾期付款违约金，未超过合同约定的违约金计算标准，但计算基数应为欠付款金额50.6884万元，逾期付款违约金应当为202753元。

9. 父母以子女名义购房，房产归谁所有？

□ 张印富

【案情简介】

原告T某与被告T某1系父子关系。2015年2月，原告以被告名义（未成年）与甲房地产开发有限公司（简称甲公司）签订《商品房买卖合同》，约定购买甲公司开发的3号房，房屋建筑面积162平方米。原告出资并办理相关手续。开发商交付房屋后，原告对房屋进行了装修，之后，原被告入住。2017年12月，原告取得不动产权证书，房产登记在被告名下。被告成年后搬出该房不再居住。原告要求被告协助将涉案房屋过户至原告名下。被告拒绝，并认为该房归被告所有，理由是原告当时以被告名义购房，是父亲对儿子的赠与。现该房所有权早已登记至被告名下，已完成赠与，原告不能反悔要回房屋。原告多次协商无果，彼此矛盾激化，无奈向法院起诉，请求确认涉案房屋所有权归原告所有，判令被告协助原告办理涉案房屋产权变更登记手续。

【判决结果】

一审法院判决：一、涉案房屋所有权归原告所有；二、判令被告协助原告办理上述房屋产权变更登记手续至原告名下。

被告不服，提起上诉。

二审法院判决：驳回上诉，维持原判。

【律师解读】

父母以子女名义购房并登记在子女名下，通常因骨肉亲情不会发生矛盾。但近年来，随着社会老龄化人群的增多，父母子女间争夺房产归属的案件越来越多。本案的典型意义在于，父母如何依法保护好自己的房产，保障自己晚年有一个安乐生活的“窝”。老年人的合法权益应当依法受到保护。就本案而言，原被告系父子关系，本应互相照顾，相依为命，但就房产归属发生矛盾。通过诉讼的方式解决，不仅涉及房产归属问题，更重要的是会影响父子亲情。原告在向律师寻求帮助时，律师劝导当事人尽可能和好解决，以免亲情更加疏远和受到更大的伤害。但原告采取多种措施无济于事，努力未果，房产归属成了压在心头的一件大事，压力和不安全感也越来越大，已严重影响到身体健康和正常生活。考虑到再无其他良方的情况下，不得不提起诉讼。诉讼中律师提出了以下几个观点，原告的诉讼请求得到了法院的全部支持，房产归属问题得到了较好的解决。

一、因物权的归属、内容发生争议的，利害关系人可以请求确认权利

《最高人民法院关于适用〈中华人民共和国民法典〉物权编的解释（一）》（2021）第二条规定：“当事人有证据证明不动产登记簿的记载与真实权利状态不符、其为该不动产物权的真实权利人，请求确认其享有物权的，应予支持。”最高人民法院《关于当前民事审判工作中的若干具体问题》（2015）第二条规定：“注意区分不动产登记的内部和外部效力。不动产物权变动是法律行为及其他法律事实的产物，不是登记机关登记行为的产物，不动产物权登记是不动产物权变动的要件而非原因。不能因为法律将登记作为物权变动的生效要件，而错误地认为财产权是登记机关赋予的。对发生争议的不动产物权归属的最终判断，不能唯登记论，应当依赖于对物权变动原因的法律事实的审查。”本案，涉案房产系原告出资在被告尚未成年时购买，由原告办理相关手续并装修居住，购房时登记在被告名下，被告只是房屋不动产权证书的出名人，原告是真正房屋所有权人。

二、房产登记在被告名下并不意味着原告将房产赠与被告，原告不存在赠与的意思表示

《民法典》第六百五十七条规定：“赠与合同是赠与人将自己的财产无

偿给予受赠人，受赠人表示接受赠与的合同。"赠与合同是一种合意，自双方当事人意思表示一致时，合同成立并生效。本案中，父亲出资购房登记在儿子名下，真实物权人与登记物权人不一致，并不违反法律禁止性规定。原告以被告名义购房并登记在被告名下，但没有赠与被告的意思表示。涉案房产所有权证、票据等手续原件一直由原告持有保存，房屋一直由原告居住使用，不存在向被告交付的行为。被告主张原告以被告名义购房并登记在被告名下就是对被告的赠与，于法无据。原告否认赠与，根据最高人民法院《民事诉讼法解释》（法释〔2015〕5号）第九十一条第（一）规定："主张法律关系存在的当事人，应当对产生该法律关系的基本事实承担举证证明责任。"被告对主张赠与合同成立，负有举证责任，在无证据证明赠与合同的成立的情况下，承担举证不能的不利后果。

三、在有证据证明实际出资人不是登记权利人时，需要根据实际出资情况确定房产的归属

《民法典》第二百一十七条规定"不动产权属证书是权利人享有该不动产物权的证明"（《物权法》十七条），第二百三十四条规定"因物权的归属、内容发生争议的，利害关系人可以请求确认权利"（《物权法》三十三条）。据上述规定，不动产权属证书是权利人享有该不动产物权的证明，但仅是在法律上的一个权利推定证明。一般情况下，登记权利人即推定为实际权利人，但有证据证明购房实际出资人不是登记权利人时，就要根据实际出资情况确定房屋的归属。根据日常生活经验法则，父母以子女名义购房，并不能当然或简单地就认定为赠与子女，法律上不存在强制赠与，也没有这样的规定。房屋所有权证记载与真实权利状态不符，房屋所有权应归出资人所有。本案中，原告是实际出资人，这是不争的事实，被告亦认可系原告购买并一直居住使用，故应当确认不动产所有权归原告所有。

10. 京牌小轿车背户协议是否有效？

□ 师　萌

【案情简介】

吴某和孙某于2020年签订《汽车背户协议》，打印部分约定“因孙某为外地户口，暂住证未满，不能办理车辆上牌，故借吴某身份证上牌”，备注部分手写约定“吴某将车辆带车牌一起卖给孙某，终身背户用，价格为3万元”。此车之后产权归孙某所有，吴某不得干涉。使用期间发生一切纠纷、违章由孙某负责。此车应每年购买保险（三者险150万元）。

合同签订后，吴某将车辆、行驶证及机动车登记证书交付给孙某，孙某将3万元交付吴某。其后孙某将小轿车以5万元转卖。

2021年吴某以合同无效为由将孙某起诉至人民法院，要求确认《汽车背户协议》无效并要求孙某返还车辆。

【判决结果】

一审判决：1. 确认原告吴某与被告孙某于2020年签订的《汽车背户协议》无效；2. 驳回原告吴某的其他诉讼请求。

二审判决：驳回原告吴某上诉，维持原判。

【律师解读】

一、法律依据

《中华人民共和国民法典》第一百五十三条规定：“违反法律、行政法规的强制性规定的民事法律行为无效。但是，该强制性规定不导致该民事法律行为无效的除外。违背公序良俗的民事法律行为无效。”

第一百五十七条规定：“民事法律行为无效、被撤销或者确定不发生效力后，行为人因该行为取得的财产，应当予以返还；不能返还或者没有必要返还的，应当折价补偿。有过错的一方应当赔偿对方由此所受到的损失；各方都有过错的，应当各自承担相应的责任。法律另有规定的，依照其规定。"

二、合同无效的特征有哪些？

1. 具有违法性。所谓的违法性，是指违反了法律和行政法律的强制性规定和社会公共利益。

2. 无效合同自始无效。无效合同，一旦确认无效，将具有溯及力，使合同从订立之日起就不具有法律约束力，以后也不能转化为有效合同。

三、本案中的适用

本案中，原被告之间达成的《汽车背户协议》的真实意思显然是终身背户买卖机动车，以上约定不符合《北京市小客车数量调控暂行规定》的要求，损害了机动车登记管理和身份证管理的社会公共秩序，应属无效。合同无效或者被撤销后，因该合同取得的财产，应当予以返还；不能返还或者没有必要返还的，应当折价补偿。有过错的一方应当赔偿对方由此所受到的损失；双方都有过错的，应当各自承担相应的责任。被告本应将车辆及相应手续返还给原告，原告也应当将收取的款项同时返还给被告。但因目前车辆状况不明，原告要求被告返还车辆、行驶证、机动车登记证书的诉讼请求，法院不予支持，若日后原告能提交车辆现实状况的相关证据，可再次起诉解决。

11. 停车场的车辆被人为损坏，谁承担赔偿责任？

□李　娟

【案情简介】

2020年3月22日17时许，王某驾驶自有的小型轿车进入某中心，将车辆停在某中心经营的收费停车场。3月22日22时许，王某走出某中心后，发现自己的轿车右侧前后轮胎侧面被人为地扎了六个洞，遂向某中心反映情况。双方查看视频监控发现，本段监控录像无法显示出被扎车胎的车辆一侧情况。某中心认为王某只是在其经营的停车场停放，并没有将车钥匙移交给某中心，某中心对车辆的损失不承担赔偿责任，并要求王某交纳停车费。王某只得支付停车费 23 元，某中心向其出具了发票。其后王某驾驶涉案车辆离开。

当日，王某自行前往某汽车清洗服务部补胎，支出费用 320 元；因认为补胎后仍存在安全隐患，又进行换胎，支出费用 1500 元。

王某因向某中心主张赔偿未果，诉至法院要求某中心支付汽车维修费 1820 元。

【判决结果】

一审法院判决支持王某的诉讼请求，即某中心支付王某维修费 1820 元。

【律师解读】

一、双方就涉诉车辆停放所形成的法律关系的性质

《中华人民共和国民法典》第八百八十八条规定：“保管合同是保管人保管寄存人交付的保管物，并返还该物的合同。寄存人到保管人处从事购物、就餐、住宿等活动，将物品存放在指定场所的，视为保管，但是当事人另有约定或者另有交易习惯的除外。”

因保管合同是实践性合同，以交付保管物作为合同成立的条件，所以保管物的交付行为，实际上是寄托人将保管物的控制权暂时转移给保管人。具体到本案中，某中心所管理的停车场是一个收费停车场，王某的车辆进入停车场时，某中心的管理人员开始计时，车辆驶出停车场时需要按停放时间向某中心的管理人员交费，否则无法正常驶入、驶出停车场。综合判断上述进入和放行过程，可以认定某中心对车辆拥有较高的控制权。

另外，某中心主张王某并未将车钥匙移交给某中心，也就意味着没有将涉案车辆交付给某中心占有，故双方之间不成立保管合同关系。因保管合同只是转移保管物的直接占有，但不转移保管物的所有权，此时保管人为直接占有人，寄托人为间接占有人，涉案车辆由直接占有人实际控制。对某中心而言，持有车钥匙不是对车辆实现直接占有的唯一途径，故某中

心的该答辩理由不能成立。因此，本案中应当认定双方就涉案车辆形成了保管合同关系。

二、某中心是否应就涉诉车辆的实际损失承担赔偿责任

《中华人民共和国民法典》第八百九十二条规定："保管人应当妥善保管保管物。"第八百九十七条规定："保管期内，因保管人保管不善造成保管物毁损、灭失的，保管人应当承担赔偿责任。但是，无偿保管人证明自己没有故意或者重大过失的，不承担赔偿责任。"本案中，某中心作为有偿保管合同的保管人，应当对涉案车辆尽到妥善保管义务。现某中心虽否认涉案车辆的损害系在其保管车辆期间造成，但未提供现场监控录像或其他证据证明已经实施了必要的正常防范性安全保卫活动，无法证明对涉案车辆尽到了妥善保管义务，应承担举证不利的法律后果。王某自行修补、更换车胎支出了相应费用，并提供了凭据，应当由某中心承担赔偿责任。

三、本案法律适用的启示

本案中，原被告双方法律关系的认定是解决本案争议的关键，而双方是否成立保管合同的关键则在于某中心是否暂时性取得了对涉案车辆的控制权。某中心自营停车管理，具有一定的车辆出入管理制度，从涉案车辆进入停车场停放至离开期间，涉案车辆处于某温泉中心管理区域控制范围内，且王某驾车驶出某中心时按约支付了停车费用，某中心提供的是有偿停车保管服务，能够认定双方形成了事实上的保管合同关系。该保管合同关系不违反法律、行政法规的强制性规定，应属合法有效。

12. 养子女与养父母关系恶化，能否解除收养关系？

□ 郭灿炎

【案情简介】

张某早年在长治市某村将刚出生几天的李某抱养，虽为养子，但张某对其视为亲生，费尽心血将其抚养成人、安排工作、娶妻结婚，至1975

年养父（张某丈夫）去世。随着张某逐渐年迈，李某不但不报答张某的养育之恩，反而对张某经常恶语相向、不尽孝道，更是对张某的财产打起了主意，先是在张某不知情的情况下，将张某丈夫名下的一套房屋偷偷转至自己名下，2001 年又采用欺诈的方式将张某居住的房屋对外出租，赚取租金，长达 16 年之久。张某遂请求法院依法判决解除张某与李某的收养关系。法院认为，李某的行为已彻底导致张某与李某之间的收养关系恶化，符合我国《民法典》解除收养关系的规定。

【判决结果】

解除张某与李某的事实收养关系。

【律师解读】

一、张某与李某之间存在事实收养关系

张某于 1956 年收养李某为养子，当时《中华人民共和国收养法》尚未实施，该法律对双方之间的收养关系没有追溯力。1992 年施行的《中华人民共和国收养法》第十五条规定："收养应当向县级以上人民政府民政部门登记。收养关系自登记之日起成立。"《最高人民法院〈关于贯彻执行民事政策法律若干问题的意见〉》第（二十八）条规定："亲友、群众公认，或有关组织证明确以养父母与养子女关系长期共同生活的，虽未办理合法手续，也应按收养关系对待。"

本案中，李某自 1956 年开始与张某夫妇共同生活，双方的养父母、养子女关系已得到亲友、群众认可，张某夫妇与李某之间形成事实收养关系，应该按照收养关系对待。

二、鉴于李某的行为，张某应当如何维护自身权益?

李某不仅言语上恶语相加，不尽孝道，在对张某夫妇的财产上也是主意用尽。先是在张某不知情的情况下，将张某丈夫名下的一套房屋偷偷转至自己名下；1985 年 6 月 8 日，长治市工业品零售公司为单位职工张某发放了《长治市租住国家房屋许可证》，张某取得了位于长治市某小区某户公租房的使用权。养子李某将该房屋出租，但张某晚年后，行动不便，欲在该房屋安度晚年，李某却不让其回来居住，致使张某、李某因该房屋的使用权发生争议。

根据《中华人民共和国民法典》（原《中华人民共和国收养法》第二十七条）第一千一百一十五条规定，养父母与成年养子女关系恶化、无法共同生活的，可以协议解除收养关系。不能达成协议的，可以向人民法院提起诉讼。据此，结合其他条款规定得知，养父母与成年子女解除收养关系的法定条件，一是养父母与成年子女关系恶化、无法共同生活，二是养子女成年后虐待、遗弃养父母。本案中，张某、李某因房屋纠纷发生争执，张某起诉要求与李某解除事实收养关系，应当适用双方感情恶化，无法共同生活之法定情形，故而法院判决解除张某与李某的收养关系。

三、收养关系解除后，有什么法律后果？张某的赡养问题怎么办？

成年养子女与养父母解除收养关系后，根据《中华人民共和国民法典》第一千一百一十七条规定，收养关系解除后，养子女与养父母以及其他近亲属间的权利义务关系即行消除，与生父母以及其他近亲属间的权利义务关系自行恢复。但是，成年养子女与生父母以及其他近亲属间的权利义务关系是否恢复，可以协商确定；《中华人民共和国民法典》第一千一百一十八条规定，收养关系解除后，经养父母抚养的成年养子女，对缺乏劳动力又缺乏生活来源的养父母，应当给付生活费。

结合本案，张某和李某解除收养关系后，张某和李某之间不再存在收养关系，李某与张某夫妇近亲属的权利义务也已消除，李某无权继承张某的财产，也无权出租或处理张某的房屋。但张某因年事已高，既缺乏劳动能力又缺乏生活来源的情况下，可以在解除收养关系时，向法院主张要求李某给付生活费。

13. 患者住院六百一十二天死亡，医院是否承担责任？

□ 温奕昕

【案情简介】

2015 年 12 月 17 日，因左耳耳鸣严重近两年，74 岁患者王某在北京某医院检查得知左耳耳道内有神经瘤后住院治疗。同年 12 月 21 日，医院神经科和耳鼻喉科大夫对患者实施听神经瘤切除术。术后，患者因颅内积气未苏醒，双瞳孔散大，转入 ICU 抢救。此后医院予以患者气管插管呼吸机辅助呼吸、药物镇静、抗炎、补液等治疗，然而患者仍处于昏迷状态，后期有所好转，但一直未能康复出院，患者住院至 2017 年 8 月 20 日死亡。死亡诊断：听神经瘤。患者家属称，患者王某手术前身体正常，神志清，四肢活动良好，医院在手术过程中存在严重过错导致王某发生气颅，身体严重受损，在 612 天的住院期间大、小手术接踵而至，至患者死亡时显示其病情多达 37 类，从住院到死亡，王某一直没有出院。患者家属认为医院在诊疗过程中，疏忽大意，未能尽职尽责，未能有效把握手术风险，最终导致患者死亡。违法行为与损害后果之间存在直接的因果关系，为维护合法权益，提起诉讼。

【判决结果】

北京市某法院判决医院赔偿患者家属营养费 3672 元、住院伙食补助费 9700 元、护理费 18349 元、死亡赔偿金 67990 元、丧葬费 10159. 90 元、交通费 1200 元、精神损害抚慰金 30000 元、鉴定费 3000 元、病历复印费 79. 20 元，合计 144150. 1 元。

【律师解读】

《民法典》第一千二百一十八条规定：“患者在诊疗活动中受到损害，

医疗机构或者其医务人员有过错的，由医疗机构承担赔偿责任。”第一千一百六十五条规定：“行为人因过错侵害他人民事权益造成损害的，应当承担侵权责任。”《最高人民法院关于审理人身损害赔偿案件适用法律若干问题的解释》第一条规定：“因生命、身体、健康遭受侵害，赔偿权利人起诉请求赔偿义务人赔偿物质损害和精神损害的，人民法院应予受理。”根据以上法律规定，患者在诊疗活动中受到损害，医疗机构及其医务人员有过错的，由医疗机构承担赔偿责任。关于医疗纠纷中过失及其因果关系的认定，目前绝大部分案件是通过司法过错鉴定来辅助厘清责任。这主要与医疗行为的专业性有关，审判人员很难依靠常识来厘清责任。本案立案后，法院在庭前调解阶段通过摇号委托医疗鉴定机构司法鉴定。医疗鉴定机构召开听证会，聘请专家顾问进行鉴定，历时一年后出具的《司法鉴定意见书》在逐项分析评价医院诊疗行为的基础上，从法医学专业角度认定了医院诊疗行为是否存在过错、过错诊疗行为与王某死亡后果之间的因果关系及其具体原因等。最后鉴定意见：医院诊疗行为存在一定过错，与患者死亡存在一定因果关系，建议承担轻微责任。法院根据鉴定意见及案情综合认定医院在对患者王某的诊疗过程中存在过错，酌定医院对患者家属的相关合理损失承担20%的赔偿责任。

《民法典》第一千一百八十一条规定：“被侵权人死亡的，其近亲属有权请求侵权人承担侵权责任。被侵权人死亡的，支付被侵权人医疗费、丧葬费等合理费用的人有权请求侵权人赔偿费用。”本案患者已经死亡，患者家属有权提起本案医疗损害责任纠纷诉讼。《民法典》第一千一百八十三条规定：“侵害自然人人身权益造成严重精神损害的，被侵权人有权请求精神损害赔偿。”患者家属关于精神损害抚慰金的主张具有合理性法律规定，法院予以酌定支持。关于营养费、护理费、住院伙食补助、死亡赔偿金等费用，人民法院根据《最高人民法院关于审理人身损害赔偿案件适用法律若干问题的解释》第八条至第十五条相关规定，综合考虑医疗损害侵权后果、诊疗过错程度、因果关系因素等案情酌定作出上述判决。

14. 一方婚前患有重大疾病未如实告知对方，是否属于无效婚姻？

□ 祝秋香

【案情简介】

李某、夏某于 2015 年 10 月 8 日登记结婚，婚后未生育子女。2021 年，李某认为夏某患有精神疾病，不具备结婚条件，故主张确认其与夏某婚姻无效。为证明所述事实，李某向某法院提交夏某在北京市大兴区精神病医院的出院日志为证。夏某于 2018 年 5 月 26 日至 6 月 25 日在该院住院治疗，出院诊断记载为："双相情感障碍，目前为伴有精神病性症状的躁狂发作……"

【判决结果】

李某所主张的确认其与夏某婚姻无效的事由，并不属于现行法律所列明的婚姻无效的情形，故法院判决驳回李某诉讼请求。

【律师解读】

《民法典》第一千零五十一条对之前《婚姻法》第十条进行了修改，删除了第三款"婚前患有医学上认为不应当结婚的疾病，婚后尚未治愈的"。删除后，现行婚姻无效的情形从之前的四种缩减为三种：即（一）重婚；（二）有禁止结婚的亲属关系；（三）未到法定婚龄。婚前患有重大疾病虽然不再是无效婚姻的情形，但《民法典》第一千零五十三条将其列为可撤销婚姻的情形，即：一方患有重大疾病的，应当在结婚登记前如实告知另一方；不如实告知的，另一方可以向人民法院请求撤销婚姻。该条款将"医学上认为不应当结婚的疾病"修改为"重大疾病，婚前告知"。所以本案中，如果夏某婚前隐瞒了其患有精神疾病的事实，则李某应当向法院请求判决撤销婚姻而不是婚姻无效。

无效婚姻和可撤销婚姻虽然在法律后果上是一致的，但无效婚姻和可撤销婚姻还是存在不同之处。一、无效婚姻是违反禁止结婚条件的，可撤销婚姻是因为受到胁迫，或者因为受隐瞒重大疾病使认识错误。二、对于无效婚姻，当事人、利害关系人和相关组织都可以申请无效，人民法院可依法宣告无效。可撤销婚姻，只有当事人可以申请撤销，人民法院必须依当事人的申请撤销。第三、无效婚姻的宣告没有时间上的限制，人民法院根据实际情况而裁判是否宣告无效；可撤销婚姻要求当事人必须在知道或者应当知道可撤销事由之日起一年内提出，超出规定时间，则不能再提出撤销申请，如果要解除婚姻关系，只能走离婚的程序。

15. 如何认定商品房交付条件中“房屋经验收合格”？

□ 刘思琼

【案情简介】

2009 年 3 月，陈某（买方）同某房地产公司（卖方）签订了《商品房买卖合同》，约定卖方应在 2010 年 12 月 31 日前，将该商品房经验收合格并交付使用。出卖人如未按合同规定的期限将该商品房交付买受人使用，按逾期交房处理。合同签订后，买方已于 2010 年 12 月 31 日前付清合同约定的全部房价款。2011 年 5 月 3 日，卖方将涉案房屋交付给买方。2011 年 5 月 10 日，卖方同勘查、设计、监理、施工单位和业主单位五方对诉争房产进行了工程竣工验收。2012 年 3 月，经网上备案受理系统进行了诉争房产工程竣工验收消防备案。2012 年 9 月 3 日，卖方就诉争房产向某市建筑业管理局进行了竣工验收备案。2013 年 11 月 13 日，买方陈某诉至法院，请求判令：卖方某房地产公司支付逾期交房违约金 205530 元（2011 年 1 月 1 日起至 2012 年 9 月 3 日止共计 600 天，合同中约定按已交房款日万分之一计算）。

【判决结果】

一审法院判决：卖方承担 2011 年 1 月 1 日起至 2012 年 9 月 3 日期间按日支付已交付房价款万分之一的逾期交房违约金 205530 元。

二审法院判决：驳回卖方上诉，维持原判。

再审法院判决：撤销了一、二审判决，判令卖方支付买方自 2011 年 1 月 1 日起至 2011 年 5 月 9 日止的逾期交房违约金共计人民币 43846 元。

【律师解读】

一审、二审法院认为取得《竣工验收备案证》是商品房投入使用的前提和法定条件。故开发商与购房者自行约定的交付条件低于法定交付条件的条款，系违反法律强制性规定。卖方于 2012 年 9 月 3 日向建筑业管理局进行竣工验收备案，买方可以要求卖方承担至 2012 年 9 月 3 日延期交付的违约金。而再审法院则认为房屋经勘查、设计、监理、施工单位和业主单位五方经验收合格即可交付，并非经有关机关备案才能交付。因此，案涉房屋于 2011 年 5 月 10 日经五方竣工验收合格后，已达到双方约定的交付条件。因此，买方只能要求卖方承担至 2011 年 5 月 9 日期间的违约金。

这个案件的核心就在于如何认定商品房交付条件中“房屋经验收合格”。本案《商品房买卖合同》约定的交付条件有五项可供选择的内容：商品房经验收合格、经综合验收合格、经分期综合验收合格、取得商品房住宅交付使用批准文件、空白项。从合同文义理解，上述五种交付条件为递进关系，第一项“商品房经验收合格”应属于最低标准的交付条件。

根据《城市房地产开发经营管理条例》第十七条规定，房地产开发项目竣工，依照《建设工程质量管理条例》的规定验收合格后，方可交付使用。《建设工程质量管理条例》第十六条规定：“建设单位收到建设工程竣工报告后，应当组织设计、施工、工程监理等有关单位进行竣工验收。建设工程竣工验收应当具备下列条件：（一）完成建设工程设计和合同约定的各项内容；（二）有完整的技术档案和施工管理资料；（三）有工程使用的主要建筑材料、建筑构配件和设备的进场试验报告；（四）有勘察、设计、施工、工程监理等单位分别签署的质量合格文件；（五）有施工单位签署的工程保修书。建设工程经验收合格的，方可交付使用。”根据以上规定可以看出，在行政法规及部门法规层面上，“房地产开发项目竣工，经验收合格后，方可交付使用”中的“验收合格”为五方验收，即要求建设单位收到建设工程竣工报告后，组织勘察、设计、施工、工程监理等有关单位进行竣工验收后，才可进行交付。

因此，若当合同约定“经建设单位组织验收合格”作为交付条件，属于是最低标准的交付条件。其后，买受人不能以房屋消防、人民防空、环境卫生设施、防雷装置等未验收合格或未办理竣工验收备案，要求退房或拒绝收房或者要求开发商承担逾期交房责任。因此，买受人在买房时需特别注意房屋交付标准，在收房时若发现房屋存在严重的质量问题要及时与开发商进行沟通并提出异议或收房后在合理期间提出，同时保留相关证据，以便于后期更好地进行维权。

16. 借名买房，法律是否保护？

□ 张印富

【案情简介】

2006 年 8 月，郭某、高某老两口因退休无法贷款购房，遂以儿子郭某 1 的名义与开发商签订《商品房预售合同》购买 1202 号房，以郭某 1 名义办理贷款，通过郭某 1 银行账户支付购房款和偿还贷款。2007 年房屋交付后，郭某、高某入住。不动产权属证书登记在郭某 1 名下。

2012 年 12 月，郭某 1 与宋某诉讼离婚，宋某要求分割上述房产，理由是郭某 1 与宋某 2006 年 3 月登记结婚，郭某 1 于 2006 年 8 月签订《商品房预售合同》，诉争房屋在婚姻关系存续期间购买。首付款及偿还贷款均是由郭某 1 从工资卡账户内按月支付，系郭某 1 与宋某夫妻共同财产。郭某、高某得知儿子儿媳离婚诉讼中要分割诉争房产，遂向法院主张争议房屋系老两口所有。2014 年 4 月，法院对郭某 1 与宋某离婚诉讼作出终审判决，因案外人主张权利，对争议房不予处理，双方可另行解决。

之后，郭某、高某向法院提起物权确认之诉，要求确认案涉房产归郭某、高某所有，并办理过户。经过多次庭审，在法院判决前，找到律师寻求帮助。律师了解情况后建议其撤诉，然后一次性结清银行贷款，另行以借名买房为由提起诉讼，请求郭某1协助将涉案房产过户至郭某、高某名下。郭某、高某接受律师的建议并委托代理。

诉讼中，宋某得知郭某、高某撤诉后又另行起诉，遂以第三人身份申请加入。述称：原、被告无书面借名买房协议，不存在借名买房的法律关系。诉争房是在被告与第三人婚姻存续期间由被告购买，登记在被告名下，不是二原告购买。二原告支付的购房首付款是对被告与第三人结婚后的赠与。被告通过工资卡账户逐月还贷，是夫妻的共同收入。二原告只有被告一个子女，平时给被告的银行转款被告均已提现他用，未用于偿还贷款。提前还清房贷，并不能改变诉争房是在被告与第三人婚姻关系存续期间购买、逐月还贷的事实。原告撤诉后又起诉，规避事实和法律，恶意诉讼，侵害第三人的合法权益，应当依法驳回。

被告郭某1认可原告所述事实，双方存在借名买房口头协议，诉争房产登记在其名下，但二原告享有所有权；购房首付款及偿还贷款是通过其账号支付，但全是原告的；考虑到房产过户税费较高，二原告就一个子女，没有必要折腾过户。

【判决结果】

一审法院判决：被告郭某1于判决生效后十日内配合原告郭某、高某将1202号房所有权过户至原告郭某、高某名下。

第三人宋某不服，提起上诉。

二审法院判决：驳回宋某上诉，维持原判。宋某仍不服，向高级人民法院申请再审。

再审法院裁定：驳回宋某的再审申请。

【律师解读】

父母出资购房，登记在子女名下，因子女婚姻变故，引发诉争房产归谁所有的纠纷，是司法实务中比较棘手的问题。基于父母子女间密切的人身财产关系，父母出资时很少留下证据证明自己出资的性质。一旦涉诉，双方的主要证据多为当事人陈述。依据当事人陈述，可能存在多种法律关系。依据不同的法律关系，其结果大不相同。本案，因婚姻变故引发争夺房屋所有权，在离婚诉讼中未能解决，在原告提起的物权确认纠纷中也感觉胜诉无望。经向律师咨询帮助，最终还是以借名买房合同为由起诉实现了维权目的。生活中，出资人与登记人不一致的情形大量存在，因婚姻变故争夺房产的现象也时有发生。作为出资购房的父母如何维权，本案具有一定的典型性。以下几点值得关注：

一、无书面合同，并不等于无合同

合同与书面合同，是两个不同的概念，厘清概念很重要。实质上合同是当事人之间达成合意的结果，形式上合同有书面形式、口头形式和其他形式。其他形式的合同，可以根据当事人的行为或者特定的情形推定合同的成立。本案，借名买房的理由是父母因退休购房不能贷款。父母借儿子名义购房贷款，生活中大量存在，理由正当。父母子女间，因亲情及信任关系未签署书面合同，达成口头协议也是协议，与生活常理不悖，亦不违背法律规定。打官司选择方案，熟知社情民情是必不可少的因素。在原告与被告均认可借名买房协议存在的情形下，作为合同当事人之外的第三人，以不存在书面合同为由，否认原告与被告存在借名买房协议，其反驳主张难以成立。

二、正确选择诉讼方案，有利于实现维护权益之诉讼目的

不同的诉讼方案对应着不同的法律关系，抓住案件的核心，提出合适的诉讼请求。本案，原告在儿子婚后出资购房登记在儿子名下，是赠与还是借名，在无确定证据情形下，具有很大的模糊性。而认定是赠与或者是借名，直接涉及房产的归属。根据法律规定，不动产登记簿是物权归属和内容的根据。不动产权属证书是权利人享有该不动产物权的证明。出资人要想证明登记在他人名下的房屋归自己所有，自然存在很大的难度。以物权确认纠纷起诉，原告处于非常不利的地位，很难实现自己的诉求，而从借名买房合同的角度起诉，只要实现了房屋过户登记到自己名下，根据法律规定，自然实现了房屋归自己所有的目的。案件背后博弈的目的，其一是诉争房不被前儿媳宋某分割，其二是把诉争房产过户到原告名下更好地保护自身利益。选择另行起诉，能够满足上述维权目的，最终也取得了满意的结果。故维权思路很重要。

三、登记在夫妻一方名下的房产，并不一定是夫妻共同财产

生活中，房产登记人与所有权人不一致的情形大量存在。如果登记人并非房产所权人，即便登记在夫妻一方名下，也不能视为夫妻共同财产。父母借儿女名买房，符合借名买房的常态，不违反法律规定。本案二原告是出资人和居住使用人，虽缺少书面合同证明借名买房协议存在，但基于父母子女间密切的人身财产关系而忽略签署书面合同，也与常理不悖。郭某1仅是登记物权人，非真实物权人，诉争房屋自然不可能被认定为郭某1与宋某的夫妻共同财产。

四、用夫妻一方工资账户内的存款还贷，并不必然是夫妻共同财产还贷

通常情况下，夫或妻工资账户内的工资收入，视为夫妻共同财产。但汇入工资账户的金钱并不一定是工资收入，用工资账户内存款偿还贷款，也并不一定是用的个人工资。金钱是一般等价物，并非特定物。本案中，原告将房款转给被告，再由被告按揭还款，原告将款汇入被告账户后，即视为原告完成委托被告代为还贷的义务，不管被告是否取现、是否直接用于还贷或通过工资账户分期还贷，均不影响认定二原告是实际偿还贷款人的事实。

五、赠与是一种双方法律行为，必须双方达成合意

本案中，原告没有赠与的意思表示，不能强行认定为赠与，被告也不认可赠与。第三人宋某主张原告转给被告的款未用于偿还贷款，应当视为赠与，这不符合赠与合同的法律特征。逻辑推理错误，推导不出所主张的结果，此乃诉讼维权之大忌。

17. 没有过户的二手车被原车主开走，如何维权？

□ 胡克丽

【案情简介】

2020年1月，卖家将从他人的手中取得的车辆（车主为王某），以115000元的价格转让给买家，双方签订《车辆转押协议》，但实际上双方是车辆买卖关系。2020年8月，该车被王某找到并开走，拒绝向买家返还车辆。买家无奈委托笔者将卖家起诉至法院要求返还购车款。

【判决结果】

1. 确认《车辆转押协议》无效；
2. 被告退还原告购车款110000元。

【律师解读】

本案买家向笔者求助时，反复强调自己购买的车仅开了半年左右就被原车主开走并拒绝返还，想委托笔者起诉原车主拿回车辆。仔细分析原告提供的证据后，笔者发现原车主并不是本案适格被告。根据合同相对性，买家应当起诉卖家进行维权。卖家根本无车辆所有权，双方虽签订《车辆转押协议》，但根据《中华人民共和国民法典》第一百四十六条规定，行为人与相对人以虚假的意思表示实施的民事法律行为无效。双方系以虚假的意思表示签订的合同。所以，买家、卖家签订的《车辆转押协议》无效，原告要追回自己的损失，只能找出卖方索要购车款。根据《民法典》第一百五十七条规定，民事法律行为无效、被撤销或者确定不发生效力后，行为人因该行为取得的财产，应当予以返还。庭审中律师积极撮合双方进行协商，在阐明相关事实依据与法律依据后，法院采纳律师观点，被告也同意律师建议，最终同意将购车款退回。但考虑到原告已经使用车辆半年，故扣除五千元使用费，委托人对此非常满意。本案圆满解决，诉讼效率及最终效果均取得当事人的认可，调解书出具后不久，被告已根据调解书协议返还购车款。

18. 结婚后配偶意外死亡，遗产如何分配？

□李　娟

【案情简介】

被继承人曹某生前系某科技公司（以下简称某公司）职工，2019 年 8 月 12 日，曹某在公司参加职工篮球比赛期间，突发疾病，经抢救无效去世。贾某系曹某之妻，二人于 2019 年 6 月 4 日登记结婚。何某系曹某之母。曹某无其他继承人。

曹某去世后，某公司同意支付丧葬补助金 3.89 万元和护理费 80 万元，以及贾某、何某慰问金各 10 万元。某市社会保险管理中心工伤基金核定并支付一次性工亡补助金 785020 元，已转入某公司账户内。某公司已将以上所有款项支付至曹某之母何某的账户。

曹某去世时遗留的财产主要有：婚前全款购得现房两套，其名下存款 84863 元，轿车一辆；养老金账户余额 119512.84 元，住房公积金余额 71338.67 元，企业年金及激励账户余额 129169.09 元。

曹某之妻贾某与曹某之母何某就被继承人遗产的继承分配发生争议，双方协商无果，诉至法院。

【判决结果】

一次性工亡补助金由贾某与何某各分配 50%；曹某的遗产分配比例为：贾某分配 20%，何某分配 80%。

【律师解读】

一、一次性工亡补助金是否属于遗产？如何分配？

一次性工亡补助金，是指在职工因工死亡的情况下，按照规定的标准，从工伤保险基金中对其直系亲属支付的一次性赔偿。职工的死亡使其亲属丧失了重要的生活来源，导致其生活水平的下降，这是工伤事故的后果之一，因此应当予以赔偿。

司法实践中普遍认为，一次性工亡补助金系对死者亲属的物质补偿，不是夫妻共同财产，亦非死者的遗产，而是死者近亲属的共同共有财产，在分配时，应考虑当事人对死者的生活亲密程度和对死者的经济依赖程度两个原则进行分配。

二、本案确定遗产分配比例的原则及事实依据

本案所涉及的遗产分配应考虑以下因素：（一）与死者关系的亲疏远近；（二）与死者共同生活的紧密程度；（三）对死者经济依赖程度以及今后生活来源和保障因素。

曹某是何某独生子，何某丈夫去世后，无论生活上、物质上、还是精神上，母子二人联系紧密且深度依赖；何某年老体弱，身体多病，且已丧失劳动能力，作为曹某生前唯一供养的亲属，在曹某死后，老无所依，只能通过遗留的财产保障生活和医疗所需。贾某与被继承人曹某领取结婚证仅69天，共同生活时间较短。并且，贾某从事较好的职业，有优渥的收入保障，且年纪尚轻，随着时间的推移，所受伤害可以被新的生活治愈，贾某对曹某遗留财产的需求和依赖程度相对不高。

三、本案法律适用的启示

根据《中华人民共和国民法典》一千一百三十条之规定，同一顺序继承人继承遗产的份额，一般应当均等。对生活有特殊困难又缺乏劳动能力的继承人，分配遗产时，应当予以照顾。对被继承人尽了主要扶养义务或者与被继承人共同生活的继承人，分配遗产时，可以多分。

被继承人之母何某将曹某抚养长大，付出良多，年过花甲痛失独子，理应在遗产分配时予以照顾。被继承人之妻贾某与曹某结婚仅69天，突发意外，失去丈夫，亦令人惋惜，但是，其毕竟与被继承人结婚日短，未能和被继承人共同打拼、积累财富。其对被继承人财产和家庭的贡献明显少于作为母亲的何某，故应当少分。

结合本案何某对曹某抚养的付出及贾某与曹某结婚、共同生活时间、家庭日常贡献等因素，法院酌定遗产按贾某分配20%，何某分配80%的分配比例，于法有据，也更普遍为社会公众所接受。

19. 非机动车与机动车发生交通事故，法院如何判决?

□ 郭灿炎

【案情简介】

2020年10月18日15时30分，刘某燕驾驶车牌号为豫M×××××× 的轻型箱式货车，沿呼北209国道行驶至呼北××国道瓦窑沟乡低槽大桥路段时，与刘某民驾驶的无号牌三轮摩托车追尾相撞，其后，三轮摩托车又撞到梁某亮驾驶的无号牌二轮摩托车（载有梁某、姜某昕）相撞，造成刘某民、梁某亮、梁某、姜某昕身体受伤、车辆受损之交通事故。

2020年10月26日经卢氏公安交通警察大队作出第411224420200000×××号道路交通事故认定书认定，刘某燕承担此次事故的全部责任，刘某民、梁某亮、梁某、姜某昕无责任。事故发生当天，刘某民被送往卢氏第三人民医院住院治疗，经诊断伤情为：脑震荡、寰枢关节扭伤、腰部损伤、胸部损伤、小腿软组织疾患、慢性支气管炎伴肺气肿。住院治疗16天，2020年11月2日出院，花去医疗费5805.57元、门诊费1317元，合计7122.57元。出院医嘱：1. 颈托固定两月；2. 定期复查；3. 休息两月；4. 不适随诊。

事故发生后，刘某燕垫付1000元，因赔偿问题协商无果，刘某民遂起诉至一审法院。请求法院判决：1. 依法判令保险公司、刘某燕、张某营（货车车主）赔偿刘某民医疗费、误工费、护理费、住院伙食补助费、营养费、交通费等各项损失共计19732.29元；2. 本案诉讼费由保险公司、刘某燕、张某营承担。

【判决结果】

限某保险股份有限公司某支公司于判决生效后十五日内支付刘某民各项损失共计 18732.29 元（已扣除刘某燕垫付资金 1000 元）。某保险股份有限公司某支公司不服，提出上诉。

二审判决驳回上诉，维持原判。

【律师解读】

近期，有不少当事人咨询同类问题。作为非机动车的弱势一方在交通事故后期处理上存在维权难题，特进行梳理，以帮助更多人解决此类问题。

一、机动车与非机动车或行人发生交通事故的责任划分原则

机动车作为高速运输工具，对行人、非机动车驾驶人的生命财产安全具有一定危险性，发生交通事故时，应当由机动车一方承担民事责任；如果能够证明损害是由受害人故意造成的，不承担民事责任。

《中华人民共和国道路交通安全法》第七十六条第二款规定：“（二）机动车与非机动车驾驶人、行人之间发生交通事故，非机动车驾驶人、行人没有过错的，由机动车一方承担赔偿责任；有证据证明非机动车驾驶人、行人有过错的，根据过错程度适当减轻机动车一方的赔偿责任；机动车一方没有过错的，承担不超过百分之十的赔偿责任。交通事故的损失是由非机动车驾驶人、行人故意碰撞机动车造成的，机动车一方不承担赔偿责任。”

特别提醒的是，非机动车一方属于比较弱势的一方，即使机动车一方无责任，实际也是要承担百分之十的赔偿责任。

本案中，刘某燕驾驶的机动车追尾刘某民驾驶的无号牌三轮摩托车，非机动车没有过错，因此由刘某燕驾驶的机动车承担事故的全部责任。

二、机动车一方被认定的责任赔偿，非机动车驾驶人、乘坐人或行人可以向谁主张？

机动车要承担的赔偿责任，首先由保险公司在交强险责任限额范围内赔偿后，超过交强险责任限额部分的损失全部由机动车一方承担。机动车一方包括车辆驾驶人、车辆所有人或管理人。

如果车辆购买有商业保险，在交强险承担责任限额部分后，由承保机动车商业保险的保险人按照保险合同的约定予以赔偿。不足部分，再由机动车一方负责赔偿。

多辆机动车发生交通事故造成第三人损害，当事人请求多个侵权人承担赔偿责任的，人民法院应当区分不同情况，依照《民法典》侵权责任编共同侵权的规定，确定侵权人承担连带责任或者按份责任。

本案中，法院判决刘某燕驾驶的机动车一方的交通事故责任由其交强险保险公司在交强险责任限额范围内赔偿，即是贯彻以上赔偿原则。

三、非机动车一方可以主张哪些权利？

可主张权利与交通事故造成的人身损害和财产损失息息相关。根据最高人民法院《关于审理人身损害赔偿案件适用法律若干问题的解释(2003)》第十七条，受害人遭受人身损害，因就医治疗支出的各项费用以及因误工减少的收入，包括医疗费、误工费、护理费、交通费、住宿费、住院伙食补助费、必要的营养费，赔偿义务人应当予以赔偿。

受害人因伤致残的，其因增加生活上需要所支出的必要费用以及因丧失劳动能力导致的收入损失，包括残疾赔偿金、残疾辅助器具费、被扶养人生活费，以及因康复护理、继续治疗实际发生的必要的康复费、护理费、后续治疗费，赔偿义务人也应当予以赔偿。

受害人死亡的，赔偿义务人除应当根据抢救治疗情况赔偿本条第一款规定的相关费用外，还应当赔偿丧葬费、被扶养人生活费、死亡补偿费以及受害人亲属办理丧葬事宜支出的交通费、住宿费和误工损失等其他合理费用。

本案中，刘某民向机动车保险人、驾驶人、所有人提出的医疗费、误工费、护理费、住院伙食补助费、营养费、交通费等，均属于受害人遭受人身损害因就医治疗支出的各项费用以及因误工减少的收入，理应获得法院支持。

四、机动车一方责任承担顺序如何？

根据《中华人民共和国民法典》第一千二百一十三条、《最高人民法院关于审理道路交通事故损害赔偿案件适用法律若干问题的解释》第十三条规定，同时投保机动车第三者责任强制保险（以下简称“交强险”）和第三者责任商业保险（以下简称“商业三者险”）的机动车发生交通事故造成损害，当事人同时起诉侵权人和保险公司的，人民法院应当按照《中华人民共和国民法典》第一千二百一十三条的规定：“机动车发生交通事故造成损害，属于该机动车一方责任的，先由承保机动车强制保险的保险人在强制保险责任限额范围内予以赔偿；不足部分，由承保机动车商业保险的保险人按照保险合同的约定予以赔偿；仍然不足或者没有投保机动车商业保险的，由侵权人赔偿。”确定赔偿责任。

未参加机动车第三者责任强制保险的，由机动车方在该车应当投保的最低保险责任限额内予以全部赔偿，对超过保险责任限额的部分，按照当前规定赔偿。

机动车所有人、管理人与使用人不是同一人时，根据《民法典》第一千二百零九条，因租赁、借用等情形机动车所有人、管理人与使用人不是同一人时，发生交通事故造成损害，属于该机动车一方责任的，由机动车使用人承担赔偿责任；机动车所有人、管理人对损害的发生有过错的，承担相应的赔偿责任。

本案中，刘某燕驾驶的车牌号为豫M××××××的轻型厢式货车在保险公司投保交强险，事故发生在保险期间内，且交警部门认定刘某燕承担该起事故的全部责任，故对于交强险责任限额范围内部分应当由保险公司承担，超出交强险限额部分，由车辆所有人张某营承担赔偿责任。受害人刘某民主张的因就医治疗支出的各项费用以及因误工减少的收入金额在交强险责任限额范围内，因此法院判决仅由保险公司承担赔偿责任。

五、如果机动车一方不予赔偿，非机动车一方该如何维权？

交通事故责任认定以后，如各方对责任认定无异议，非机动车一方可以根据责任认定在确认伤者治疗终结或确定损害结果后，请求交警部门在规定时间内进行赔偿调解。如机动车一方不愿意调解或无法达成一致意见的，非机动车一方可在法定时效内向事故发生地或被告住所地人民法院提起民事诉讼。

本案中，如某保险股份有限公司某支公司拒绝赔偿或法院判决赔偿金额超过交强险限额部分，受害人刘某民仍可向车辆所有人刘某燕、张某营追偿，可以理解为属于补充赔偿责任的情形。

20. 房子涨价拒不履行买卖合同，法院如何判决？

□ 温奕昕

【案情简介】

2016年7月14日，被告王某代理其父母与原告小明及房屋经纪公司三方签订《房屋买卖合同》，约定由原告购买被告父母所有的位于河北省廊坊市广阳区房屋一套，价款112万元。涉案房屋因尚欠银行借款未还清，设定有抵押，合同约定被告王某父母于2016年7月25日前还清银行借款并解除抵押登记。原告应于2016年7月14日交付定金20000.00元，于2016年8月1日前再交付34万元首付款，余款在办理房屋产权过户手续后办理银行按揭贷款交付。同时约定签字者亦应承担合同所约定的违约责任。合同签订后，原告于2016年7月14日向被告交付定金20000.00元，被告出具收条。但二被告王某父母未能在2016年7月25日办理涉案房屋的解除抵押手续，原告亦未在此后的2016年8月1日交付34万元首付款。其后廊坊市房屋价格开始上涨，二被告王某父母表示不向原告小明以原价格出售涉案房屋。2016年10月12日，原告小明将王某、王某父母起诉至廊坊市某法院。经法院委托，涉案房屋经房地产估价服务有限公司评估，以2016年10月12日为基准日（原告起诉之日），市场价格为1764400.00元。

【判决结果】

1. 原告小明与被告王某代理其父母及房屋经纪公司所签订《房屋买卖合同》予以解除。

2. 被告王某父母返还原告小明定金20000.00元。

3. 被告王某及其父母赔偿原告小明经济损失644400.00元。

【律师解读】

民事活动应当遵循诚实信用的原则。本案原告小明与被告王某代理其父母及房屋经纪公司所签订《房屋买卖合同》是当事人真实意思表示，合法有效。当事人应当按照约定全面履行自己的义务。《中华人民共和国民法典》第一百七十二条："行为人没有代理权、超越代理权或者代理权终止后，仍然实施代理行为，相对人有理由相信行为人有代理权的，代理行为有效。"被告王某与其父母有特殊亲属关系，原告小明有充分理由相信其有权代理出售房屋，构成表见代理。

原告小明在房屋经纪公司工作人员陪同下两次去被告处查看涉案房屋时，被告及父母均在场，其当时并未表示反对，可见其知晓涉案房屋的出售情况并同意。原告小明的购房行为为善意，如果被告认为其为恶意购房，举证责任在被告。涉案房屋确实尚设定有抵押，但设定抵押的房屋出售并不违反法律禁止性规定，合同的签订并不存在过错，且被告已经承诺将归还借款解除抵押登记，故此不能成为不履行合同的理由。按照合同约定，被告应先办理归还银行借款解除抵押，之后原告才交付首付款。故因被告不办理解除抵押，原告可以拒付首付款，原告不存在违约。而被告王某父母则明显构成违约，应承担违约责任。合同中约定签字者亦应承担合同所约定的违约责任，故被告王某亦应承担违约责任。按照法律规定：当事人一方不履行合同义务或者履行合同义务不符合约定的，应当承担继续履行、采取补救措施或者赔偿损失等违约责任。本案被告拒绝向原告出售房屋，原告对此表示同意，故本案《房屋买卖合同》予以解除。廊坊本地房屋价格上涨是众所周知的事实，原告如再购房将多付出更多资金，这是因为被告不履行合同所致，由此给原告所造成的损失，被告应予赔偿。综上，本案纠纷的产生，实为本地房价的突然上涨，三被告因价格问题反悔拒不履行合同所致。原告的诉讼证据充分，请求合理合法，应予支持。依照《中华人民共和国民法典》第七条："民事主体从事民事活动，应当遵循诚信原则，秉持诚实，恪守承诺。"第五百一十条："合同生效后，当事人就质量、价款或者报酬、履行地点等内容没有约定或者约定不明确的，可以协议补充；不能达成补充协议的，按照合同相关条款或者交易习惯确定。”第五百六十三条规定：“有下列情形之一的，当事人可以解除合同：……（二）在履行期限届满前，当事人一方明确表示或者以自己的行为表明不履行主要债务；第五百七十七条：“当事人一方不履行合同义务或者履行合同义务不符合约定的，应当承担继续履行、采取补救措施或者赔偿损失等违约责任。”第五百八十八条规定：“当事人既约定违约金，又约定定金的，一方违约时，对方可以选择适用违约金或者定金条款”。法院遂作出上述判决。

房价上涨带来了二手房交易纠纷的大幅增加，出卖人因房价上涨而违约的行为，影响了正常的市场经济秩序，不利于房地产市场平稳健康发展，也不利于社会诚信的建设。在二手房交易中，合同约定应明确网签时间、抵押权、资金托管、户口迁移、违约金等问题，预防纠纷的发生。

21. 购房人的所有权、期待权能否优于抵押权？

□ 赵继云

【案情简介】

2013 年 12 月 26 日，贷款人中某信托与借款人金某荣集团签订了《信托贷款合同》，双方约定借款总金额为 2.5 亿元，但最终借款金额以实际发放为准。

另外，中某信托与抵押人某公司签订《抵押合同》及多份补充协议，抵押物为呼国用（2011）第 00071 号《国有土地使用证》项下的国有土地使用权及该国有土地上开发的房产项目。双方还约定如某公司违约，且未在期限内纠正，中某信托有权宣布债务提前到期。后续，中某信托办理了上述国有土地使用权及在建工程的抵押登记。

之后，中某信托出具“同意办理该项目预售许可证”证明，某公司于 2014 年 12 月 9 日取得《商品房预售许可证》。

2014 年 12 月 31 日，买受人于某、闫某与某公司签订《商品房买卖合同》，购买了该项目的某房屋（以下简称“涉案房屋”），并按合同约定支付了超过百分之五十的购房款。

2016年8月，因某公司存在违约行为且未及时纠正，中某信托发送关于主债权提前到期的通知。2017年5月11日，中某信托依据公证书和（2016）京方圆执字第0107号执行证书向法院申请强制执行。2017年5月22日，法院查封了该项目在建工程，其中包含涉案房屋。

于某、闫某获知后向法院提出执行异议，请求中止对涉案房屋的执行。法院依据《最高人民法院关于人民法院办理执行异议和复议规定案件若干问题的规定》（以下简称"《执行异议和复议规定》"）第二十九条中止了涉案房屋的执行。中某信托不服，提起申请执行人执行异议之诉。

【判决结果】

一审法院驳回了中某信托的诉讼请求，中某信托不服提起上诉；二审驳回中某信托的上诉，维持一审判决。

【律师解读】

执行异议之诉的核心是案外人就执行标的享有的民事权益，是否足以排除强制执行，具体到本案是于某、闫某享有的请求某公司交付房屋并转移所有权的债权请求权（以下简称"所有权期待权"），能否排除强制执行，即中某信托依据抵押权而申请查封涉案房屋的措施。为此，可从以下几点进行考量。

一、《执行异议和复议规定》第二十七条为购房人所有权期待权能够对抗抵押权提供了可能性

《执行异议和复议案件若干问题的规定》第二十七规定"申请执行人对执行标的依法享有对抗案外人的担保物权等优先受偿的，人民法院对案外人提出的排除执行异议不予支持"，从该条规定可知法院驳回案外人的异议的前提是担保物权等优先受偿权能够对抗案外人，换言之担保物权等优先受偿权存在不能对抗案外人的可能。同时，该条还以"法律、司法解释另有规定"作为例外情形，因此该条为购房人所有权期待权能够对抗抵押权提供了可能性。

二、某公司经中某信托同意出售后才取得的预售许可证，于某、闫某作为善意的购房人，其权利应当优先于抵押权

其一，从保护交易安全的角度来看，取得政府颁发的预售许可证表明房地产开发商已经可以合法地向社会公开销售涉案房屋。作为购房人来说，其有充分的理由相信抵押权人已经同意转让抵押物，相信其所购买的房屋不存在权利瑕疵或者负担。如果对于购房人的合理信赖不予保护，不仅损害具体个别交易的安全，从长远来看也会损害政府预售许可制度的公信力及房地产、金融等行业发展的可持续性。

其二，从交易成本支出和风险分配的角度来看，购房人对于房地产开发商如何使用收取的售房款并不关心，也无力控制，同时也缺乏能力和手段控制开发商的销售行为。抵押权人则不同，其更有能力控制开发商的销售行为，其既可以在设定抵押时与开发商约定取得预售许可之前应先清偿其债务，也可以通过出借款项时设定一定的条件限制开发商在未清偿其债务之前取得预售许可，故抵押权人实施各种控制行为比起购房人来说成本更少且效果更直接。所以将开发商违约（私自分配售房款）的风险分配给抵押权人更符合公平原则。

故虽抵押权人中某信托的债权没有得到清偿，但鉴于购房人有理由相信房地产开发商某公司的销售行为合法，后者的权利理应得到优先保护。

三、为避免动摇抵押权具有优先性的基本原则，应对购房人设置一定的限制条件

虽从交易安全及交易成本等角度来看优先维护购房人的权利具有一定的理论基础，但毕竟对抵押权的优先受偿造成了一定的冲击，故应对购房人设定一定的限制条件，以免动摇抵押权具有优先性的基本原则。对此，最高人民法院关于印发《全国法院民商事审判工作会议纪要》的通知第125条、126条作出了相应的规定，将能够对抗抵押权的购房人限定在“消费者购房人”。对于消费者购房人的认定可参考《执行异议和复议规定》第二十九条之规定，一是在人民法院查封之前已签订合法有效的书面买卖合同，二是所购商品房系用于居住且买受人名下无其他用于居住的房屋，三是已支付的价款超过合同约定总价款的百分之五十。购房人若不是商品房消费者，而是一般的房屋买卖合同的买受人，则不具有优先性。

22. 使用同一字样商标，对原注册商标是否侵权？

□ 汤学丽

【案情简介】

原审原告上海 A 有限公司经案外人某科技（上海）有限公司授权取得“TISSUELYSER”（第 7 类）、“拓夫 TISSUELYSER”（第 9 类）商标使用权。原审原告发现原审被告上海 B 有限公司在其售卖的“多样品组织研磨仪”商品上，使用了“Tissuelyser”字样，认为其侵犯了原告的商标专用权，遂提起诉讼。

一审法院经审查认定，“Tissuelyser”是臆造词，是引证商标中的显著部分，B 公司使用该字样与引证商标构成近似，容易引起混淆。一审法院最终认定被告侵害了原告对涉案商标享有的被许可使用权，应承担停止侵权及赔偿损失的民事责任，并酌情支持了原审原告主张的部分经济损失和合理开支。

【判决结果】

一审判决：一、立即停止涉案侵权行为；二、赔偿原告经济损失 50,000元、合理开支 10,080 元；三、驳回原告其余诉讼请求。

二审判决：一、撤销原审判决；二、驳回被上诉人（原审原告）一审全部诉讼请求。

【律师解读】

本案中，二审法院在撤销原审判决的同时，直接驳回原审原告一审全部诉请，二审法院为何会作出与原审法院完全不同的判决，二审法院又是如何考量的呢？

本案二审期间争议焦点主要为：1. 原审被告在其被控侵权商品、宣传网页上使用“Tissuelyser”是否侵犯原告商标专用权；2. 一审判赔金额是否合理。

关于本案被告是否实施商标侵权行为，《商标法》第五十七条规定：“有下列行为之一的，均属侵犯注册商标专用权：（一）未经商标注册人的许可，在同一种商品上使用与其注册商标相同的商标的；（二）未经商标注册人的许可，在同一种商品上使用与其注册商标近似的商标，或者在类似商品上使用与其注册商标相同或者近似的商标，容易导致混淆的；……”

结合到本案，首先从标识上来看，被控侵权标识与引证商标（第9类）图文组合的形式之间存在一定差异。其次，本案被告在二审期间提交了大量证据，例如论文、谷歌翻译、网站检索关键词结果等，用以证明早于引证商标申请日前，就已经有一定数量的科研文章和专利文献中使用了“Tissuelyser”一词指代组织研磨器产品，系商品通用名称。同时，考虑到实际使用的商品为“多样品组织研磨机”，被告于此产品上标明“Tissuelyser”字样，且写明“某组织研磨仪是一种……”。由此可见，本案被告对于“Tissuelyser”字样的使用属于对商品名称的正当使用行为，不会导致相关消费者混淆误认。法院由此认定，被诉侵权标识不构成对于原告注册商标专用权的侵害。

23. 实际施工人直接起诉发包人，身份如何认定？

□ 刘　崴

【案情简介】

2013年7月12日，某县政府与某公司（下称该公司）签订的《某幼儿园整体搬迁建设项目（全额垫资建设——回购）合同》《某幼儿园整体搬迁建设项目合作协议书》，约定将涉案项目发包给该公司施工。吴某系该公司项目部经理，作为该公司的委托代理人签订前述合同、协议。某县教育局根据某县政府的安排，对所涉工程的施工建设相关事项进行监督、管理。

2013年7月18日，吴某、杨某（甲方）与罗某一（乙方）签订《合作协议书》《支付协议》，其中约定合作方式为：该项目由乙方全额垫资施工，按甲方与某县政府签订的协议由乙方全权执行该工程的施工任务，乙方做好前期融资及筹备资金来完成该项目的投资。

罗某一在签订转包合同后即购买仪器、聘请技术管理人员进场施工、进行管理。罗某一在接受转包后又将拉土回填（装土、运土、回填）等劳务交由罗某二完成。土方回填中的土石等材料由罗某一购买。施工过程中，该公司某项目部与建设方所签订的《机械台班计价协议书》《临时道路施工协议书》《赔偿协议书》《某农村公路修复协议》《填方场地腐殖土清除协议》《清除土、拆除鱼塘毛石挡墙协议书》等协议的原件均由罗某一持有且有其签名。作为该公司承建工程组成部分的土方回填及其他零星工程所涉及的《工程中间验收计量签证表》等工程签证表原件均由罗某一持有。

2014年1月19日，罗某一向该公司某项目部移交施工仪器和办公用品。罗某一持《某教育局民族小学和某幼儿园搬迁土方回填及其他零星工程竣工结算书》要求结算，支付工程款未果。遂涉诉。此案经过一审、二审，最后至最高人民法院再审。

【判决结果】

一审判决：（1）该公司支付罗某一工程款项某元及利息；（2）驳回原告罗某一的其他诉讼请求。判决后罗某一、该公司均不服，分别向某省高级人民法院提起上诉。

二审判决：（1）撤销一审判决；（2）驳回罗某一的诉讼请求。判决后，罗某一向最高人民法院申请再审。

最高人民法院再审判决：（1）撤销某省高级人民法院二审判决；（2）维持某省某市中级人民法院一审判决。

【律师解读】

本案例涉及建设施工合同纠纷案件中实际施工人的身份认定问题，说明实际施工人身份的认定在司法实践中颇具复杂性。罗某一与某公司签订了转包合同且能提供证据加以证明，组织罗某二等进行劳务施工，购买回填土施工所需的建筑材料，持有相关的施工资料等，因此，罗某一具有实际施工人身份，其作为原告提起本案诉讼的主体资格适格。

实际施工人是在实际施工中应全面履行发包人与承包人合同的“人”，并形成事实上的权利义务关系。对于其认定，应结合合同的履行情况综合进行审查：是否签订书面的承包合同；是否对工程进行了资金投入、包括购买材料、支付工人工资；是否在施工过程中组织人员进行施工管理；是否以自己的名义与上、下游承包人进行结算等。

笔者进一步分析认为，实际施工人是与名义承包人、分包人相对应的概念，是区别有效合同施工人所创设的概念，并非传统民事法律及民事诉讼法律中的固有法律概念，可以将实际施工人理解为无效合同情形下实际完成相对独立单算的工程建设主体，通过筹集资金、组织人员机械等进场施工，在工程竣工验收合格后，与业主方、被挂靠单位、转承包人进行单独结算的自然人、法人或其他组织。主要表现为：挂靠于其他建筑施工企业名下或借用其他建筑施工企业资质并组织人员、机械进行实际施工的民事主体，层层转包、违法分包等活动中最后实际施工的民事主体。具体包括转包合同的转承包人、违法分包合同的承包人、缺乏相应资质而借用有资质的建筑施工企业的名义与他人签订施工合同的承包人。

笔者结合本案例及其他资料进一步归纳，认为实际施工人应当具备下列特点：

1. 是实际履行承包人义务（包括整体及部分）的人；

2. 是与发包人没有直接的或名义上的合同关系的人；

3. 其签订的建设工程施工合同无效，包括转包、违法分包、挂靠三种情形；

4. 实际施工人同与其签订转包合同、违法分包合同的承包人或者出借资质的建筑施工企业之间不存在劳动人事关系或劳务关系。

在实务中，对实际施工人身份的审查是个细致周密的"法律活儿"，笔者根据当前个人及同事们的执业经验，亦依其他参考资料，分析总结如下：

1. 审查建设施工合同的效力是否为无效合同，参与施工各方主体的法律关系是否存在转包、违法分包和挂靠等违法行为。

2. 审查是否参与转包合同或分包合同的签订与履行，是内部承包关系还是实际施工人；施工主体与上位承包人之间是否存在劳动人事关系，工程项目施工所需的人财物及资金是否由施工主体独立承担。只有否定内部承包关系，施工主体才有可能被认定为实际施工人。

3. 审查实际施工行为是否真实存在，采购建筑材料、建筑构配件、装修材料等物资材料，租赁塔式起重机、压路机、钢模板、扣件、脚手架等机械设备等费用的支付、农民工工资的支付是否由实际施工人完成。这些材料是认定实际施工人身份的重要证据。

4. 审查是否存在向合同相对方缴纳管理费等来综合判断是否对工程进行资金方面的投入，是否编制、签字确认、报送相关竣工结算资料等文件。

5. 审查在施工过程中实际施工人是否组建现场项目管理团队对施工现场进行施工管理；实际施工人是否代表施工单位；在图纸会审记录、工地例会纪要、收货单、工程签证单等书面文件上签字，审查相关施工资料由谁持有和控制，原件是否掌握在实际施工人手中。这些证据的存在与否，可以侧面印证该案涉工程项目的施工主体是否为实际施工人。

6. 审查工程款的走向。在有实际施工人的情况下，发包人可能将工程款项支付至承包人，承包人在扣除管理费用后，再将工程款支付至实际施工人；也可能以承包人名义开设账户，由实际施工人控制该账户，发包人将工程款转入账户。

7. 审查工程价款结算。工程竣工验收后，实际施工人往往结合项目的设计变更、工程量增减、材料价差等可调控因素，与发包人共同结算工程价款。

综上，实际施工人实际上是一种事实身份，而非法律身份；认定实际施工人的身份就是对其并非履行有效合同约定而进行工程施工的事实认定，应结合合同的实际履行情况、施工的实际支配权、施工过程中的相关资料等因素进行综合认定。

24. 借款人在国外，出借人能否在国内法院起诉？

□ 张印富

【案情简介】

2016 年 5 月 14 日，王某（甲方、借出人）与黄某（乙方、借款人）签订《借款合同》，约定：乙方向甲方借款 × × 万元，借款期限一年。乙方如逾期还款，除应承担甲方实现债权之费用（包括但不限于甲方支出之律师费、诉讼费、差旅费等）外，还应支付违约金赔偿甲方损失。如双方发生争议，由当事人协商解决或由第三人调解，协商或调解不成的，可由任意一方向出借方所在地法院起诉。合同签订后，王某通过银行向黄某支付借款，黄某收到后向王某出具了收条。借款到期后，双方续签一年。借款再次到期后，黄某拒绝偿还借款，理由是双方在国外合办的公司亏损，存在其他债权债务及公司纠纷，王某应当承担赔偿责任。双方矛盾激化，黄某称《借款合同》中未约定合同履行地，自己长年居住国外，王某在国内也无法起诉，奈何不得。王某无奈向律师寻求帮助。律师了解情况后，接受王某的委托，依法向法院提起诉讼。被告收到原告起诉状后，感觉败诉的可能极大，态度发生了一百八十度的转变，未等法院判决就偿还了借款本金及利息，但拒绝支付违约金及律师费用。

【判决结果】

1. 被告黄某于本判决生效之日起七日内向原告王某支付违约金；
2. 被告黄某于本判决生效之日起七日内向原告王某支付律师费。

【律师解读】

借钱容易还钱难，久拖未果的民间借贷纠纷，经过严谨的司法救济途径，很快就得到了圆满的解决，所产生的费用由被告承担，最大限度地维护了当事人的合法权益。

一、打官司要有充分的证据支持

本案中，原被告双方签订《借款合同》，原告保留了银行转款凭证和被告的收款收据，双方借贷关系明确。被告认为双方还存在包括公司股权、公司经营债务等多个纠纷，不但不应该偿还原告借款，原告还应当向被告支付赔偿款。但原告在协商无果的情况下及时委托专业律师从“一案一诉”“一债一还”的角度及时起诉，变被动为主动，取得了较好的效果。

二、打官司要主动选择有利于自己诉讼的管辖法院

一个案件纠纷可能存在多个法院具有管辖权，谁先起诉，谁就占有从有利于自己的角度选择管辖法院的主动。只要符合法律规定，原告是可以选择在自己住所地法院起诉的。《民事诉讼法》第二十三条规定：“因合同纠纷提起的诉讼，由被告住所地或者合同履行地人民法院管辖。”原告选择合同履行地法院作为管辖法院，符合法律规定。《民事诉讼法解释》第十八条规定：“合同约定履行地点的，以约定的履行地点为合同履行地。合同对履行地点没有约定或者约定不明确，争议标的为给付货币的，接收货币一方所在地为合同履行地；……”最高法院《关于审理民间借贷案件适用法律若干问题的规定》第三条规定：“借贷双方就合同履行地未约定或者约定不明确，事后未达成补充协议，按照合同相关条款或者交易习惯仍不能确定的，以接受货币一方所在地为合同履行地。”本案中，双方系民间借贷纠纷，争议标的为给付货币，接收货币一方所在地为合同履行地，同时也约定了管辖法院，在约定的原告住所地法院起诉符合法律规定，并不因被告居住在国外就无法起诉。

三、适用“争议标的为给付货币的，接受货币一方所在地为合同履行地”确定法院管辖时，需要注意把握好以下几点

一是合同履行地点的单一化是确定管辖的前提。合同履行地点是合同按照约定或实际实施的地点。合同在一般情况下是双务合同，即当事人的义务是对应的。而履行地主要是指履行义务的地点。在合同有两个义务履行地点的情况下，履行地点的单一化是确定管辖的前提，即在有两个履行地的情况下，必须选择其一为确定管辖的履行地点。

二是借款合同是双务合同，标的物为货币。贷款方与借款方均应按照合同约定分别承担贷出款项与偿还贷款及利息的义务，贷款方与借款方所在地都是履行合同约定义务的地点。

三是“接受货币一方所在地”存在出借人所在地和借款人所在地两种情形。当双方当事人在案涉借款是否出借事项上产生争议时，以借款人所在地为合同履行地；当双方当事人在案涉借款及其利息是否归还事项上产生争议时，以出借人所在地为合同履行地。

四是适用“争议标的为给付货币的，接受货币一方所在地为合同履行地”的前提条件，是合同对履行地点没有约定或约定不明确，事后未达成补充协议。如果合同约定履行地点的，以约定的履行地点为合同履行地；合同没有实际履行，当事人双方住所地都不在合同约定的履行地的，由被告住所地人民法院管辖。

25. 催要借款而签订房屋买卖合同，高息是否受法律保护？

□李　娟

【案情简介】

汤某、刘某、马某与某海房地产开发有限公司（以下简称某海公司）于 2013 年先后签订多份借款合同，通过实际出借并接受他人债权转让，取得对某海房产公司合计 2.6 亿元借款的债权。某海房产公司因无能力偿还汤某、刘某、马某的借款本金及利息，为担保该借款合同履行，汤某等三人与某海公司于 2014 年 6 月 18 日签订《商品房买卖合同》，载明买受人主体为汤某、刘某、马某，并向当地房屋产权交易管理中心办理了备案登记。

双方商品房买卖合同中经双方对账确认至2014年6月18日，汤某、刘某、马某三人已付房款共计人民币3.61亿元，剩余3860.2万元未付。剩余房款待某海公司给汤某等三人办理完毕全部标的物房屋产权证书及土地使用权证书后的30日内，再由汤某等三人一次性支付给某海公司人民币3860.2万元。本合同在执行中发生纠纷，因此产生的诉讼费、公证费、评估费、律师费、过户费等实现债权的所有费用均由违约方承担。

之后，因某海公司拒不履行房屋交付义务，汤某、刘某、马某遂起诉，要求某海公司交付房屋，支付违约金并赔偿损失。

某海公司辩称，汤某三人与某海公司没有购买和出售房屋的意思表示，双方之间房屋买卖合同名为买卖实为借贷，该商品房买卖合同系借贷合同的担保，借贷利率过高，不受法律保护，借贷合同无效，房屋买卖合同应为无效，三人要求某海公司交付房屋并支付违约金及损失费用没有法律依据。

【判决结果】

一审法院判决：一、某海公司向汤某、马某、刘某支付违约金9275057.23元，支付律师费416300元；

宣判后，某海公司提起上诉。

二审法院判决：撤销一审民事判决，驳回汤某、马某、刘某的诉讼请求。

【律师解读】

一、双方是否构成买卖合同的法律关系？

本案争议的商品房买卖合同签订前，某海公司与汤某等三人之间确实存在借款合同关系，且为了履行借款合同双方签订了相应的商品房预售合同，并办理了预购商品房预告登记。但双方系争商品房买卖合同是在某海公司未偿还借款本息的情况下，经重新协商并对账，将借款合同关系转变为商品房买卖合同关系，将借款本息转为已付购房款，并对房屋交付、尾款支付、违约责任等权利义务作出了约定。民事法律关系的产生、变更、消灭，除基于法律特别规定，需要通过法律关系参与主体的意思表示一致形成。尊重当事人嗣后形成的变更法律关系性质的一致意思表示，是贯彻合同自由原则的题中应有之意。所以法院对于某海公司所持本案商品房买卖合同无效的主张不予采信。

二、某海公司是否构成违约?

确认商品房买卖合同合法有效的情况下，双方当事人均认可该合同项下已付购房款系由原借款本息转来，但某海公司现已提出该欠款数额包含高额利息。经审查，双方之间借款利息的计算方法已经超出法律规定的民间借贷利率保护上限。对双方当事人包含高额利息的欠款数额，依法不能予以确认。

根据法律保护的借款利率计算，其借款本金及利息总额未达到商品房买卖合同首付款3.61亿元，故应当认为汤某等三人作为购房人已实际支付的购房款数额未达到合同约定首期购房款3.61亿元，某海公司未履行交付房屋的义务，不应视为违约。

三、本案法律适用的启示

民事交易活动中，当事人意思表示发生变化并不鲜见，该意思表示的变化，除为法律特别规定所禁止外，均应予以准许。本案双方经协商一致终止借款合同关系，建立商品房买卖合同关系，并非为双方之间的借款合同履行提供担保，而是借款合同到期某海公司难以清偿债务时，通过将某海公司所有的商品房出售给汤某等三位债权人的方式来实现双方权利义务平衡的一种交易安排。该交易安排并未违反法律、行政法规的强制性规定。

在当事人请求司法确认和保护购房者合同权利时，人民法院对基于借款合同的实际履行而形成的借款本金及利息数额应当予以审查，以避免当事人通过签订商品房买卖合同等方式，将违法高息合法化。汤某等三人根据法律保护上限内计算的本金及利息数额尚未足额支付合同约定的首期购房款，某海公司可持不交付房屋之抗辩。

汤某等三人以某海公司逾期交付房屋构成违约，要求某海公司支付违约金及律师费，缺乏事实和法律依据。

26. 外国人在中国犯罪，外国国籍可以受到特殊保护吗？

□ 郭灿炎

【案情简介】

捷马耶夫·穆某，男，1998 年 7 月 8 日出生，土库曼斯坦国籍，大学文化程度，系某工商大学在读学生，国外住所于土库曼斯坦，在华居所于某省某市。2017 年 12 月 9 日凌晨 6 时许，穆某将克某拉扯进入某市经济技术开发区某大学生活区 3 号楼 321 室，采用捂嘴、强力压制身体等暴力手段，强行与克某发生性关系。其后克某离开房间，于当日 7 时许将情况告知朋友贝某。贝某与克某至 321 室找穆某对质并报警，穆某跳窗逃跑。其后穆某在学校辅导员陪同下至公安机关接受调查，随后被刑事传唤。

【判决结果】

被告人捷马耶夫·穆某犯强奸罪，判处有期徒刑三年。

【律师解读】

一、外国人在华犯罪能享有特权吗？

近期，网络举报“吴某凡多次诱骗年轻女性发生性关系”炒得沸沸扬扬的加拿大籍娱乐人物吴某凡因涉嫌强奸罪被北京市公安局朝阳分局依法刑事拘留。人民日报、中国长安网、法治日报、中国妇女报等官方媒体同时发声。

《法治日报》指出：“‘吴某凡事件’早已不再是沾染着桃色气息的娱乐八卦，而是实实在在的涉法事件，也为全社会上了一堂很扎实的法治课——法律面前人人平等，正义面前没有‘顶流’！不枉不纵，以事实为依据，以法律为准绳。让子弹飞一会儿，这不仅关乎对受害人的保护，也关乎整个社会的公平正义。吴某凡被刑拘也再一次证明，法律不会因炒作而歪曲，也不会因流量而姑息，法不纵恶！”

《中国妇女报》指出：“法治社会不容藏污纳垢，没有哪个圈是法外之地！光环再耀眼，名气再大，均无特权。在中国的土地上，任何人都不能凌驾于法律之上！如涉嫌违法犯罪，必究！必惩！”

答案不言自明！本案中，穆某作为来华留学生，未遵守中国法律，潜入高校女生宿舍，“采用捂嘴、强力压制身体等暴力手段，强行与克某发生性关系”，违背妇女意愿，构成强奸罪，其受到刑事处罚是其自身行为所致，不会因其外籍身份对其网开一面。

二、外国人在华犯罪的审理上有哪些特殊安排？

根据最高人民法院关于适用《中华人民共和国刑事诉讼法》的解释（2021）第二十章涉外刑事案件的审理和刑事司法协助，外国人在中华人民共和国领域内犯罪的，属于涉外刑事案件，在审理时会适用一些特殊流程，如通报同级人民政府外事主管部门，并依照有关规定通知有关国家驻华使领馆、外国籍当事人国籍国驻华使领馆官员旁听，应当为外国籍当事人提供翻译等措施保护其诉讼权利，同时其应当平等地承担刑事诉讼相关义务。

三、对外国人如何适用驱逐出境？

驱逐出境只适用于不具有中国国籍的，但在中华人民共和国领域内犯罪的外国公民和无国籍人士。

《中华人民共和国刑法》规定，凡在中华人民共和国领域内犯罪的，除法律有特别规定的以外，都适用本法。

外国人和无国籍人在中华人民共和国领域内犯罪，应依刑法规定定罪量刑，依其犯罪结果单独处以主刑或附加刑或者处以主刑和附加刑。对此，《刑法》专门规定：“对于犯罪的外国人，可以独立适用或者附加适用驱逐出境。”

本案中，穆某被判处有期徒刑三年，未判处驱逐出境及其他附加刑。吴某凡如被提起公诉审理，如果罪名成立，在判处主刑的同时可能会同时判处驱逐出境或和其他的附加刑。

四、如果犯罪的外国人存在外交特权和豁免权怎么办？

我国《刑法》规定，对于享有外交特权和豁免权的外国人的刑事责任，其解决的途径是外交途径。外交特权和豁免权，是指一个国家为了保证和便利驻在本国的外交代表、外交代表机关以及外交人员执行职务，而给予他们的一种特殊权利和待遇。

享有外交特权和豁免权的外国人触犯我国刑法的行为，并非不构成犯罪，而是犯了罪不交付我国法院审判，他们的刑事责任通过外交途径解决。

一般有下列几种方式：（1）要求派遣国召回；（2）建议派遣国依法处理；（3）对罪行严重的，由我国政府宣布其为“不受欢迎的人”，限期出境。

本案中，作为留学生的穆某，以及作为娱乐人物的吴某凡均不在享受外交特权和豁免权之列，故两人不适用外交途径解决。

27. 王某自书遗嘱，为何不被法院采纳？

□ 温奕昕

【案情简介】

被继承人王某与李某系夫妻关系，生前育有四子、二女，分别为王 1、王 2、王 3、王 4、王 5、王 6。诉争房屋位于北京市海淀区某房屋，该房屋系王某和李某夫妻关系存续期间购置的房屋，属夫妻共同财产，但是房屋登记在王某名下。2006 年 12 月 6 日，王某去世，李某根据王某所订立的遗嘱，于 2009 年向法院提起诉讼，判决该房屋归李某继承所有，但未办理不动产变更登记。2017 年 2 月 10 日，李某去世。2020 年 9 月 8 日，继承人长子王 1 向法院提起诉讼，以其他 5 个兄妹王 2、王 3、王 4、王 5、王 6 为被告，要求确认房屋归王 1 继承所有。理由是父母在 1998 年 9 月 12 日订立了遗嘱，该遗嘱内容为：“96 年买房没有钱，让孩子们凑钱，王 2 坚决不凑钱，王 3 也不肯出钱，王 4 拿了伍仟元，王 5 拿了贰仟元，王 6 当时也买房，没有让她出钱，而王 1 拿了贰万元，解决了购房之急，根据平时子女对我们的孝顺情况（虽说都不错），我们商议决定，我们二人中有一人先去世，则房产及家产全部归另一老人所有。如果二人全部过世，则房产及家产全部归王 1 所有。以上是我二人的遗嘱，其他子女不得有任何异议，立遗嘱人王某李某

1998年9月12日”。王2、王3、王4、王5、王6五位被告认为，遗嘱系其父亲王某书写并签名，但不认可李某的签字系母亲本人书写，涉及李某部分的遗嘱内容亦不认可，要求按照法定继承顺序继承房屋。

【法院判决】

现登记于王某名下，坐落于北京市海淀区学院某房屋归王1、王2、王3、王4、王5、王6继承所有，各享有六分之一份额。

【律师解读】

遗产是自然人死亡时遗留的个人合法财产。遗嘱是立遗嘱人依法处理自己生前所有财产及其他事务，并于死亡后发生效力的法律行为。《民法典》第一千一百三十三条：“自然人可以依照本法规定立遗嘱处分个人财产，并可以指定遗嘱执行人。自然人可以立遗嘱将个人财产指定由法定继承人中的一人或者数人继承。”第一千一百四十三条：“无民事行为能力人或者限制民事行为能力人所立的遗嘱无效。遗嘱必须表示遗嘱人的真实意思，受欺诈、胁迫所立的遗嘱无效。伪造的遗嘱无效。遗嘱被篡改的，篡改的内容无效。”第一千一百二十三条：“继承开始后，按照法定继承办理；有遗嘱的，按照遗嘱继承或者遗赠办理。”第一千一百三十二条：“继承人应当本着互谅互让、和睦团结的精神，协商处理继承问题。遗产分割的时间、办法和份额，由继承人协商确定；协商不成的，可以由人民调解委员会调解或者向人民法院提起诉讼。”本案中，某房屋原为王某、李某的夫妻共同财产。2009年经法院生效的民事判决书确认，王某所立的遗嘱真实合法有效，其遗嘱应由妻子李某继承所有。判决生效后，李某并没有向不动产登记中心变更自己为房屋所有权人。王某、李某都去世，则应当由子女继承遗产该房屋。本次诉讼中，经调查2009年诉讼可以确认，2009年诉讼是由王1主导提起，且其起诉书、委托书及遗嘱上李某的签名字迹明显不同，根据户口簿显示，李某是文盲不会流利书写自己的名字。出庭证人亦作证证明，遗嘱形成过程中，李某并没有在现场，李某的签名系由王某完成，故该遗嘱仅是对王某财产部分发生法律效力。王某先于李某去世，按照王某的遗嘱，王某的财产应由李某继承。其后李某去世，因李某的遗嘱部分无效，则李某的财产（包括从王某处继承所得的财产）应按照法定继承办理，由其第一顺序继承人均等继承，即六个子女均等继承。法院遂作出上述判决。

遗嘱可分为公证遗嘱、自书遗嘱、代书遗嘱、录音形式遗嘱和口头遗嘱。2021 年 1 月 1 日生效的《民法典》第一千一百四十二条第三款："立有数份遗嘱，内容相抵触的，以最后的遗嘱为准。"这意味着公证遗嘱并没有最高的效力，最后确立的遗嘱才是最终有效的遗嘱。但是，经过公证的遗嘱，具有较强的说服力，比较规范且权益清晰。公证遗嘱的订立具有形式严谨，证明力强的优势，是订立遗嘱最可靠的一种法定形式。因此，为了减少继承纠纷，建议当事人多采用公证遗嘱。

28. 仲裁申请冻结公司股票造成的损失，法院如何判决？

□ 李　韬

【案情简介】

徐某是某科技公司的发起人和控股股东。2016 年 10 月 31 日，徐某代表该科技公司聘请李某担任总经理，双方并签订赠与协议，约定：徐某将自己持有的 1% 公司的股权赠与李某，李某承诺在公司至少工作 5 年，若中途退出，应赔偿徐某损失［具体金额为受赠股份数 × 离职之日公司股票交易收盘价（如果公司上市）或公司最近一期经审计的每股净资产（如果公司未上市）］。协议中还约定所发生的纠纷都由某市仲裁委员会解决。

2019 年 3 月 31 日，该科技公司经过改制成功上市，开盘价为每股 35 元。在之前的招股说明书和发行公告中均载明，李某系该公司总经理。其后因理念不合，2019 年 8 月 31 日，李某从该公司正式离职，并结清工资。根据某科技公司当日的股东名册，李某持有公司股票 200 万股（均系徐某赠与其的 1% 股权），该股当日收盘价为每股 30 元。

其后徐某向某市仲裁委员会提起仲裁，请求判令李某赔偿自己损失6000万元，同时依法通过仲裁机构向法院提交了冻结李某持有的所有某科技公司股份的申请。法院于2019年9月30日采取了保全措施，冻结了李某的200万股该科技公司股票。其后仲裁庭认定李某提前离职构成违约，应予赔偿，但鉴于李某已经在公司工作58个月，如果完全按照协议的文义要求李某赔偿全部股票价格，既有失公允，也不符合当事人之间订立该协议的初衷，因此裁决其应当赔偿的范围仅限于未履约的最后2个月，李某应向徐某赔偿120万元。

2020年7月31日，裁决送达当日李某履行了裁决，法院解冻了股票。在冻结期内，甲公司股票在2020年2月1日停牌，全部冻结期间日均收盘价为25元。2020年9月1日，甲公司股票复牌后大跌，开盘价仅为每股15元。李某认为，徐某错误冻结了自己价值6000万元的股票，导致自己不能及时变现，给自己造成了巨额损失，向某市人民法院诉请赔偿损失3000万元。

【判决结果】

一审法院驳回李某全部诉讼请求。

【律师解读】

《民法典》一千一百六十五条第一款规定："行为人因过错侵害他人民事权益造成损害的，应当承担侵权责任。"在过错责任原则下，只有同时满足以下四个构成要件时，行为人才应当承担侵权责任：（一）行为人实施了某一侵害行为；（二）行为人行为时有过错；（三）有损害事实，即受害人的民事权益受到损害；（四）有因果关系，即行为人的侵害行为与受害人遭受的损害之间有因果关系。

本案中，徐某的申请保全的行为，李某未在高点变现的损害事实，和徐某明知申请保全措施会造成李某处置财产受限，这三点明显成立。接下来就要看该行为是否具有阻却违法性事由和因果关系是否成立。

首先，《仲裁法》第二十八条第三款规定："申请有错误的，申请人应当赔偿被申请人因财产保全所遭受的损失。"本案中，徐某提起仲裁的原因是根据双方签订的协议，在李某为公司服务不满 5 年的情况下应全额赔偿，为保证将来判决得以执行，对李某的股票申请了保全，虽然最终仲裁裁决没有支持徐某的全部诉讼请求，但根据最初协议中约定的条款“李某承诺在公司至少工作 5 年，若中途退出，应赔偿徐某损失”，徐某在提起仲裁和申请保全的时候是根据协议的字面含义，并没有实质意义上的错误，因此徐某的保全申请并无错误，不具有违法性。其次，李某因为保全措施未能自由交易其股票，从该科技公司股票价格变动来看，虽然上市日为 35 元每股，冻结期间日均收盘价在 25 元每股，而解冻后首个交易日股票开盘价格为每股 15 元，李某确实在高点未能套现，进而发生了损害。但是《公司法》第一百四十一条第二款规定：“公司董事、监事、高级管理人员应当向公司申报所持有的本公司的股份及其变动情况，在任职期间每年转让的股份不得超过其所持有本公司股份总数的百分之二十五；所持本公司股份自公司股票上市交易之日起一年内不得转让。上述人员离职后半年内，不得转让其所持有的本公司股份。”因此，李某作为公司高管，在 2020 年 2 月 28 日前不能转让其股份，而该科技公司在 2020 年 2 月 1 日停牌，可以看出，即使没有采取保全措施，李某也不能在高点套现。其未能自由交易股票和保全行为之间不存在因果关系，而是《公司法》强制性规范导致。所以李某的诉讼请求不可能得到法院的支持。

29. 岳父要求女婿归还百万欠款，法院为何判决女儿承担？

□ 张　颖

【案情简介】

邹某和小邹是父女关系，关某为小邹的前夫。邹某一直有将闲置资金进行理财增值的习惯。2017 年 5 月 5 日，小邹和关某登记结婚，小邹和关某均是熟悉理财知识的高级知识分子，故邹某在小邹和关某婚后委托小邹夫妻二人共同为其打理闲置资金。邹某在小邹和关某婚姻存续期间陆续向小邹名下的尾号为0706的中国建设银行账户转账108.08万元。2019年7月，邹某要求小邹和关某返还投资理财收益。小邹和关某仅于2019年7月29日归还邹某36万元，至今仍未向邹某返还其余72.08万元理财款本金及收益。邹某多次要求小邹和关某归还72.08万元理财款本金及收益未果，且小邹和关某在其离婚纠纷中擅自处分了邹某的72.08万元。小邹和关某的行为严重侵犯了邹某的合法权益，鉴于上述事实和理由，邹某为维护自身的合法利益，特诉至法院。诉讼请求有：1. 请求判决小邹和关某向邹某偿还委托理财本金72.08万元，并支付利息（从2021年5月26日起按全国银行间同业拆借中心公布的贷款市场报价利率计算至实际给付日）；2. 请求判令本案诉讼费由小邹和关某承担。

【判决结果】

1. 小邹于本判决生效之日起十日内向邹某偿还理财本金320,400元并支付利息（以320,400元为基数，按照全国银行间同业拆借中心公布的同期贷款市场报价利率的标准，自2021年5月26日起计算至实际偿还之日止）；

2. 驳回邹某的其他诉讼请求。

【律师解读】

《民法典》第一千零六十四条规定："夫妻双方共同签名或者夫妻一方事后追认等共同意思表示所负的债务，以及夫妻一方在婚姻关系存续期间以个人名义为家庭日常生活需要所负的债务，属于夫妻共同债务。夫妻一方在婚姻关系存续期间以个人名义超出家庭日常生活需要所负的债务，不属于夫妻共同债务；但是，债权人能够证明该债务用于夫妻共同生活、共同生产经营或者基于夫妻双方共同意思表示的除外。"

所以在认定夫妻共同债务的时候，可以从夫妻有无共同举债的共同意愿表达，以及是否分享了债务带来的利益和是否有约定这几个方面来进行确定。

首先，从意思表示方面分析。本案中，邹某、小邹均称系口头约定委托理财，对此没有关某签字确认的书面约定亦未经关某事后追认，且邹某的资金均系直接向小邹交付，邹某与关某之间无直接的资金往来，关某亦称毫不知情，故基于现有证据无法认定关某有受托为邹某理财的意思表示或与小邹共同为邹某理财的意思表示。

其次，从是否系为家庭日常生活需要分析。根据立法本意，对于认定是否为家庭日常生活需要的支出，立足点在于“必要”，即该债务应是维系一个家庭日常生活所必需的开支。关某、小邹离婚诉讼中：小邹陈述其年收入为 18 万元左右，关某认可；关某提交其工资流水明细，年收入为 22 万余元；小邹认为关某年收入应为 35.54 万元。由此可见，小邹、关某均有工作和收入，有能力维持必要的家庭日常消费，且本案所争议的金额较大，难以认定系为家庭日常生活需要所负的债务。

最后，邹某、小邹均称涉案款项被小邹挪用于夫妻共同生活。对此，从邹某、小邹资金往来情况看，在小邹、关某结婚至分居期间，邹某通过银行转账转入小邹建行 0706 号银行卡共计 70 万元，小邹从其名下的建行 0706 号银行账户及光大银行尾号 0946 账户中转出至邹某银行账户共计 87.5 万元，转出金额要大于转入金额。虽小邹自认收到邹某 38.04 万元的现金，但邹某提交的证据不足以证明存入建行 0706 号银行卡中的 38.04 万元现金系邹某交付。且从资金用途来看，并无直接证据证明小邹将邹某交给她的理财款用于夫妻共同生活。故涉案款项不属于用于夫妻共同生活。

30. 出借人被认定为职业放贷人，借款还需返还吗？

□ 刘　通

【案情简介】

2017 年 8 月 8 日，董某、某制品厂与封某签订借款合同，约定董某向封某借款 200 万元，借款期限为两个月，借款利率为月息 15%。同日，在封某的要求下，某制品厂向封某出具了担保函，约定了担保范围包括本金、利息、违约赔偿金等，借款合同约定如违约还款，利息上浮100%。2021年6月25日，封某与马某签订了债权转让协议书，将上述债权全部转让给了马某。在此期间董某已向封某还款162.25万元，马某将董某、某制品厂告上法庭，要求董某归还马某借款本金150万元及利息，某制品厂对董某的上述还款义务承担连带责任。

【判决结果】

1. 被告董某于本判决生效之日起十日内返还原告马某借款515555元及资金占有使用费（以515555元为本金，从2020年5月31日起，按起诉时全国银行间同业拆借中心公布的同期市场贷款报价利率计算至借款实际返还之日止）。

2. 驳回原告马某对被告某制品厂的诉讼请求及其他的诉讼请求。

【律师解读】

一、案涉的债权转让合同是否有效？

合法的借贷关系应当受到法律的保护。马某与封某的债权转让合同系双方真实意思表示，内容并未违反法律强制性规定，该债权转让合同应属于合法有效。

二、出借人封某是否属于职业放贷人？

本案属于民间借贷纠纷。封某从事的业务一直是放贷，2016年，法院受理原告封某作为出借人起诉的民间借贷纠纷案件6件，2017年法院受理原告封某作为出借人起诉的民间借贷纠纷案件15件，2018年法院受理原告封某作为出借人起诉的民间借贷纠纷案件6件。案涉中的借款合同与本案受理的封某的民间借贷案件中的借款合同相同，均系格式合同。原告与出借人封某不相识，通过杭某的介绍认识，包括之后的催款和还款承诺也是杭某与董某洽谈。根据《全国法院民商事审判工作会议纪要》第五十三条，未依法取得放贷资格的以民间借贷为业的法人，以及以民间借贷为业的非法人组织或者自然人从事的民间借贷行为，应当认定无效。同一出借人在一定期间内多次反复从事有偿民间借贷行为的，一般可以认定为是职业放贷人。民间借贷比较活跃的地方的高级人民法院或者未经其授权的中级人民法院可以根据本地的实际情况制定具体的认定标准。

本案的出借人封某在2016年至2018年期间，每年向法院起诉的民间借贷纠纷案件均在5件以上，案涉借款发生在该期间且出借人封某与被告董某并不相识，本案的所涉及的借款合同、担保函均由封某提供，具有制式、专业、可反复使用的特点，佐证封某出借款项的行为具有经常性、营业性、职业性的外观特性，已经超出了正常民间借贷的合理限度。封某从事放贷业务未获得金融监管部门批准，违反法律规定，符合职业放贷人的认定，案涉借款合同应认定为无效。

三、借款合同无效，即担保合同无效

因本案的出借人封某从事放贷业务未获得金融监管部门批准，属于职业放贷人，借款合同无效。因借款合同自始无效，故根据董某的还款时间及还款金额，应先扣减该期间董某应付案涉借款资金占有期间的使用费，超出部分应视为董某对案涉借款本金的返还，按此标准逐笔计算。

因该案涉借款发生在《民法典》施行前，根据《中华人民共和国担保法》第五条的规定，因借款主合同认定无效，担保从合同亦认定为无效，某制品厂对合同的无效无过错，故某制品厂不应当承担连带责任。

在现实中，很多人因为通过银行借不到钱，转而向私人或者其他金融机构借钱，这样的行为通常被称为民间借贷。在民间非常的多，通常发生在朋友之间，或者朋友介绍，通常会有一部分的人以此为业，来收取高额的利息，也会出现非法催债、套路贷等非法行为，这时需要提高警惕，第一时间报警。民间借贷的纠纷对于出借人以及借款人都有很大的风险。对于出借人，有可能面临本金以及利息到最后要不回来，或者在不了解借款人的情况下，受到借款人的诱惑或为了收取高额的利息而将款项借出，到最后人财两空，走上法庭，运气好的也许可以追回自己的借款，运气不好的也许借款人名下没有任何财产，这笔钱也许永远也追不回。对于借款人，为了借到款项不惜付给对方高额的利息，当付不起利息时又可能面临利滚利，以及非法催债等行为，给自己的家人、生活造成不好的影响，也有可能到最后变成被执行人。当然合法的借贷关系是受到法律的保护，无论是借款人还是出借人都需注意，民间借贷的利息往往是比银行高的，要是超过了一定的标准就是不合法的。根据《最高人民法院关于审理民间借贷案件适用法律若干问题的规定》第二十五条，出借人请求借款人按照合同约定利率支付利息的，人民法院应予支持，但是双方约定的利率超过合同成立是一年期贷款市场报价利率四倍的除外。要是民间借贷利率超过银行同期贷款利率四倍的，则属于高利贷，此时就是不合法的。关于前款所称“一年期贷款市场报价利率”，是指中国人民银行授权全国银行间同业拆借中心自 2019 年 8 月 20 日起每月发布的一年期贷款市场报价利率。笔者劝诫大家理性借贷，合法借贷。

31. 未经配偶同意转让股权的效力，法院如何认定？

□ 李　娟

【案情简介】

1990 年 4 月 28 日邱某与张某登记结婚，2017 年 7 月 10 日法院判决二人离婚。甲公司成立于 1997 年 5 月 27 日，注册资本 1 亿元，原股东为张某、马某、郭某，其中张某实缴出资额为 6600 万元，持有该公司 66% 股权。

2016 年 7 月 28 日，张某与乙公司签订《抵债协议》，约定：张某为购置家具曾于 2012 年 3 月 15 日与乙公司签订了《定做买卖合同》，总价款为 4700 万元。因张某至今未向乙公司支付 4700 万元及逾期利息，现张某自愿以其享有的甲公司 66% 股权折抵 4700 万元价款及逾期利息。乙公司同意受让该股权。

2016 年 10 月 8 日，甲公司形成股东会决议，公司全体股东一致通过如下决议：“一、同意张某与乙公司签署的《股权转让协议》，其他股东自愿放弃优先权；二、决议之日起 30 日内办理工商变更登记手续。”

2016 年 10 月 11 日，张某与乙公司签订《股权转让协议》，并且于当天办理工商变更登记手续，甲公司 66% 股权的股东变更为乙公司。

经查，乙公司的注册资金为 50 万元，其在 2012 年度年检报告书的资产负债表中“应收账款”为零。

邱某诉至法院请求确认《股权转让协议》无效，案件审理过程中，张某提交了一组家具照片，乙公司提交《定做买卖合同》《订货产品明细表》以及6张送货单等证据均系复印件。

邱某申请对上述证据的形成时间进行鉴定。因乙公司与张某均不能提交原件，鉴定无法进行。

【判决结果】

一审法院判决：张某与乙公司于2016年10月11日签订的《股权转让协议》无效；判决生效之日起十五日内，张某、乙公司、甲公司将上述《股权转让协议》项下66%股权变更登记至张某名下。

张某、乙公司上诉，二审法院判决：驳回上诉，维持原判。

【律师解读】

一、张某与乙公司对双方存在真实交易关系负举证责任

邱某认为张某与乙公司并不存在《定做买卖合同》中约定的真实交易关系。张某与乙公司均主张双方签订的《定做买卖合同》成立并已实际履行，张某与乙公司应对双方存在真实交易关系的主张承担举证责任。

张某与乙公司提交的证据均系复印件，因不能提交原件，无法进行鉴定，且张某未证明其提交照片中的家具系《定做买卖合同》项下标的物。在没有其他证据佐证的情况下，仅凭上述复印件不足以证实双方存在真实交易关系并已实际履行。

《定做买卖合同》约定的总价款为4700万元，货到付款。乙公司主张截至2013年1月6日向张某交付了全部货物，但未收到货款，直至双方于2016年7月28日签订《抵债协议》。对于如此大额交易，在长达三年多的时间里，乙公司未能证明其向张某主张过权利，且未保留双方签订的《定做买卖合同》原件，上述情节均不符合常理。

二、财务报表可作为相关交易真实性认定的关键证据

《中华人民共和国会计法》第二十五条规定：“公司、企业必须根据实

际发生的经济业务事项，按照国家统一的会计制度的规定确认、计量和记录资产、负债、所有者权益、收入、费用、成本和利润。”

根据乙公司2012年度年检报告书，其资产负债表中“应收账款”为零。该报表与张某和乙公司关于存在真实交易，并已将合同项下大部分货物于2012年交付给张某而未收回货款的陈述不符。

并且乙公司未提交案涉股权转让至该公司名下后，作为长期股权投资反映在其财务报表中的相关证据。

张某与乙公司所提交证据不足以证明该交易关系真实存在，而邱某提交的反驳证据亦增强了该交易关系不存在的可能性，据此可认定乙公司和张某之间并不存在《定做买卖合同》约定的真实交易关系。

三、本案法律适用的启示

根据《中华人民共和国公司法》，股权的合法转让主体是股东本人，而不是其所在的家庭，法律亦未规定股东转让股权需经配偶同意。夫妻一方对外转让其名下的股权，只要符合《公司法》和公司章程的规定，未侵害其他股东的优先购买权，第三人善意有偿受让股权的，原则上不会因为该股权转让行为未获得夫妻另一方的同意而导致转让行为无效的法律后果。

但是，因张某与乙公司之间并不存在真实交易关系，故双方的《抵债协议》缺乏事实基础，且乙公司取得案涉股权并未支付对价，同时上述抵债及转让股权行为恰发生于张某与邱某离婚诉讼期间，而案涉股权转让后应得的对价又系夫妻双方共同财产。故而有理由相信《股权转让协议》系张某与乙公司恶意串通签订，损害了邱某的合法权益。根照《中华人民共和国民法典》第一百五十四条之规定，《股权转让协议》应认定为无效。

32. 一房三卖，合同是否有效？

□ 张印富

【案情简介】

2011年6月，甲厂员工梅某以被告某蓝房地产开发有限公司（简称乙公司）名义与原告孙某签订《商品房预订协议书》（简称协议），约定：孙某预定购买乙公司开发的2号房，建筑面积为209.96㎡。孙某在签订该协议时支付预定购房款，作为订立《商品房买卖合同》的担保定金，签订合同后定金转为房款；孙某于2011年12月30日前持本协议和定金收据到乙公司签订商品房买卖合同并交付余款。《协议》上加盖了"乙公司项目部商品房买卖合同专用章"，梅某签字。同日，孙某给付梅某预定购房款，梅某出具收款收据并加盖乙公司财务专用章。2011年末，孙某要求乙公司签订商品房买卖合同，乙公司称梅某非乙公司员工，无权销售涉案房，《协议》及收款收据上盖的是假章，涉案房早已经出售他人。孙某遂到公安局报案，公安局经侦查认为该案不构成刑事案件，不予立案。孙某委托律师向法院提起诉讼，请求乙公司双倍返还已付预定购房款。

诉讼中查明，2004年乙公司与案外人张某就涉案房签订了《商品房买卖合同》并在房产局进行了备案。2007年10月，乙公司与甲厂签订《工程款结算协议书》，约定包括涉案房在内的六栋住宅楼由两单位联建，甲厂负责销售，销售款用以抵付乙公司欠甲厂的工程款，其中约定涉案房由乙公司代管，视销售情况双方结算后再交甲厂销售。为保证甲厂销售资金安全，乙公司同意甲厂以乙公司D区工程项目的名义对外销售房屋，独立开设账号。乙公司配合甲厂销售情况办理相关房产手续。梅某为甲厂派驻乙公司的D区工程项目部经理。2010年甲厂以乙公司名义与案外人李某签订《商品房买卖合同》，李某交付购房款80万元已由甲厂收取，因涉案房"一房二卖"，无法向李某交付房屋，双方发生纠纷。2011年梅某又以乙公司名义与孙某签订《商品房预定协议》并收取预定购房款，涉案房被"一房三卖"。另查明，孙某在与梅某签订《协议》时知道涉案房是"顶账房"，所交付预定购房款已由梅某转甲厂负责人个人账户，未交付乙公司。

【判决结果】

一审法院认为，孙某并未与乙公司签订正式商品房买卖合同。《协议》上印章与乙公司签订商品房买卖合同的印章不是同一印章；乙公司未收取孙某的预定购房款；梅某无权代理销售涉案房屋，乙公司对梅某以乙公司名义签订的《协议》不予追认，对乙公司不产生约束力。判决：驳回孙某的诉讼请求。

二审法院认为，孙某购房时知道涉案房是“顶账房”，购房行为不符合普通消费者的购房交易习惯，非善意购房人。判决：驳回孙某上诉，维持原判。

再审法院认为，以一个普通购房人的一般认知标准，孙某有理由相信梅某的行为代表乙公司，孙某尽到了理性谨慎的注意义务，善意无过失；梅某的行为构成表见代理，《协议》合法有效，效力及于乙公司。判决：撤销一审、二审判决，乙公司双倍返还孙某的预定购房款。

【律师解读】

本案争议的焦点是梅某以乙公司名义与孙某签订的《协议》是否有效。从被代理人开发公司的角度适用无权代理规定，“行为人没有代理权、超越代理权或者代理权终止后，仍然实施代理行为，未经被代理人追认的，对被代理人不发生效力”，本案乙公司不予追认，对乙公司不产生效力，应当驳回孙某的诉讼请求。但从合同相对人的角度，“行为人没有代理权、超越代理权或者代理权终止后，仍然实施代理行为，相对人有理由相信行为人有代理权的，代理行为有效”，本案孙某有理由相信梅某有代理权，梅某的行为构成表见代理，代理行为有效。律师认为，结合查明的事实，梅某的行为已构成表见代理，应当适用表见代理的规定。涉案房被“一房三卖”导致无法履行，原告要求被告按定金罚则双倍返还孙某已付预定购房款，于法有据。再审法院采纳了律师的观点，撤销一审、二审判决，再审改判：支持孙某的诉讼请求。通过本案三个诉讼程序的审理，得出了迥然不同的判决结果，最终实现了委托人孙某的诉讼目的，以下三个观点至关重要。

一、梅某以乙公司的名义与孙某签订《协议》，盖有“乙公司D区项目商品房买卖合同专用章”，收款收据盖有“乙公司财务专用章”，孙某有理由相信梅某有代理权，该代理行为有效

虽然两枚印章与乙公司公章不符，但根据乙公司与甲厂签订的《工程款结算协议书》约定，乙公司对甲厂销售房屋的行为进行了授权，销售房屋所得款用以清偿乙公司所欠甲厂工程款。乙公司法定代表人在公安局陈述：乙公司同意甲厂设立售楼处，使用“乙公司D区项目商品房买卖合同专用章”售房。从案涉协议签订的地点、形式及收款收据所载内容，以一个普通购房人的一般认知标准，孙某有理由相信梅某的行为代表乙公司，孙某尽到了理性谨慎的注意义务，善意无过失；梅某的行为构成表见代理，《协议》合法有效，效力及于乙公司。

二、乙公司的抗辩理由，不能产生对抗梅某以乙公司名义与孙某签订的《协议》的效力

孙某认可其在与梅某签订《协议》时，知道涉案房是“顶账房”且已抵押，但其法律后果是：双方能否签订正式的《商品房买卖合同》及所有权能否发生转移等问题，并不因此影响《协议》的效力，《协议》不违反法律、行政法规的强制性规定，合法有效，其效力及于乙公司。而甲厂是否有权出售案涉房、甲厂与乙公司是否实际结算、梅某是否将购房定金交付乙公司或甲厂，均系乙公司与甲厂之间的内部关系，不产生对抗梅某以乙公司名义与孙某签订的《协议》的效力。

三、案涉房已出售给案外人，无法与孙某履行合同义务，乙公司应当承担双倍返还定金的责任

最高法院《关于审理商品房买卖合同纠纷案件适用法律若干问题的解释》（2021）第四条：“出卖人通过认购、订购、预订等方式向买受人收受定金作为订立商品房买卖合同担保的，如果因当事人一方原因未能订立商品房买卖合同，应当按照法律关于定金的规定处理。”《民法典》第五百八十七条规定：“收受定金的一方不履行债务或者履行债务不符合约定，致使不能实现合同目的的，应当双倍返还定金。”本案中，案涉房“一房二卖”“一房三卖”，导致《协议》无法履行，孙某要求乙公司双倍返还预定购房款，于法有据。

购买房产需要谨慎对待，切记认真考察出售人是否具有出售房产的权利。签订协议必须正规严谨，并加盖印章、签字。发生纠纷及时寻求正规法律救济途径。如果认为自己的主张应当依法得到支持，就要坚定信心，维权到底，用尽法律赋予的全部救济途径，不达目的不罢休。

33. 签署《分家析产协议》，一方不遵守如何处理？

□ 郭灿炎

【案情简介】

马某某与丈夫朱某某婚后共生育两子朱某1、朱某2。陈某某与朱某2系夫妻关系。2019年3月24日，朱某某因病去世，江苏某干休所、江苏某财政部门分别于2019年4月2日、8月15日将抚恤金、丧葬费合计638904元发放至马某某银行账户。

2019年5月2日，马某某主持召开家庭会议，并形成《关于共同处理家庭事务的会议纪要》（以下简称《会议纪要》），主要内容为："因父亲病故……兄弟俩、妯娌俩参加了会议，并邀请五婶、张某4夫妇共同参加，本着孝敬父母、尊重母亲意见，大家共同协商达成共识并作出以下会议纪要：一、母亲的生活起居均由兄弟俩轮流负责，时间各为一年。二、父亲生前购买的位于某小区的房屋，由母亲一直居住，待母亲百年后两兄弟共同将房屋出售，房屋所得价款一人一半。三、对父亲的丧葬费用由母亲及两家派代表到相关部门共同结算。其分配办法为：1. 提取10万元给母亲防老治病，动用时由两家派代表共同到场动支；2. 提取11万元给朱某1；3. 剩余部分兄弟平分。四、对以前经济上、家务上所产生的一切矛盾全部化解……"。上述协议达成后，马某某、朱某1、朱某2以及作为见证人的陈某、张某4、朱某均在协议上签字确认。

协议签订后，638904元款项均打入马某某银行卡。按照协议，朱某1应分得324452元，朱某2应分得214452元，母亲马某某应分得10万元。2019年7月1日起，母亲随朱某2一起生活，直至2020年6月30日。2020年7月1日，母亲开始随朱某1生活，朱某1发现母亲银行卡上所有存款均已被朱某2及妻子陈某某提取。朱某1认为朱某2及陈某某夫妻的行为已经严重侵犯朱某1的合法权益，故诉至法院，请求依法判决朱某2及陈某某返还朱某1应分得财产324452元。

【判决结果】

一审判决：朱某2、陈某某一次性支付朱某1款项324452元。

二审判决：驳回朱某2、陈某某的上诉请求，维持原判。

【律师解读】

一、分家析产和分家析产协议的效力

分家析产是指家庭成员之间因生产和生活上的需要，或者由于不能在一起共同生活，而要求分割他们共同共有财产的法律行为。分家析产所分割的财产是家庭共有财产或者夫妻间的共同财产。

分家析产不完全是由于人的死亡而起的。它可能是由于家庭成员之间的不和睦造成的；也可能是由于家庭生产、生活方面的实际需要引起的；当然也有的是由于人的死亡，尤其是长辈的死亡产生的。

相应的，在不违反法律的强制性或禁止性规定的情况下，分家析产协议就会产生民事法律上的效力。该效力，从财产的归属方面看，有权利证明的效力，对当事人而言，产生约束力；从诉讼过程中来看，有证据效力，分家协议中包括子女对父母赡养义务的分配，如果在分家协议中，父母签字认可了子女之间关于赡养义务的分配，则视为其对自己的该项民事权利的处分，能够产生法律效力。

本案就是家庭生活可能遇到的问题，因为父亲一方的去世，在母亲马某某的主持和其他长辈亲友的见证下，将父母的共同财产进行分家析产，并对母亲马某某的赡养问题作出妥善安排，以防日后产生纠纷。该协议具有法律效力，对马某某、朱某1夫妻和朱某2夫妻均具有约束力。

二、分家析产与遗产继承有什么区别？

分家析产与遗产继承既有一定的联系，又有原则的界限。遗产继承往往会伴随分家或析产。但是，分家析产与继承之间存在严格的区别，具体表现在：

（一）性质不同。继承是指财产所有权从被继承人转移给继承人，权利主体发生变更；而分家析产是财产所有权的进一步明确，即进一步明确家庭共有财产的各共有人具体对哪一部分共有财产享有独立所有权，不发生整个财产所有权主体变更的问题。本案中，该共有财产既有房产也有现金，并明确分到具体个人名下。

（二）财产基础不同。继承的财产基础是被继承人遗留的生前个人财产，即可用于继承的是被继承人遗留的生前个人财产；而分家析产的财产基础是家庭共有财产，即供分家析产之用的财产是全部家庭共有财产，家庭成员对此享有共同的所有权。本案中，马某某与丈夫朱某某所有的房屋、朱某某去世后所得的抚恤金和丧葬费等，属于该家庭共有财产。

（三）两种法律关系的法律事实不同。能够引起继承法律关系产生的法律事实只能是被继承人的自然死亡或被宣告死亡；而分家析产法律关系产生的法律事实通常是各共有人的合意。本案中，分家析产并未按照法定继承、遗嘱继承或遗赠扶养协议等情形，而且通过协商合意，根据公平合理的原则分割家庭共有财产。

（四）适用的法律篇章不同。处理财产继承事宜的法律依据是《民法典》继承编；而分家析产的法律依据是《民法典》合同编，同时，在很多情况下是以习惯为依据。本案中，马某某与丈夫朱某某的财产分配就是依照《民法典》合同编及习惯解决。

（五）发生时间不同。继承只能是在被继承人自然死亡或被宣告死亡后才能开始，被继承人生前是不可能发生继承问题的；而分家析产则没有这样的限制。本案中，马某某尚在世就将身后可能引起纠纷之事全部解决，以免日后各利害关系人之间产生纠纷，起到息讼止争的作用。

三、一方不遵守约定，该如何处理？

分家析产协议既然是依照《民法典》合同编并结合公平合理的原则进行的约定，对当事人各方具有约束力。如有一方违反约定，其他各方均可要求其改正；如未改正，可以通过诉讼解决。

本案中，《会议纪要》从本质上来看就是分家析产协议。朱某 2 违反《会议纪要》约定，陈某某与朱某 2 系夫妻关系，陈某某对《会议纪要》的签订及朱某 2 取款的事实均知情，因此，法院判决陈某某和朱某 2 共同承担返还义务。

34. 高价拍得康熙年间青花瓷器系赝品，如何维权？

□ 温奕昕

【案情简介】

2018 年 6 月，A 拍卖公司通过网络平台 B 公司同步拍卖清代康熙年间景德镇青花瓷，编号为 0781。产品描述为：“参阅《宫廷珍藏：中国清代官窑瓷器》，南京博物院”。王某在 B 公司平台注册用户名参加竞拍，最终以落槌价 82000 元的价格拍得该件拍卖品，同时支付佣金 8000 元。其后 B 平台公司向 A 公司支付了拍卖款及佣金。最后 A 拍卖公司根据 B 公司的授权向王某邮寄清康熙景德镇青花瓷。第二年，原告王某发现青花瓷系赝品，于 2019 年 4 月 24 日通过律师事务所向 A 公司、B 公司发律师函要求退货。2019 年 6 月 24 日，王某向河北某法院提起诉讼，要求 A 公司、B 公司连带返还原告王某支付的拍卖品价款及佣金合计 90000 元。

【结果判决】

1. 判决被告 A 拍卖公司于本判决之日起七日内向王某返还价款 82000 元及佣金 8000 元。

2. 判决被告 A 拍卖公司于本判决之日起七日内向原告王某支付鉴定费 29300 元。

【律师解读】

《拍卖法》第三条规定：“拍卖是指以公开竞价的形式，将特定物品或者财产权利转让给最高应价者的买卖方式。”拍卖合同属于买卖合同中一种特殊类型合同。因清代青花瓷属文物具有较强的专业性，拍卖各方对艺术品的真伪都不能辨别，故本案中法院依据原告的申请，法院选定了中国检验认证集体公司对清康熙青花瓷进行鉴定。其出具《鉴定意见书》认为“清康熙青花瓷”的真伪鉴定结果为伪，非清代康熙年间出品。对于这一鉴定结果，A拍卖公司在法庭抗辩中说其在拍卖声明中注明不能保证拍卖标的的真伪及品质，对拍卖标的不承担瑕疵担保责任。竞买登记承诺书和拍卖成交确认书中，也特别注明竞买人和买受人已认真阅读和理解拍卖规则，并同意遵守拍卖规则的一切条款字样。上述字样皆使用有别于同一文件中其他文字的字体进行记载，可见A拍卖公司就其作出免责声明的具体形式已尽提示说明义务。《拍卖法》第六十一条规定："拍卖人、委托人在拍卖前声明不能保证拍卖标的的真伪或者品质的，不承担瑕疵担保责任。"因此，A拍卖公司在本次拍卖交易中就诉争拍品的真伪瑕疵已作出王某应当知晓的免责声明。然而，经法院查明，原告王某在B公司网络平台同步参与A拍卖公司2018年拍卖会的手机截图里，并没有显示A公司作出的相关声明和承诺，即A公司所提供的证据不足以证明其在王某参与竞拍前已作出有效的免责声明，故A公司的该项抗辩证据不足，法院不予以采纳，A公司应当对其所拍卖的案涉拍卖品承担瑕疵担保责任。

然而，网络平台B公司提供的证据能证明竞拍者竞拍时已阅读《报价服务协议》，且同意该协议内容。该协议明确约定被告B公司不对拍品的真实性、合法性作任何的明示或暗示的担保，故B公司对案涉拍品不负有瑕疵担保责任。因此，法院遂作出上述判决。

因电商的兴起，目前大部分拍卖公司通过电商网络平台同步拍卖，在此我们提醒各拍卖公司，务必要在电商网络平台明确清晰注明：本拍卖公司特别声明不能保证拍卖标的真伪、品质及价值，对拍卖标的物不承担真伪及瑕疵担保责任。

35. 为买房假离婚弄假成真，法院怎么判?

□ 郭灿炎

【案情简介】

李某与常某原系夫妻关系，婚后生育一女常某某。考虑到经济能力等，常某提出通过假离婚的方式减轻负担，双方于2020年2月29日办理了离婚手续，但当时情况是离婚不离家的状态。

2020年新冠肺炎疫情暴发以后，常某在家工作。李某发现常某偷着接打电话、和其他女性有露骨的聊天记录，并在常某的书包内发现有计生用品。其后双方的假离婚变成真离婚，常某拒绝购买新的学区房。双方为此又达成了新的《补偿协议》，约定：婚生女由女方抚养，男方支付全部费用（包括但不限于生活费、学习费用、医疗费用等），暂定每月5000元，另外男方额外支付每月5000元用于女方为方便照顾婚生女儿生活学习而产生的住房开支，合计10000元每月，期限至婚生女独立生活止；婚姻关系存续期间的债务由男方承担；男方自愿补偿女方300万元，用于女方及婚生女的购房。其后，常某未按《补偿协议》履行付款义务，故李某诉至法院。

【判决结果】

1. 常某每月给付李某住房开支5000元，至婚生女常某某独立生活之日止；

2. 常某给付李某购房款300万元；

3. 驳回李某其他诉讼请求。

【律师解读】

一、婚姻神圣，莫当儿戏

婚姻应该是甜美的，婚后的道路也是漫长的。结婚，意味着责任，就需要相互信任，相互忠诚，相互关心，相互理解，相互尊重。根据《民法典》规定，夫妻间存在忠实义务，要对彼此负责任，对家庭负责任。如果对待婚姻不严肃，将婚姻当儿戏，随意离婚，就会化爱为仇，殃及子女亲人，影响社会稳定。

二、莫为眼前蝇头利，弄假成真伤自己

“中国式假离婚”，是指中国大陆夫妻双方为了满足一方或双方的某种需求，一致同意办理离婚手续，并且同时商定，在目的达到后再办理复婚手续。“中国式假离婚”是随着拆迁补偿、购买二套房、逃避夫妻债务、孩子上学等问题而逐渐兴起的，并且作为获取利益的方式。

本案中李某与常某并非是想真正的解除婚姻关系，所签署的《离婚协议书》也仅仅是为了提供离婚程序中要求的材料而已，该协议内容也不是双方真实意思表示，不应当产生处分相关财产及婚生女抚养等事宜的法律效力。但办理离婚手续之后，常某背信当初双方协商一致的事实，罔顾双方多年的夫妻感情和婚生女的健康成长，假戏真做不再与李某履行复婚手续，“假离婚”变成了“真离婚”，双方之间签订的《补偿协议》，系双方的真实意思表示，且不违反法律、行政法规的强制性规定，合法有效，双方均应按照该协议履行。

因常某在《补偿协议》中约定自愿每月支付李某住房开支5000元至婚生女常某某独立生活之日，并补偿李某300万元用于李某及常某某购房，常某未如期履行转款义务，即构成违约，故法院作出其败诉之判决。

三、敬畏婚姻，敬畏法律

常某与李某本想通过假离婚购买学区房，为孩子成长营造更好的教育环境和生活条件，结果却弄假成真，不仅房子没买上，还导致了双方真正离婚；适得其反，孩子无法在完整的家庭中健康成长。常某自己也落得了鸡飞蛋打，人财两空的可悲下场，真是偷鸡不成蚀把米，聪明反被聪明误！同时，为规避国家政策而假离婚的夫妻，一旦被识破假离婚骗局，双方还都有可能受到相应的行政处罚。

总之，婚姻，人人都当尊重。那一本离婚证，不能随意换领。

36. 继子女可以继承继父母的遗产吗？

□ 付　珊

【案情简介】

被继承人孙某与邹某于1974年3月登记结婚，1974年12月22日生育一女名孙某1，其后更名为邹某1，孙某与邹某于1981年9月28日经人民法院调解离婚。1984年12月8日，孙某与陈某再婚，婚后陈某与其前夫所生之子陈某1随孙某、陈某共同生活，1991年10月17日孙某与陈某协议离婚，约定陈某1由陈某扶养，孙某不负担抚养费。1998年孙某与刘某再婚，婚后未生育子女，并于2000年11月16日协议离婚。2001年孙某购买位于某市某区房屋一套（下称该房屋），登记在自己名下。2002年5月16日，孙某与高某登记结婚，婚后生育一女孙某2，三人共同生活居住在该房屋内。2016年5月3日，孙某突发疾病死亡，无遗嘱，孙某父母均先于其死亡。孙某去世后，邹某1（曾用名孙某1）因继承问题，将陈某1、高某、孙某2起诉至人民法院，要求对孙某遗产该房屋进行法定继承，四位继承人平均分配。

【判决结果】

一审法院判决：该房屋产权由原告邹某1、被告陈某1、高某、孙某2按份共有，各享有四分之一产权份额；二审法院判决：1. 撤销一审法院判决；2. 该房屋产权由邹某1、高某、孙某2按份共有，其中，邹某1享有30%产权份额，高某享有40%产权份额，孙某2享有30%产权份额。

【律师解读】

《继承法》第三条规定遗产是公民死亡时遗留的个人合法财产，包括：（一）公民的收入；（二）公民的房屋、储蓄和生活用品；（三）公民的林木、牲畜和家禽；（四）公民的文物、图书资料；（五）法律允许公民所有的生产资料；（六）公民的著作权、专利权中的财产权利；（七）公民的其他合法财产。

《继承法》第十条规定遗产按照下列顺序继承：第一顺序：配偶、子女、父母。第二顺序：兄弟姐妹、祖父母、外祖父母。继承开始后，由第一顺序继承人继承，第二顺序继承人不继承。没有第一顺序继承人继承的，由第二顺序继承人继承。本法所说的子女，包括婚生子女、非婚生子女、养子女和有扶养关系的继子女。

《继承法》第十三条规定同一顺序继承人继承遗产的份额，一般应当均等。对生活有特殊困难的缺乏劳动能力的继承人，分配遗产时，应当予以照顾。对被继承人尽了主要扶养义务或者与被继承人共同生活的继承人，分配遗产时，可以多分。有扶养能力和有扶养条件的继承人，不尽扶养义务的，分配遗产时，应当不分或者少分。继承人协商同意的，也可以不均等。

《最高人民法院关于人民法院审理离婚案件处理子女抚养问题的若干具体意见》第十三条规定："生父与继母或生母与继父离婚后，对曾受其抚养教育的继子女，继父或继母不同意继续抚养的，仍应由生父母抚养。"根据上述法律规定，判断继父母子女之间是否享有继承权，以是否形成扶养关系为标准。继承法上的扶养，是一定范围的亲属间相互供养和扶助的法定权利和义务，包括抚养、扶养、赡养，即长辈对晚辈的抚养、晚辈对长辈的赡养和平辈亲属间的扶养。继父母子女在事实上形成了扶养关系，由直系姻亲转化为拟制血亲，从而产生法律拟制的父母子女间的权利义务。确定是否形成扶养关系应以继承实际发生时为节点。形成事实上的抚养关系不等于绝对享有继承权。继父母与继子女是基于姻亲而发生的一种事实上的抚养关系，这种关系是法律拟制的。离婚后，在继父母不愿意继续抚养的情况下，应视为继父母子女关系的解除，他们之间父母子女的权利义务不复存在。本案中，陈某1在其2岁时就跟随继父孙某共同生活，已经形成事实上的扶养关系，但因孙某与陈某离婚后不再抚养陈某1，以及陈某1成年后未履行赡养义务，故本案继承发生时，陈某1与被继承人孙某之间继父子关系已解除，双方的权利义务不复存在，陈某1不符合继承法规定的有扶养关系的继子女，故二审法院予以改判。综上所述，继承发生时，若继子女与继父母之间存在事实上的扶养关系且继父母子女关系尚未解除，则继子女可以作为第一顺位继承人继承继父母的遗产。

37. 使用知名公司名称宣传是否构成商标侵权及不正当竞争？

□ 何雨馨

【案情简介】

2018年12月14日，A公司委托代理人在百度网搜索"全屋定制一年的利润X的A装饰值得大家加盟"，搜索结果页面首个结果条目即为"全屋定制一年的利润X的A装饰值得大家加盟"，点击该条目，打开某网站子页面上方显示"视频网""B公司旗下品牌招商加盟首选平台!"字样。页面全篇都是关于A装饰的品牌宣传及相关咨询标签条目。在推介条目下方标注"如果您对该项目感兴趣，请留言或使用免费电话咨询"及联系电话，以及留言对话框。在留言处上方还展示"有意向加盟A装饰229581人""已申请加盟A装饰62610人"。页面下方右侧内容被浮动的客服联系对话框遮挡。

A公司委托代理人点击了页面展示的在线客服后，客服询问联系电话，并多次强调将"把详细资料、优惠政策、利润分析等发到您手机上，以便您更好地了解!"，A公司委托代理人询问"我想加盟A品牌，你这边能发点资料给我吗?"并留下联系方式。

客服表示"我们还有几个同行业的优质项目（五星理想家全屋整装），给您一起安排联系并申请份免费资料，您从产品价位，服务投资额度等方面作个参考对比如何?"A公司委托代理人明确表示"我看的A品牌，现在比较看好这个"，客服回复"是这样的，到时候咱们项目负责人都会与你联系发资料的，给您推荐的是做得比较不错的，供您前期投资创业作参考比较的，做生意多了解总归没坏处的，好吧?"

A公司主张B网站的栏目设置、文章、对话框等多处使用"A公司"字样及标识的行为侵犯其涉案第194＊＊＊＊号、第178＊＊＊＊号注册商标专用权；B网站在企业名片栏中使用了A公司企业名称进行推广宣传，导致用户误认为涉案网页信息来源和涉案加盟项目接洽方为A公司，B网站进一步将误以为接洽A公司加盟项目的客户引流至其他品牌，致使A公司客户流失，构成不正当竞争行为。

【判决结果】

一审法院判决：一、被告B公司于本判决生效之日起十日内赔偿原告A公司经济损失100000元；二、被告B公司于本判决生效之日起十日内赔偿原告A公司维权合理支出31200元；三、驳回原告A公司的其他诉讼请求。

二审法院驳回被告B公司上诉，维持原判。

【律师解读】

《中华人民共和国商标法》第五十七条第一项、第二项规定："有下列行为之一的，均属侵犯注册商标专用权：（一）未经商标注册人的许可，在同一种商品上使用与其注册商标相同的商标的；（二）未经商标注册人的许可，在同一种商品上使用与其注册商标近似的商标，或者在类似商品上使用与其注册商标相同或者近似的商标，容易导致混淆的。"商标的使用，是指将商标用于商品、商品包装或者容器以及交易文书上，或者将商标用于广告宣传、展览以及其他商业活动中，用于识别商品或服务来源的行为。未经商标注册人的许可，在同一种商品上使用与其注册商标相同的商标的，属于侵犯注册商标专用权的行为。

根据二审查明事实，B公司在其运营的网站上使用了"A装饰"字样以及标识，B公司使用上述字样和标识的行为，具有使消费者区分不同商品提供者的目的，属于商标的使用。

B公司使用的"A装饰"字样以及标识与A公司的第194＊＊＊＊号、第178＊＊＊＊号注册商标的主要识别部分和呼叫方式等方面相似，构成了近似标识。

B公司系在推介家具装修项目时用到上述字样和标识，与A公司注册商标核定使用的服务属于类似服务。B公司的行为容易导致公众对服务来源产生混淆。

因此，B公司的行为侵犯了A公司的注册商标专用权，应承担相应侵权责任。

《中华人民共和国反不正当竞争法》第六条规定："经营者不得擅自使用他人有一定影响的企业名称（包括简称、字号等）、社会组织名称（包括简称等）、姓名（包括笔名、艺名、译名等），引人误认为是他人商品或者与他人存在特定联系。"

根据二审查明的事实，B公司运营的网站与A公司没有任何业务合作关系，但却在家装加盟项目品牌推介文章的右侧单独设置企业信息栏目，完整展示A公司企业名称，可能导致浏览网页的网络用户误认为系A公司在B公司运营的网站进行加盟业务的推广宣传。

B公司将A公司潜在的客户分流到了其他品牌，攫取了A公司的客户资源，从而获取了商业利益与竞争优势。

故此，B公司的行为构成了不正当竞争行为。

在互联网行业，吸引并维持用户是经营者开展经营活动的基础，其经营利益主要体现为对客户群体、交易机会等市场资源争夺中所存在的利益。也即是，在互联网行业，即使经营者所处细分领域不同，但只要双方吸引争取的网络用户群体存在此消彼长的或然性对应关系，就可以认定为存在竞争关系。

本案中，A作为装修设计加盟项目的运营方，吸引用户加盟其装修设计项目系其获取交易机会的重要前提。

B系经营招商加盟信息平台网站的市场主体，吸引网络用户到其网站、获取流量是B作为互联网经营者开展经营活动的基础，用户访问量系B的重要经营资源与经营利益。

B网站在与A没有任何业务合作的情况下，使用A的加盟项目品牌"A装饰"，客观上导致原本应当指向A的用户流量导向被告网站，影响了原告的交易机会，使得两个原本可以在各自领域并行不悖发展的经营主体产生了经营利益的竞争，故可以认定原告与被告存在竞争关系。本案中，B网站构成不正当竞争的行为主要包括：被告网站擅自在企业名片栏中使用了A企业名称进行推广宣传，并将有意接洽A加盟项目的客户引流至其他品牌，是不正当竞争行为。

38. M商行经授权取得商标使用权，为何败诉？

□李　楠

【案情简介】

L生活科技股份有限公司（以下简称"L公司"）因M棉纺织品商行（以下简称"M商行"）在未得到授权的状态下，其店面门头及所销售的商品上出现了"L"字样侵害到自身的商标权提起诉讼。

M 商行称自己使用“欧典 L”有合法授权。M 商行店铺的原门头为“欧典 L”，销售的商品商标为“欧典 L”。“欧典 L”系案外人史某合法注册的商标，授权自己使用。且与史某签订商标授权协议的时间为 2017 年 8 月 12 日，当时涉案的第 15486＊＊＊号“欧典 L”商标仍处于有效状态。在本案一审庭审前，没有任何人或机构告知或通知答辩人案涉“欧典罗莱”商标已被宣告无效，即使商标注册人史某也未告知，故 M 商行经营者主观不存在故意，没有过错。

【判决结果】

一审法院判决驳回原告诉请。原告不服一审判决，遂提起上诉。

二审判决如下：

1. 撤销一审判决；

2. M 棉纺织品商行立即停止侵害 L 生活科技股份有限公司的三项注册商标专用权的销售行为；

3. M 棉纺织品商行于本判决生效后十五日内赔偿 L 生活科技股份有限公司经济损失 6 万元、合理维权费用 1 万元，共计 7 万元；

4. 驳回 L 生活科技股份有限公司的其他诉讼请求。

【律师解读】

针对本案，争议焦点如下：1. 原审被告 M 商行是否实施了侵犯原审原告 L 公司商标权的行为；2. 原审被告是否应为此承担责任以及应承担什么样的法律责任。

下面将针对争议焦点进行分析。1. 侵权行为关于原审被告 M 商行是否实施了侵犯原审原告商标权的行为。《商标法》第四十八条规定：“本法所称商标的使用，是指将商标用于商品、商品包装或者容器以及商品交易文书上，或者将商标用于广告宣传、展览以及其他商业活动中，用于识别商品来源的行为。”本案中，经法院审理查明，M 商行在经营的店铺门头上使用“欧典 L 河北总代理”的字样，同时在其店铺购买的商品标识上亦带有“欧典 L”字样，明显属于商标性使用。本案中，经法院审查，第

15486＊＊＊号“欧典 L”商标经第 1655 期公告无效，宣告该商标无效。M 商行在生产经营活动中于相关类别上使用的“欧典 L”字样与“L”“L 家纺”商标构成近似，其实际使用的图形标识也与第 4167＊＊＊号图形商标构成近似，将其组合使用易使相关消费者混淆误认。因此，M 商行所实施的行为属于侵犯商标权的行为。2. 法律责任关于原审被告是否应为此承担责任以及应承担什么样的法律责任。根据《侵权责任法》相关规定，原审被告 M 商行实施了侵权行为，应当承担停止侵权、赔偿损失的法律责任。关于停止侵权行为：①门头部分，M 商行已更换店铺门头标识，自行终止了部分侵权行为；②销售行为，M 商行主张合法来源抗辩，然其所提交证据中，无法指明具体产品提供者，故无法支持其合法来源抗辩。关于赔偿数额问题，原审原告 L 公司并未进行举证，法院根据涉案商标知名度、侵权行为具体情节、原审被告 M 商行的经营规模、攀附 L 公司商誉的主观故意的各因素，酌定侵权赔偿数额为 6 万元。

39. 原告仅凭银行转款记录，能要回借款吗？

□ 张印富

【案情简介】

原告 H 某与被告 D 某原是单位同事，彼此关系密切。被告得知原告的妹妹在某融资平台工作，便通过原告找到原告的妹妹参加投资理财。2015 年，某理财公司资金链断裂，被告的理财本金无法收回，遂向原告诉说生活陷入困境，向原告借钱。原告为帮助被告度过困难，通过银行转账借给被告数万元人民币。因是好朋友未写借条，也未明确借款期限。之后，被告调到另一个单位工作，原被告彼此来往逐渐减少，双方均未提及借款还款事宜。

2020 年 1 月，原告得知某理财公司按比例返还了被告部分投资款，遂要求被告偿还借款。这时，被告否认向原告借过款，称自己没有与原告签过借款协议，也未向原告出具过借条或借据，双方不存在借贷关系。自己因原告的妹妹劝说理财造成损失严重，原告的妹妹应当赔偿。原告向被告转款并非借款，而是原告担心其妹妹受影响，向被告承诺支付的投资理财损失补偿款。现被告本金还未全部收回，原告还应全部赔偿被告的损失。为此，双方翻脸，矛盾激化，由朋友变成了仇人。

原告非常气愤，受不了这样的憋屈，遂找到律师寻求帮助。律师了解案情后，分析了案件的风险，在劝说原告通过其他途径解决无望的情况下，依法向人民法院提起诉讼。

【判决结果】

一审法院判决：被告向原告返还全部借款及利息损失。

被告不服，提起上诉。

二审法院判决：驳回上诉，维持原判。

【律师解读】

最高法院《关于审理民间借贷案件适用法律若干问题的规定》（2020第二次修正）第十六条规定："原告仅依据金融机构的转账凭证提起民间借贷诉讼，被告抗辩转账系偿还双方之前借款或者其他债务的，被告应当对其主张提供证据证明。被告提供相应证据证明其主张后，原告仍应就借贷关系的成立承担举证责任。"本案中，原告系依据金融机构的转账凭证提起的民间借贷诉讼，被告认可原告向其转账，但抗辩该转账系原告自愿代替其妹妹赔偿被告的理财损失，这既不合逻辑，也不合常理，更没有事实和法律依据。被告无证据证明原告系投资款的返还义务主体，亦无证据证明原告曾承诺向被告返还投资款。原告提交转账凭证已完成双方借贷关系的初步举证责任，被告应当向原告返还借款。透过本案，原告通过诉讼打赢了官司，但原有的情谊也不再拥有，"友谊的小船说翻就翻"，启示朋友间借款，也要有完备的借据，不要给"友谊的小船"创造翻的机会。

一、签订符合法律要求的借据，既是对自己负责，也是对朋友负责

民间借贷纠纷的难点往往是对借款事实的认定缺失直接的证据证明，很多原本很好的朋友，就因借钱时没有书面借据发生纠纷，酿成"人财两空"。"空口无凭，立字为据"，签订借款协议既不影响朋友关系，也是对自己、对朋友负责。不写借据，看似朋友相互信任，"够意思"，实则埋下发生纠纷的隐患，从某种程度上讲也是在诱发纠纷，特别是存在多笔经济往来的情况下，更是理不清、引发纠纷。出门带伞，有备无患，很有必要。

二、朋友间借贷更要有证据意识和法律意识，"先小人后君子"有一定道理

当事人对自己提出的主张，有责任提供证据。未能提供证据或证据不足以证明其事实主张的，由负有举证证明责任的当事人承担不利的后果。法律规定的举证责任，不因朋友关系而转移或减少，更因朋友间容易疏忽而更加重视。原告基于借款关系主张返还借款，负有对借款合意成立和款项交付事实承担举证责任；举证不能的，承担不利的法律后果。通常情况下，这些常识都懂，但不一定精，一旦发生纠纷，专业的事情还是由专业人员去补救或解决，效果可能更好。本案，被告明知不存在"借条"证据，而向原告扬言"您有能力就去告"，死不认账；原告在处于非常被动的情况下，及时寻求专业律师帮助，在专业律师的帮助下，收集和补救固定有效的证据，达到了预期的目的，应该说是一种理智聪明的选择。

三、被告无法否认收到银行转款的事实，但其否认是借款，就应当承担转账款是其他债权债务关系的举证责任

原告提供银行转账凭证，证明被告收到原告的银行转账款，这是改变不了的事实。被告予以认可，原告即完成了存在借贷关系的初步举证责任。被告抗辩该转账款系其他债权债务关系，亦需要举证证明；诉讼中实现了举证责任转移，被告举证不能，亦要承担法律不利后果。一方面，被告所提供的证据不足以证明原告系投资款的返还义务主体；另一方面，也无证据证明原告曾承诺向被告返还投资款。原告主张的民间借贷关系成立，被告应当返还借款。

第二部分 刑事法篇

40. T某涉嫌逃税，为何判决无罪？

□彭 坤

【案情简介】

被告人单位：A市房地产综合开发有限公司。该公司法定代表人：T某。

被告人T某，男，汉族，1964年10月6日出生，A市人，A市房地产综合开发有限公司法定代表人，董事长，因犯逃税罪，于2016年10月02日被抓获，次日被刑事拘留，同年10月13日经A市人民检察院批准逮捕。2017年经A市人民法院决定取保候审。A市人民检察院以被告人单位A市房地产综合开发有限公司、被告人T某犯逃税罪，向A市人民法院提起公诉。自2005年起，被告人T某，男，任某市某房地产开发有限公司法定代表人。2007年，董某某出资拍下A市某一地块，并挂靠在被告单位公司名下，成立了得利花园二期项目部。该项目部涉嫌逃税121.446708万元。经税务机关依法下达追缴通知后，不补缴应纳税款、不缴纳滞纳金。公安机关认定T某涉嫌逃税犯罪。2016年10月3日因涉嫌逃税罪被A市公安局依法刑事拘留，同年12月15日被依法逮捕。A市公安局B分局经侦查认定，被告单位A市某房地产综合开发有限公司的得利花园项目部，少申报纳税、逃避应纳税款121.446708万元，占应纳税金额30%以上，被告人T某作为被告单位的法人代表以及该项目部的实质股东，被告单位、被告人的行为触犯了《中华人民共和国刑法》第二百零一条，犯罪事实清楚，证据确实充分，应当以逃税罪追究其刑事责任，向A市B区人民法院提起公诉。

【判决结果】

一审法院认为：被告单位A市港湾房地产综合开发有限公司作为纳税主体，在其项目部开发祥和星空二期项目过程中采取隐瞒不报的手段少申报纳税，逃避缴纳税款121.446708万元，占应纳税金额30%以上，其行为构成逃税罪，公诉机关指控的罪名成立，本院予以确认。被告人T某作为被告单位A市港湾房地产综合开发有限公司的法定代表人、经理，无相关证据证明其是直接负责的主管人员，公诉机关指控被告人T某犯逃税罪罪名不能成立，本院不予支持。被告人T某作为国有公司经理，利用职务便利，与他人合伙经营与其所任职公司同类的营业，获取非法利益，数额巨大，其行为构成非法经营同类营业罪，公诉机关指控其构成非法经营同类营业罪罪名成立，本院予以确认。

根据《中华人民共和国刑法》第二百零一条、第二百一十一条、第一百六十五条、第六十四条之规定，判决如下：

一、被告单位A市房地产综合开发有限公司构成逃税罪，判处罚金20000000元；

二、被告人T某犯非法经营同类营业罪，判处拘役六个月，并处罚金人民币100000元。

【律师解读】

一、本案的争议焦点

1. 被告人T某对所任职的公司逃税是否知情、是否对逃税行为有决定、批准、授意、指挥、组织企业人员隐瞒不报某项目收入等逃避缴纳国家税款的行为？

2. 税务部门是否依法送达税务决定书、处罚书？

二、律师主要观点

1. 对A市某房地产综合开发有限公司逃税事实不持异议。

但是，公司的法定代表人对此毫不知情，逃税行为完全是项目部的行为，作为法定代表人负有管理不当的行政责任，但绝不应负刑事责任，否则严重违反罪责自负的基本原则，这与近代刑法理念背道而驰。

2. 没有任何证据证明T某有参与逃税的行为。

（1）根据庭审查明的事实及辩护人提供的证据6足以证明，被告人T某在A市某房地产综合开发公司改制时将公司公章和公司账户内的1500万元保证金及管理权限交接给A市房管局，并作出书面说明（证据7）：

如果A市某房地产开发有限公司祥和星空二期项目部（以下简称祥和星空）有欠税发生，则由税务局划拨。这一客观事实足以说明被告人T某并没有任何逃避国家税款征收的主观故意，并且为依法纳税做好了合理的安排和准备。纳税义务发生及欠税的事实发生之后，税务机关没有向A市某房地产开发有限公司的法定代表人依法送达《催缴税款通知书》，而是送达给了祥和星空二期项目部，被告人T某对祥和星空二期项目部欠税一事不知情。证据5和证据6证明，A市某房地产公司进行改制，在2012年10月10日后，被告人T某将公司的公章交接给A市房管局，对公司的一切事务就失去了管理权限。证据8证明，2013年1月10日，被告人T某通过李某某发送的短信内容，才得知祥和星空二期项目部欠缴税款的事实。后来被告人T某得知1500万元被李某某等人通过非正常手段划走，导致国家税款流失的事实，对此违法行为向江西省某某市纪委进行举报，更加佐证了其没有任何逃税的主观故意和行为。

（2）祥和星空二期项目部和A市某房地产公司是挂靠和被挂靠的关系，后者对前者没有任何管理职权和管理控制之事实。祥和星空二期项目部成立于2007年12月12日，工商注册号：36048102000032，组织机构代码：66975717，法定代表人：C某，其营业范围包括：承担祥和星空二期项目的管理（证据1、证据2）。证据5足以证明，港湾房地产公司曾经尝试对祥和星空二期项目部进行管理，于2009年11月6日在A报上刊登公告。辩护人通过江西省A市人民政府房管局官方网站查询并调取到面向全社会主动公开落款时间为2009年11月10日，题目为《关于房地A市某房地产开发公司祥和星空二期开发的情况说明》的文件1份，并于2016年10月31日在北京市长安公证处进行公证（证据3）。该份文件对祥和星空二期项目部的基本情况、项目经营过程中的资金情况、港湾房地产公司提出的要求和祥和星空二期项目部就该项目出现的问题所作的说明和要求均有详细记载。该证据证明以下事实：①祥和星空二期项目部系挂靠在港湾房地产公司名下，前者按约定应向后者缴纳管理费人民币12.8万元；②祥和星空二期项目由C某独资开发；③港湾房地产公司曾要求接管祥和星空二期项目部但未果，祥和星空项目部一直独立管理、独立经营。庭审查证确认：2009年11月份之后，港湾房地产公司经过A市房产管理局的调查和协调后，也一直未能干预祥和星空二期项目部的经营和管理。以上证据和事实足以证明祥和星空二期项目部一直以来独立管理、独立运营、独立核算、独立缴税，港湾房地产公司对其没有任何实质的管理和控制，对其申报及纳税行为更不知情、也无法监管。另外，本案被告人T某不符合逃税罪的立案标准。迄今为止，名义上为港湾房地产公司法定代表人的T某，没有签收任何税务机关下达的税务处理决定书和税务行政处罚决定书。根据《最高人民检察院、公安部关于公安机关管辖的刑事案件立案追诉标准的规定（二）》第五十七条规定，“逃避缴纳税款，涉嫌下列情形之一的，应予立案追诉：（一）纳税人采取欺骗、隐瞒手段进行虚假纳税申报或者不申报，逃避缴纳税款，数额在五万元以上并且占各税种应纳税总额百分之十以上，经税务机关依法下达追缴通知后，不补缴应纳税款、不缴纳滞纳金或者不接受行政处罚的……”，本案中，被告人T某从未收到任何税务部门正式下达的税务处理决定书和行政处罚决定书，不应为祥和星空二期项目部的逃税行为负责并被立案调查。

3. 被告人T某不属于逃税罪单位犯罪的“直接负责的主管人员”。

根据我国刑法总则第三十一条规定，单位犯罪的，对单位判处罚金，并对其直接负责的主管人员和其他直接责任人员判处刑罚。

本案中被告单位A市房地产综合开发公司祥和星空二期项目部逃税的行为构成逃税罪没有异议，但能否以此追究其法定代表人T某的刑事责任，关键在于能否认定被告人T某属于该单位犯罪行为的“直接负责的主管人员”。这就涉及“直接负责的主管人员”的理解问题。

“直接负责的主管人员”需要从两个方面进行考察：一是直接负责的主管人员是在单位中实际行使管理职权的负责人员；二是对单位具体犯罪行为负有主管责任。该两个条件缺一不可，如非单位的管理人员，就谈不上主管人员；如与单位犯罪无直接关系，就不能说对单位犯罪负有直接责任。司法实践中，主管人员主要包括单位法定代表人、单位的主要负责人、单位的部门负责人等。但以上单位的管理人员并非在任何情况下都要对单位犯罪承担刑事责任，只有当其在单位犯罪中起着组织、指挥、决策作用，所实施的行为与单位犯罪行为融为一体，成为单位犯罪行为组成部分之时，上述人员才能成为单位犯罪的处罚主体，对单位犯罪承担刑事责任。需强调指出的是，单位的法定代表人，也即“一把手”，作为单位的最主要的领导成员，在单位里对重要问题的决定会起着至为重要的作用，在单位实施犯罪的情况下，是否均需对单位犯罪负责？对此，同样不能一概而论，应否承担刑事责任，仍需视其是否具体介入了单位犯罪行为，在单位犯罪过程中是否起到了组织、指挥、决策作用而定。如主持单位领导层集体研究、决定或者依职权个人决定实施单位犯罪的情况下，当属“直接负责的主管人员”；反之，在由单位其他领导决定、指挥、组织实施单位犯罪、不在其本人职权分工范围之内、本人并不知情的情况下，则不应以单位犯罪直接负责的主管人员追究其刑事责任。

众所周知，“刘晓庆案”以北京市朝阳区人民检察院作出不起诉决定告终。而具体到本案，被告人T某虽然是被告单位A市房地产综合开发公司的法定代表人，但经法庭调查确认的证据不足以证明：被告人T某具有决定、批准、授意、指挥、组织企业人员隐瞒不报祥和星空二期项目部收入等逃避缴纳国家税款的行为。且相关证据证明逃税系祥和星空二期项目部负责人授意所为，所以认定被告人T某系A市房地产综合开发公司逃税犯罪直接负责的主管人员，应追究逃税罪的刑事责任则没有任何有效证据。出罪举重以明轻，尚在羁押的被告人T某，相较“刘晓庆案”更应该宣判无罪。综上，辩护人认为法院应当依法予以判决被告人T某无罪，以此彰显罪刑法定和罪责自负的刑法原则。

“这是本院十几年来唯一一个无罪的案件”，宣判时法院副院长如是说，可见，在目前司法环境下刑事辩护的艰难，尤其是无罪辩护更是难上加难。按我国《刑事诉讼法》规定，公、检、法分工协作、互相监督；实务中，合作太多，监督太少。在一贯正确的领导下，无罪辩护的成功率非常低，原因大致有：a. 公检法办案越来越严谨，层层把关，犯大错误的概率非常低；b. 大量无罪的案件在进入诉讼程序已经解决，一般看不到；c. 有些案件当事人选择息事宁人，不再坚持，换取轻判，这类案件占比应该不少；d. 即使有些案件错判了，得不到纠正，这类案件只有当事人或辩护律师知道，法院判决具有既判力，未改判之前都是正确的，我们不得不遵守，君不见有影响力的冤假错案的改判很少是通过正当的程序实现，要么是亡者归来，要么是真凶再现，这类必定是少数。基于以上原因，除非有确定把握，一般不宜作无罪辩护，我们不能为了作无罪辩护而作无罪辩护，为个人可以宁为玉碎不为瓦全，但是为了委托人的利益绝不能图一时之快，最终的结果是要由委托人承担。本案在审理过程中，法官多次到看守所说服被告人认罪认罚，答应判缓刑，多次通过被告人的亲友劝说被告人认罪认罚，作为辩护律师，我们给被告人提供专业的建议，被告人坚信我们的专业，并坚持到底，整个过程没有丝毫的犹豫，最终法院采纳辩护人意见，认定被告人不构成逃税罪。

41. 投资亏损600余万元，帮助贷款者为何不构成诈骗罪？

□ 韩英伟

【案情简介】

2017年12月，秦某对周某称经营某大美产品生意非常火爆，某大美公司即将上市，如果持有某大美公司原始股将有大量收益。秦某、周某到北京市各区县、广东省、香港、澳门等多地参观某大美公司生产基地。周某轻信了秦某的描述，但称自己并没有钱款投入，秦某让周某用位于北京B园小区的楼房向银行抵押贷款，秦某带着周某找到王某帮助办理贷款事宜。王某按照约定收取了贷款手续费，帮助周某贷款600万元。因某大美公司无收益，贷款到期无法偿还，周某位于北京B园的两套房屋被法院强制执行。截止2021年4月，周某损失共计600余万元。

周某认为，上述损失均是王某、秦某的违法行为所致，向北京市公安局某分局报案，该分局不予立案。周某向某区检察院申请监督立案，被驳回。其后周某向某区法院提起自诉，请求追究王某、秦某诈骗罪的刑事责任。

王某委托北京市盈科律师事务所韩英伟、赵爱梅律师为其辩护。

【判决结果】

驳回自诉人对被告人王某、秦某的起诉。

【律师解读】

《中华人民共和国刑法》第二百六十六条规定："诈骗公私财物，数额较大的，处三年以下有期徒刑、拘役或者管制，并处或者单处罚金；数额巨大或者有其他严重情节的，处三年以上十年以下有期徒刑，并处罚金；数额特别巨大或者有其他特别严重情节的，处十年以上有期徒刑或者无期徒刑，并处罚金或者没收财产。"

诈骗罪是指以非法占有为目的，用虚构事实或者隐瞒真相的方法，骗取数额较大的公私财物的行为。行为人以非法占有为目的实施欺诈行为，导致被害人产生错误认识，被害人基于错误认识处分财产，行为人取得财产，被害人受到财产上的损失。

本案律师接受委托后，向法院提交了相关证据，提出王某不构成犯罪的辩护意见，具体如下：

一、王某没有犯诈骗罪的主观故意

刑事自诉状已写明本案的起因：2017 年 12 月，自诉人周某与本案另一被告人秦某合伙经营某大美保健品实体店，自诉人以自有的两套楼房作抵押贷款，将款项用于支付实体店经营开支、还银行贷款（借新贷还旧贷）、日常生活开支等。因某大美保健品实体店未盈利，自诉人贷款用尽。王某在秦某和周某的要求下，多次帮助周某在银行办理房屋抵押贷款。

二、王某没有虚构事实、没有隐瞒真相；自诉人 600 多万元损失的后果不是王某造成的

公安机关受案通知书、询问笔录证实，周某房屋贷款主要用于购买某大美产品，经营实体店开支。王某只是帮他贷款，按约定收取手续费。王某曾多次劝说他不要轻信投资理财，切莫上当受骗。周某 600 多万元损失的后果不是王某造成的。王某不是以非法占用为目的，没有虚构事实、没有隐瞒真相，不构成诈骗罪。

三、周某控告王某犯诈骗罪的证据不足

周某提交的公安机关做的控告人询问笔录、犯罪嫌疑人讯问笔录、贷款及抵押合同等证据，不足以证明王某构成诈骗罪。

法院采纳了辩护律师的意见。经审查认为，自诉人周某控告被告人王某、秦某犯诈骗罪的证据不足。依照《中华人民共和国刑事诉讼法》第二百一十一条第一款第二项及《最高人民法院关于适用〈中华人民共和国刑事诉讼法〉的解释》第三百二十一条之规定，依法裁判。

42. 骗取财物后出具欠条，是否构成诈骗罪？

□ 袁方臣

【案情简介】

2019 年 2 月至 5 月间，被告人宋某以海外代购、预订酒店机票、借款等名义分别骗取 14 名被害人 4500 元至 33.2 万元不等。其中，以代购手表名义收取吴某 33.2 万元，但在无法按期交付手表时，宋某父亲代其向吴某出具了借条。被告人宋某于 2019 年 7 月 15 日向公安机关主动投案。

控辩双方针对出具借条的"借款"，是否计入诈骗数额存有争议。辩方认为：宋某和吴某之间为民事纠纷，不应计入犯罪数额；控方认为：宋某在行为时以非法占有为目的，虚构事实、隐瞒真相，骗取他人财物，数额特别巨大，其行为已构成诈骗罪，依法应予惩处。

【判决结果】

法院判处宋某有期徒刑五年，罚金人民币五万元。

【律师解读】

本案作为北京市第三中级人民法院的经典案例，笔者经查阅梳理后与各位读者分享。

笔者认为骗取财物后出具欠条应当构成诈骗罪，理由如下：

诈骗罪是指以非法占有为目的，通过虚构事实或隐瞒真相的方法，骗取数额较大的公私财物的行为。诈骗罪属于行为犯，只要以非法占有为目的，实施诈骗的行为即构成犯罪。本案中宋某行为满足"以非法占有为目的"，原因如下：

第一，对钱款的真实用途。由用途推知行为时的主观故意，本案中，被告人宋某以代购或借款名义收取吴某、张某等人钱款后，并未用于约定事项，而是将钱款用于赌博或肆意挥霍。

第二，欺骗的内容与程度。诈骗罪要求行为人虚构或隐瞒关键事实，致使被害人陷入错误认识并因此处分了财产，如虚构职业或身份、隐瞒资金状况、借款真实用途等。本案中，宋某曾作为海外导游，2015年离职后却隐瞒了关键的身份事实，且并未向被害人袒露其因赌博陷入财务危机的情况，通过包装朋友圈营造其仍为海外导游的假象，多次以代购为名骗取他人钱款，甚至编造手机丢失、报税等原因向他人借款，这种欺骗行为已达到使被害人基于错误认识处分财产进而遭受损失的程度，表明其主观上具有非法占有目的。

第三，出具欠条的真实原因。出具借条与钱款给付的时间先后顺序对于判断基础法律关系具有重要意义。本案骗取他人财物后出具的借条不具备法律效力，只能视为逃避法律追究的一种技术性策略。诈骗既遂后，不能因事后行为否认前行为非法占有目的的存在。

综上，宋某行为时主观上具有非法占有目的，客观上实施了欺骗行为，构成诈骗罪。

笔者认为本案作为法院的经典案例，对刑事辩护人正确认识诈骗罪中“非法占有为目的”具有指引作用，同时以上几点也为诈骗类案件的出罪辩护提供思路。

43. 集体维权涉嫌聚众扰乱社会秩序罪，检察院为何决定不起诉？

□娄　静

【案情简介】

本案嫌疑人王某系湖南省某村村民。因某水泥厂迁建项目，在王某所在村的林地上进行建设。村民们认为水泥厂未经审批占用土地，投产后会严重污染水源、污染周边生态环境，造成村民身体伤害，便自发组织聚集阻工，要求水泥厂停止建设。王某便和同村几位村民通过信访进行维权。其他村民们对水泥厂建设项目阻工，导致水泥厂建设项目停工，造成水泥厂直接经济损失达25.8万元。

公安机关认为，王某的行为已触犯《中华人民共和国刑法》二百九十条第一款之规定，涉嫌聚众扰乱社会秩序罪。

【处理结果】

审查起诉阶段，检察院采纳了辩护律师的意见，对王某作出《不起诉决定书》，王某被释放。

【律师解读】

王某家属委托律师事务所律师为其辩护。笔者接受委托后，通过向嫌疑人会见、了解案情、查阅案卷、查询信息公开网站，查阅到水泥厂迁建项目存在违法占地及环境违法行为，认为王某不构成聚众扰乱社会秩序罪，向检察院提出羁押必要性审查以及王某无罪的法律意见。

一、什么是聚众扰乱社会秩序罪？

本罪规定在《中华人民共和国刑法》第二百九十条第一款。聚众扰乱社会秩序情节严重，致使工作、生产、营业和教学、科研、医疗无法进行，造成严重损失的，对首要分子，处三年以上七年以下有期徒刑；对其他积极参加的，处三年以下有期徒刑、拘役、管制或者剥夺政治权利。

二、王某不构成犯罪

1. 王某主观上不具备聚众扰乱社会秩序的犯罪故意。王某未参与水泥厂迁建项目的聚集行为，且水泥厂迁建项目存在违法占地及环境违法行为。水泥厂迁建项目所在地系征占某村村民的部分承包林地，其他村民旨在争取到其因林地被征占而应得的土地补偿款及相关安置利益实施的维权行为也与王某无关，并且维权行为系合理、正当的行使权利的行为。张明楷著《刑法学》中指出："群众以集体抗争的形式表达部分利益主体诉求的行为，阻却违法性。司法机关不应当事先就以扰乱社会秩序、破坏安定团结、抗拒法律政策实施之类的偏见来界定这类行为或事件，进而将这类行为作为犯罪处理。例如，因工厂严重污染环境，行为人聚集多人要求工厂停产的，阻却违法性，不成立本罪。”王某更没有实现无理的要求或者发泄不满情绪的主观故意。

2. 犯罪嫌疑人客观上没有实施本罪所认定的聚众扰乱社会秩序的行为。没有造成有关单位的工作、生产、营业等无法进行的严重后果，且不满足刑法所规定的情节严重的程度要求。刑法规定的本罪的“造成严重损失”是入罪条件之一，而本案中水泥厂迁建项目仅在选址建设初期，未在迁建项目所在地取得合法的企业法人营业执照、未取得生态环境机关批准的建设项目环境影响评价报告、未公告征地安置补偿方案、未依法实施招拍挂取得不动产使用权证、无法进行开工建设、未能投产使用，更不会产生企业损失，因此，王某不具有本罪的客观构成要件。

3. 从本罪的客体而言，只有合法的、正常的生产秩序，才属于本罪中受法律保护的社会关系。首先，犯罪嫌疑人未参与诸多失地农民的维权；其次，而失地农民之所以维权，究其原因是水泥厂迁建项目违法占地、环境违法行为。通过会见王某时了解到，上述土地征收带来的土地补偿款也是在村民们进行维权以后才予以解决。水泥厂迁建项目违反了“无补偿则无征收”的基本法律原则，给失地农民造成了巨大的财产损失与精神困扰，是造成当地社会秩序不稳定的消极因素之一。

4. 根据《最高检组织开展为期6个月的羁押必要性审查专项活动推动落实“少捕慎诉慎押”刑事司法政策》专项活动选择的三类重点案件中“包括法定刑在三年以下有期徒刑的在办羁押案件，以及犯罪嫌疑人、被告人及其法定代理人、近亲属或者辩护人提出羁押必要性审查申请的在办羁押案件”的规定，慎用强制性措施，也要注意提高办案效率、依法从速办理，切实防止久押不决、久拖不决，最大程度减少因对王某羁押而产生的负面影响。

44. 公司老板每月给自己发三万元工资，为何构成犯罪？

□ 赵爱梅

【案情简介】

沈阳某私立妇科医院有限公司股东有孙某和李某。孙某担任法定代表人、执行董事兼经理、院长，即公司通常意义上的“老板”。李某担任监事。股东出资比例：孙某占64%，李某占36%。该公司章程规定：股东会由全体股东组成，是公司的权力机构，决定有关执行董事和非执行董事担任的法定代表人的报酬事项。

2017 年至 2019 年，在未经股东会决议的情况下，孙某个人决定以每月 3 万元人民币的标准为自己发放工资，其后又指使该公司会计张某篡改原始会计凭证，伪造每月向何某、宫某某、刘某发放 2 万元至 2.5 万元人民币的假象。经审计，被告人孙某以向何某、宫某某、刘某发放工资的名义冒领单位资金合计人民币 217 万元。

以上事实，由公诉机关提供的并经开庭举证、质证的证人李某 1、王某 1 等人证言、人口信息表、案件来源和抓捕经过、银行对账单、股东合作协议、记账凭证、工资表等书证、审计报告、被告人孙某的供述和辩解等证据证实。

【法院判决】

被告人孙某犯职务侵占罪，判处有期徒刑三年六个月，并处罚金人民币十万元；责令被告人孙某退赔私立妇科医院有限公司人民币三百八十二万一千五百二十元。

【律师解读】

根据《公司法》第十一条“公司章程对公司、股东、董事、监事、高级管理人员具有约束力”，第三十七条“股东会行使下列职权……（十一）公司章程规定的其他职权”，以及第四十三条“股东会的议事方式和表决程序，除本法有规定的外，由公司章程规定”，沈阳某私立妇科医院有限公司章程具有极高的法律效力。该公司章程已经明确规定，董事的薪酬即工资由股东会决定。孙某未经股东会决议擅自为自己发放每月三万元工资，严重违反公司章程。同时，其伪造每月向何某、宫某某、刘某发放2万元至2.5万元人民币的假象，数额巨大，属于利用职务之便，将本单位财物非法占为己有，构成职务侵占罪。

本案辩护人的无罪辩护意见为：1. 孙某每月三万元工资是有劳动合同根据的；2. 审计报告依据不充分，不能作为定案证据。该辩护意见由于不能成立，未被法院采纳。具体如下：

首先，本案孙某的工资发放数额即使有劳动合同，但是因其未经股东会决议，严重违反了公司章程，是其一手操作而形成，因此并不能阻却其违法犯罪行为。

其次，本案审计报告具有法律依据，可以作为定案证据。法院经审理查明，由具备法定资质的审计机构依据孙某账户与相关人员往来账明细表、银行对账单收支流水、询问笔录、股东合作协议书、沈阳某私立妇科医院有限公司章程等相关证据经过法定鉴定程序，由具备法定资质的鉴定人出具的专项审计报告，并无不当。2021年3月1日起施行的新《最高人民法院关于适用〈中华人民共和国刑事诉讼法〉的解释》第一百条规定：“因无鉴定机构，或者根据法律、司法解释的规定，指派、聘请有专门知识的人就案件的专门性问题出具的报告，可以作为证据使用。对前款规定的报告的审查与认定，参照适用本节的有关规定。”即审计报告可以参照适用司法鉴定，因此本案审计报告可以作为定案依据。

45. 刑事判决涉及的抵押财产如何执行分配？

□ 孙向阳

【案情简介】

截至2017年4月，李某非法吸收公众存款2.3亿元。其中3000万元用于购买工业用地使用权并建设办公用房，建成之后以此与某商业银行签订借款合同，约定以土地和房屋进行抵押担保。办理抵押登记时对于土地进行了抵押登记，但对办公房屋没有办理抵押登记。2019年4月李某非法吸收公众存款案发，公安机关查封了以非法所得存款购置的该土地和房屋。2000年3月李某被以非法吸收公众存款罪判处有期徒刑5年，追缴的违法所得退赔被害人。银行得知这一情形之后即向人民法院起诉借款纠纷，诉请李某承担支付本金、利息、违约金和债权实现费用共计2100万元，法院对此受理之后发现李某已被刑事判决而驳回起诉。

【处理结果】

律师接受委托后，认为应当参与刑事涉案财产执行分配，并据此提出优先受偿执行财产的意见，该意见被执行法院采纳。

【律师解读】

对于此类案件，律师应当注重收集刑事案件的诉讼资料、借款合同签订和履行的全部资料，查阅有关法律法规，依法提出在刑事裁判涉财产部分执行中参与财产分配的方案，并论证阐述参与财产分配范围的根据和理由，以排除可能发生的异议和障碍。

该案后来的办理过程中陆续发生了其他债权人和刑事被害人提出的执行异议、复议、执行异议之诉等，均被代理律师提出有理有据的法律意见予以排除，最终帮助银行全部实现了登记房屋和未登记土地拍卖所得的优先受偿权。本案涉及的有关法律问题，包括以下几个方面：

一、抵押的房屋和土地不应予以追缴

《最高人民法院、最高人民检察院、公安部关于办理非法集资刑事案件若干问题的意见》之五“关于涉案财物的追缴和处置问题”第二款规定“将非法吸收的资金及其转换财物用于清偿债务或者转让给他人，有下列情形之一的，应当依法追缴：（一）他人明知是上述资金及财物而收取的；（二）他人无偿取得上述资金及财物的；（三）他人以明显低于市场的价格取得上述资金及财物的；（四）他人取得上述资金及财物系源于非法债务或者违法犯罪活动的；（五）其他依法应当追缴的情形”。《最高人民法院关于刑事裁判涉财产部分执行的若干规定》第十一条规定了“应予追缴”的四种情形，同时本条规定“第三人善意取得涉案财物的，执行程序中不予追缴。作为原所有人的被害人对该涉案财物主张权利的，人民法院应当告知其通过诉讼程序处理”。本案非法集资转换的不动产向银行进行抵押借款的行为不属于规定中的应予追缴的情形，不动产权利负担的设置以银行支付贷款为合理对价，银行对于抵押权利的享有属于善意，依法不应追缴。

二、未办抵押登记的房屋是否属于抵押财产

《中华人民共和国物权法》第182条明确规定：“以建筑物抵押的，该建筑物占用范围内的建设用地使用权一并抵押。以建设用地使用权抵押的，该土地上的建筑物一并抵押。抵押人未依照前款规定一并抵押的，未抵押的财产视为一并抵押。”而2016年的《不动产登记暂行条例实施细则》第六十五条第二款又清晰强调：“以建设用地使用权、海域使用权抵押的，该土地、海域上的建筑物、构筑物一并抵押；以建筑物、构筑物抵押的，该建筑物、构筑物占用范围内的建设用地使用权、海域使用权一并抵押。”另有2019年《中华人民共和国城市房地产管理法》第三十二条进一步重申：“房地产转让、抵押时，房屋的所有权和该房屋占用范围内的土地使用权同时转让、抵押。”这些规定体现在执行程序中，2004年《最高人民法院关于人民法院民事执行中查封、扣押、冻结财产的规定》第二十三条相应表明：“查封地上建筑物的效力及于该地上建筑物使用范围内的土地使用权，查封土地使用权的效力及于地上建筑物……”。由此可见，无论是否对于房屋和土地同时进行抵押登记，法律始终坚持“房地一体”规则，视同“一并抵押”。据此，本案土地抵押登记效力及于地上房屋，银行对于未作抵押登记的房屋一并享有优先受偿权。

三、银行对于执行所得享有优先权

《最高人民法院关于刑事裁判涉财产部分执行的若干规定》第十三条规定："被执行人在执行中同时承担刑事责任、民事责任，其财产不足以支付的，按照下列顺序执行：（一）人身损害赔偿中的医疗费用；（二）退赔被害人的损失；（三）其他民事债务；（四）罚金；（五）没收财产。"又规定："债权人对执行标的依法享有优先受偿权，其主张优先受偿的，人民法院应当在前款第（一）项规定的医疗费用受偿后，予以支持。"据此，银行对于本案抵押的不动产包括办理抵押登记的土地和未办理抵押登记的办公用房均享有优先受偿权，法院执行所得应当向银行优先偿付。

四、银行对于抵押债权不必提起民事诉讼

根据以上有关法律规定，银行不必另行提起民事诉讼即可实现其抵押债权。银行如果提起民事诉讼，其所诉事实与刑事案件认定和刑事判决羁束的事实属于"同一事实"，法院予以驳回是正确的。刑事案件立案之前针对这一事实的民事诉讼已经判决尚未执行的，执行民事和刑事判决的结果是完全相同的；刑事案件立案之前针对这一事实的民事诉讼已经判决执行完毕的，不存在撤销判决回转执行的问题。

46. 艳遇后拒绝付钱，构成强奸罪吗？

□ 何忠民

【案情简介】

张某系某公司职员，工作之余，喜欢去某洗脚城泡脚。某次洗脚时，认识服务员李某，并对李某颇有好感。于是，以后每次去洗脚均要求李某为其服务。有过三四回之后，某晚张某洗完脚，邀请李某一起出去吃夜宵，李某欣然前往。吃夜宵时，二人还喝了一些酒。之后二人去了附近一家宾馆开了间房，发生了男女关系。完事后，张某独自回家。第二天上午，李某打电话给张某，说自己被张某强奸了，向张某要个说法。张某认为这是李某自愿的，自己没有强奸李某，于是问李某想怎么样。李某要求张某赔偿她二万元。张某不同意。于是，李某报警，张某被以强奸罪刑事拘留。

【判决结果】

某法院以强奸罪判处张某有期徒刑三年。

【律师解读】

像张某这种追求艳遇的男人，就像是相信童话故事的小孩，真的很幼稚。张某也不想一想，李某凭什么同他上床，难道是张某长得帅……还不是想张某的钱?!可是，张某却一毛不拔，最终进了班房。有人会问：张某构成强奸罪吗？根据我国刑法第二百三十六条的规定，以暴力、胁迫或者其他手段强奸妇女的，处三年以上十年以下有期徒刑。判断是否构成强奸罪的标准，就是性行为有没有违背妇女的意志。如果女方是自愿的，男方当然不构成强奸罪。如果女方不是自愿的，则男方构成强奸罪。

那么，如何判断女方是不是自愿的呢？

1. 使用暴力殴打，强迫女方的；
2. 使用暴力相威胁，胁迫女方的；
3. 趁女方醉酒或者吸毒后，不知反抗或者不能控制自己意志的；
4. 对女方下药致女方昏迷的；
5. 趁女方熟睡之机，而与女方发生性关系的；
6. 冒充女方老公或者情人，而与女方发生性关系的；等等。

以上这些情形，都会被认定为强奸行为。

比如张某强奸案，公安司法机关认定张某构成强奸罪，主要依据是李某事前喝了酒，办案人员认为李某系酒醉后不知反抗。尽管辩护人认为，李某是自愿的，张某不构成强奸罪。双方理由有：一是二人相识，宵夜后一起去开的房，作为成年女性不知道孤男寡女在外开房意味着什么吗？公诉人说，李某同意开房，不等于李某同意与张某发生性关系。二是当时李某没有拒绝，更没有反抗。公诉人说，因李某喝醉了，不知反抗。三是李某能够步行同张某去开房，自己走到房间去，说明李某当时没有喝醉。公诉人说，在路上酒劲没有发作，到房间后酒劲发作。四是李某第二天上午并不是立即报警，而是要求张某给她二万元未果后，才报警的。公诉人说，被害人是否报警，什么时候报警，为什么报警，不影响张某构成强奸罪，因为张某的强奸行为已经实施完毕。所以，这个案子关键在于李某喝了酒。当时李某是不是喝醉了，控辩双方虽有争议，但法院还是采纳了控方的意见。

从这个案子来看，男人一定要管住自己。这世上没有那么多艳遇，每一次艳遇背后都是有代价的。要么，花钱消灾。如果张某答应给李某二万元钱，可能李某不会报警。要么，去吃牢饭。本案张某一直认为李某是自愿的，他没有强奸李某，并认定李某是在敲诈他，所以不愿意给钱。可是，最终还是被判了三年。

47. 被害人的过错，对被告人定罪量刑有何影响？

□ 袁方臣

【案情简介】

陆某与被害人田某（男）因婚外感情问题产生纠纷。2017 年 4 月 14 日下午，田某来到陆某的工作单位附近找到陆某，要求去陆某家解决感情纠纷，并对陆某进行纠缠。其后二人来到附近某停车场，当日 20 时许，二人在该停车场内再次发生争执，陆某驾驶小汽车冲撞、碾压田某，致田某颅脑损伤合并创伤失血性休克死亡。陆某作案后在其丈夫的协助下电话报警，并在现场等候，其后被民警带回公安机关审查。

【判决结果】

一审法院判决被告人陆某犯故意杀人罪，判处有期徒刑 13 年，剥夺政治权利 3 年。被告人陆某不服判决，提出上诉。二审法院裁定驳回陆某的上诉，维持原判。

【律师解读】

一、什么是被害人过错？

作为量刑情节的被害人过错，通常是指被害人实施了指向被告人并引发双方矛盾的违法或违背伦理道德、善良风俗的行为。进一步明确被害人过错的概念特征，需要从以下几方面进行界定：

1. 不法性或不道德性。被害人实施的行为违反了法律、法规或者违反了为社会大众所普遍认可的伦理道德、公序良俗，但其中的不法行为一般不属于正在进行的强烈攻击性行为，以区别于正当防卫中的不法侵害。例如侮辱、诽谤等犯罪行为，侵犯债权、隐私权等权益的违法行为，婚内出轨等不道德行为。

2. 主动性。被害人的过错行为应当是被害人主动实施的。如果被告人故意实施的先前行为导致了被害人的不当回应，不宜认定存在被害人过错。

3. 客观性。被害人过错必须是可能客观存在而非出于被告人的主观臆想、无端猜测。

4. 关联性。被害人过错能直接促使被告人产生或加深犯意，进而实施犯罪。被害人过错与犯罪的发生之间未必有刑法意义上的直接因果关系，但应当具有符合社会生活经验的引起关系。如果被害人的行为对诱发、加剧犯意没有通常的引起作用，则不宜评价为被害人过错。

5. 时间上的连续性。被害人过错可以发生在犯罪实施过程中，也可以稍早于犯罪实施之时，但不能距离犯罪时间过长，否则将切断该过错与犯罪之间的因果关联。值得注意的是，如果被害人对被告人实施不法或不道德行为具有长期性，且在可预见的未来仍将持续，被害人过错的认定不受当场性制约，典型情况如受虐妇女杀夫案，亦可认定存在被害人过错。

二、被害人过错减轻被告人刑事责任的依据与本案中的适用

被害人过错作为衡量犯罪行为的社会危害性、犯罪人的主观恶性和人身危险性的因素之一，属于酌定从轻情节。

1. 相关法律依据

按《最高人民法院关于适用〈中华人民共和国刑事诉讼法〉的解释》（法释〔2021〕1号）第二百七十六条第二款规定，人民法院除应当审查被告人是否具有法定量刑情节外，还应当根据案件情况审查以下影响量刑的情节：

（一）案件起因；

（二）被害人有无过错及过错程度，是否对矛盾激化负有责任及责任大小；

（三）被告人的近亲属是否协助抓获被告人；

（四）被告人平时表现，有无悔罪态度；

（五）退赃、退赔及赔偿情况；

（六）被告人是否取得被害人或者其近亲属谅解；

（七）影响量刑的其他情节。

《人民法院量刑指导意见（试行）》（法发〔2010〕36号，已于2015年废止，但具有一定的参考价值）第二十六条“酌定量刑要素”第一项规定：“被害人有重大过错的，对被告人轻处30%；有一般过错的，轻处10%。”

2. 本案中的适用

本案中，陆某与被害人田某结识前各自有家庭，二人在婚姻存续期间违背夫妻忠诚义务，发展成不正当男女关系。案发当日下午，田某以到陆某家解决二人之间的感情纠纷为由，对陆某实施纠缠。案发当晚，二人驾车到案发地再次发生争执，田某进行言语挑衅，陆某失去理智驾车冲撞、碾压田某，酿成本案悲剧。可见，案发之前与案发当时，被害人田某为达到维持婚外情的目的，不断刺激、挑衅被告人，其行为具有不道德性、主动性、客观性等特点，与陆某最终开车撞击田某之间存在符合社会生活经验的引起关系。综合考虑案发起因、二人关系的演变以及被害人田某在案件发生中的作用，可以认定被害人存在一定过错，进而结合本案其他情节可以对被告人陆某予以从轻处罚。

48. 低价购房的圈套，为何构成合同诈骗罪？

□ 高 庆

【案情简介】

被告人李某原系 A 房产开发公司股东、总经理，因生意败落，被赶出 A 房产开发公司。李某告诉孙某其手中握有大量 A 房产开发公司的低价房屋，可以低价购房，并采取高买低卖的方式骗取孙某的信任。

孙某买到低价房后大肆宣扬，接受多名朋友的请托从被告人李某手中低价购房，并将收取的购房款转交给李某。被告人李某收到购房款后，给予孙某 5% 的回扣。李某先后伪造了 A 房产开发公司的商品房买卖合同及开发商的承诺书、收款收据，并通过孙某交给被害人。孙某协助李某以各种借口拖延交房，并将回扣的佣金从 5% 提升至 10% 。

2020 年 5 月后，被害人王某因房屋长期未予交付，遂到该小区售楼处去查询房屋交付的时间。被害人向售楼部工作人员核实后得知李某所提供的购房合同系伪造，直接报警。经查明，李某共通过孙某向以上被害人收取购房款 600 万元，其中孙某回扣为 55 万。被告人李某、孙某将以上购房款挥霍一空。

【判决结果】

被告人李某犯合同诈骗罪，判处有期徒刑 12 年。

被告人孙某犯合同诈骗罪，判处有期徒刑 7 年。

【律师解读】

根据《中华人民共和国刑法》第二百二十四条，以非法占有为目的，在签订、履行合同过程中，骗取对方当事人财物，构成合同诈骗罪。

被告人李某以非法占有为目的，虚构能够低价购买商品房等事实，在签订、履行合同的过程中，骗取他人购房款 600 万元，数额特别巨大，其行为已构成合同诈骗罪；被告人孙某，虽然第一次从李某手中低价购房的时候并不知道李某在实施诈骗行为，但在李某第一次无法按时交付房屋时，孙某向李某提出其佣金从5%提升至10%，并帮助李某寻找各种借口稳住被害人，并大肆宣扬低价购房的事实，为李某再次实施诈骗行为创造了有利条件，客观上起到了帮助作用，亦构成合同诈骗罪。

结合本案，其实骗子的手法并不高明。李某利用了原A房产开发公司的股东、总经理的身份，并以为孙某低价购得了商品房为实例，骗取诸多受害人的信任。而这些受害人没有防范意识，认为目前很多企业存在管理混乱，可以利用企业中的实权人物利用自己的职权假公济私，获得额外的好处，没想到这恰恰是圈套的所在。

49. 倪某偷换商家收款二维码的行为，构成盗窃罪还是诈骗罪？

□ 禚　伟

【案情简介】

2017年11月至12月期间，被告人倪某将事先准备的微信二维码偷贴于商家用于收款的微信二维码上，从而获取顾客通过微信扫描支付给商家的钱款。倪某先后至某彩票店、某五金店、某面馆、某手机维修店内，将事先准备好的二维码张贴在各店用于收款的微信二维码上，其后获取多位顾客支付的共计985元。2018年1月25日，被告人倪某被公安机关抓获，到案后如实供述了上述事实。案发后，被告人倪某通过家属已赔偿上述各被害人相关经济损失，并均已取得各被害人谅解。

【判决结果】

法院审理认为，被告人倪某以非法占有为目的，多次窃取他人财物，其行为已构成盗窃罪，判处被告人倪某拘役4个月，并处罚金1000元。

【律师解读】

《中华人民共和国刑法》第二百六十四条规定："盗窃公私财物，数额较大的，或者多次盗窃、入户盗窃、携带凶器盗窃、扒窃的，处三年以下有期徒刑、拘役或者管制，并处或者单处罚金；数额巨大或者有其他严重情节的，处三年以上十年以下有期徒刑，并处罚金；数额特别巨大或者有其他特别严重情节的，处十年以上有期徒刑或者无期徒刑，并处罚金或者没收财产。"

《中华人民共和国刑法》第二百六十六条规定："诈骗公私财物，数额较大的，处三年以下有期徒刑、拘役或者管制，并处或者单处罚金；数额巨大或者有其他严重情节的，处三年以上十年以下有期徒刑，并处罚金；数额特别巨大或者有其他特别严重情节的，处十年以上有期徒刑或者无期徒刑，并处罚金或者没收财产。本法另有规定的，依照规定。"

针对倪某的行为性质，主要存在两种观点。一种观点认为，被告人倪某系多次盗窃，构成盗窃罪；另一种观点认为，被告人倪某的行为系诈骗性质，因数额没有达到入罪标准，应作无罪判处。

第一，分析财产损失的主体。在本案中的受害者为商家。顾客在购买商品时，按照商家的要求扫描二维码付款，顾客理应按照商家的要求进行，本属双方权利义务关系的应有之意。顾客在扫描二维码之后，进行付款，是完全按照商家要求进行，顾客对二维码是否为商家收款所有不具有审查义务。顾客按照商家要求付完款项视为顾客已完成金钱交付，也已获得商品所有权，倪某更换商家二维码，导致财产损失的主体是商家。

第二，在上述基础之上，分析商家财产损失的原因路径。倪某更换商家二维码，实质上是更换电子交易的方式，使本应进入商家账户的财产转移到倪某手中。在此，需要分析顾客扫码支付钱款时，钱是否为商家占有，若为商家占有，则可以认定倪某通过秘密窃取的方式获得他人财产，且又存在多次的行为，可构成盗窃罪；若此时不能视为商家占有，则无法认定倪某窃取商家的财产。按照一贯思路理解，顾客扫码支付完成结算，此时这种通过电子转账的方式已经将钱款转到倪某手中，商家并未实现占有钱款的状态，即被倪某所占有。但在本案中，值得额外注意的是，顾客扫码支付的过程，是商家实现债权的过程，而这种由债权转化为财产的行为，几乎是等同的，因为一旦确认转出，立即能够实现债权。因此，倪某偷换商家收款二维码，实质上等同于秘密窃取商家的财产，倪某的行为符合盗窃罪的构成要件。

第三，倪某的行为是否构成诈骗罪？持诈骗罪意见者，一种理由为：被告人的行为属于三角诈骗，其通过偷换二维码的手段虚构事实，既欺骗了商家，也欺骗了顾客，使商家和顾客都陷入认识错误，以为该二维码就是商家的收款二维码，顾客据此作出处分财物的行为，商家因此遭受财物损失；第二种理由为：被告人的行为属于一般诈骗，其通过偷换二维码的手段虚构事实，既欺骗了商家，也欺骗了顾客，使商家和顾客都陷入认识错误，以为该二维码就是商家的收款二维码，商家据此指示顾客扫二维码付款，并因此遭受了财产损失，故被告人的行为应构成诈骗罪。无论是何种诈骗，都需要行为人通过虚构事实或者隐瞒真相的方式，使被害人陷入错误认识，被害人基于错误认识主动交付财产。而在本案中，重点在于被害人商家是否基于认识错误主动交付财产。商家指示顾客扫码付款的行为，主观上是为了实现自己的债权，但是并没有将自己享有的对顾客的债权转移给被告人的处分意思，商家自始至终都是认为顾客扫码支付的钱款已经转移至自己的账户。可见，倪某的的行为并不构成诈骗罪的构成要件。

偷换商家收款二维码案是新型支付方式下产生的一类案件，全国范围内已发生多起。此类案件定性争议较大，其复杂之处在于涉及被告人、顾客和商家三方法律关系界定以及涉及与普通盗窃行为在构成要件上的磨合处理。这需要司法者对现有法律法规进行解释与适用，以寻找最优解，最终实现准确打击犯罪和充分尊重保护人权的相互统一。

50. 拒不执行隔离措施，廖某为何被判刑？

□ 郭灿炎

【案情简介】

2020年1月19日，廖某的儿子廖小某从新冠肺炎疫情重点疫区武汉市返回安徽某县，1月22日廖小某出现咽痛、胸闷症状。此时，当地镇政府正全面部署疫情防控工作，组织工作人员对从武汉返乡人员进行摸排登记并要求居家隔离。然而，被告人廖某没有予以高度重视，没有执行有效的疫情防控措施，还隐瞒了儿子廖小某已从武汉回来的消息，于1月25日，在自家经营的“慧姐土菜馆”中，接待来家拜年的客人和生日宴席就餐客人36人，且允许廖小某参与饭店服务活动。1月28日，又接待廖某慧搬家宴请客人14人。并自1月24日起2月4日止，先后多次与他人聚集打牌、赌博、聚餐或乘坐他人车辆，与其密切接触者有十余人。廖某及其子、父亲、妻子不仅感染新冠肺炎，还导致邻居陈某某等7人先后被直接或间接交叉感染新冠肺炎，直接或者间接接触者共计253人被隔离观察。

【判决结果】

被告人廖某犯妨害传染病防治罪，判处有期徒刑一年。

【律师解读】

一、“一人毁掉一座城”现象当杜绝

全国新冠肺炎疫情形势陡然增重，由于这轮疫情由德尔塔变异株引发，控制疫情将变得更难。全国一盘棋，都在积极防控，尤其广大医护工作者和广大市民付出了极大的努力和牺牲。在防控的同时，却出现极不和谐的事件或人物，他们因涉嫌触犯妨害传染病防治罪，也会受到相应的法律制裁。

犹记得2021年年底，沈阳出现了被网友称为“沈阳溜达鸡”的尹某

老人，无视疫情防控政策，几天内密切接触了1.2万人，一人“毁掉”一座城。因此导致约9万人被封闭管控，几乎所有沈阳人的生活和工作都受到了不同程度的影响，小区封闭，学校停课，饭店关门……惨痛教训，让人记忆犹新。

本轮疫情却又重演。“南京老太”毛某宁，其于2021年7月21日从南京到扬州，居住在姐姐家中。到扬州后，其未按防控措施要求，报告南京禄口旅居史，隐瞒行程，并频繁活动于扬州市区多处人员高度密集的饭店、商店、棋牌室、农贸市场等地，致使新冠肺炎疫情在扬州市区扩散蔓延，造成极其严重后果。其本人因出现咳嗽、发热等身体不适症状，于7月27日到医院就诊时被控制。7月28日，被诊断为新冠肺炎确诊病例。因毛某宁涉嫌妨害传染病防治罪，其已被扬州警方立案并采取刑事拘留措施。

二、疫情防控，人人有责

新冠肺炎疫情，是全人类的公敌；防控疫情传播蔓延，是全人类的共同责任。抗击疫情，没有旁观者！在疫情面前，所有人应当休戚与共。如个人行为失范，危害的不仅是自身，还可能牵连无辜的社会大众。配合疫情防控，既是道德义务，也是法律责任。

因此，国家也为疫情防控提供有力的法律保障。法律责任是防控疫情和保护防控成果的后盾，疫情暴发以来，最高人民法院也陆续出台了相关法律法规，坚决打击危害疫情防控的违法犯罪行为。

本案中，廖某违反传染病防治法的规定，不执行卫生防疫机构依照传染病防治法提出的预防、控制措施，引起新型冠状病毒传播及传播严重，其行为构成妨害传染病防治罪。

三、给疫情防控“添堵”，可能产生的法律后果?

1. 故意隐瞒中高风险地区旅居史

《传染病防治法》第十二条规定：“在中华人民共和国领域内的一切单位和个人，必须接受疾病预防控制机构、医疗机构有关传染病的调查、检验、采集样本、隔离治疗等预防、控制措施，如实提供有关情况。”

《刑法》第三百三十条第一款规定：“‘妨害传染病防治罪’违反传染病防治法的规定，有下列情形之一，引起甲类传染病以及依法确定采取甲类传染病预防、控制措施的传染病传播或者有传播严重危险的，处三年以下有期徒刑或者拘役；后果特别严重的，处三年以上七年以下有期徒刑；……（五）拒绝执行县级以上人民政府、疾病预防控制机构依照传染病防治法提出的预防、控制措施的。”

2. 散布疫情谣言

《突发事件应对法》第六十五条规定：“违反本法规定，编造并传播有关突发事件事态发展或者应急处置工作的虚假信息，或者明知是有关突发事件事态发展或者应急处置工作的虚假信息而进行传播的，责令改正，给予警告；造成严重后果的，依法暂停其业务活动或者吊销其执业许可证；负有直接责任的人员是国家工作人员的，还应当对其依法给予处分；构成违反治安管理行为的，由公安机关依法给予处罚。”

《刑法》第二百九十一条之第二款规定：“‘编造、故意传播虚假信息罪’编造虚假的险情、疫情、灾情、警情，在信息网络或者其他媒体上传播，或者明知是上述虚假信息，故意在信息网络或者其他媒体上传播，严重扰乱社会秩序的，处三年以下有期徒刑、拘役或者管制；造成严重后果的，处三年以上七年以下有期徒刑。”

3. 不执行疫情防控管理规定

《治安管理处罚法》第五十条规定：“有下列行为之一的，处警告或者二百元以下罚款；情节严重的，处五日以上十日以下拘留，可以并处五百元以下罚款：（一）拒不执行人民政府在紧急状态情况下依法发布的决定、命令的；（二）阻碍国家机关工作人员依法执行职务的。”及《刑法》第三百三十条第一款规定。

4. 协助无“核酸检测阴性证明”人员离开中高风险地区

主要依据《刑法》第三百三十条第一款规定。

本案属于被告人廖某不执行疫情防控管理规定产生的法律后果。

51. 上司强奸醉酒的女下属未遂，如何量刑？

□ 李岩玲

【案情简介】

被害人小雪是深圳某公司的文员，某日快下班时，其上司宋某称晚上有客户需要招待，让她一起陪一下，期间小雪因喝酒过量出现呕吐和昏睡，宋某叫来朋友开车把他和小雪一起送到酒店。次日早上，小雪发现自己衣服被脱光，并且宋某也在房间内。面对小雪的责问，宋某解释称“前一天晚上她醉酒把衣服吐脏了，帮她把衣服脱下来洗了”。回家后，小雪告知闺蜜和其男友自己可能被性侵，在二人建议下小雪报了警。宋某被抓后，在各种证据面前承认了脱去小雪衣服想要性侵的事实，并供述“自己因为喝酒原因，并未成功”。

【判决结果】

鉴于宋某认罪认罚、积极赔偿受害人且得到谅解，法院以强奸罪（未遂），判处宋某有期徒刑一年二个月。

【律师解读】

近年来，女下属被上司性骚扰或强奸等涉及性侵犯罪多发，被害者需要鼓起勇气选择尽早报警，付之于法律保护。一方面为维护自身的合法权益并免受第二次或更多次伤害；另一方面是为其他无辜女性免受伤害。隐忍不报，只能让施暴者继续有可乘之机而为所欲为。

本案宋某趁小雪醉酒昏睡中，在不知反抗的情况下，违背妇女意志欲对其实施奸淫行为，在案证据支持宋某属酒后客观上不能进行性行为，导致其没有完成强奸行为，依法认定为强奸未遂。

根据我国《刑法》第二百三十六条的规定，以暴力、胁迫或者其他手段强奸妇女的，处三年以上十年以下有期徒刑。按《刑法》第二十三条的规定，犯罪未遂可以比照既遂犯从轻或减轻处罚。且宋某接受认罪认罚、积极赔偿被害人且得到谅解，最终人民法院接受了公诉人的量刑建议，判处宋某有期徒刑一年二个月。

本案的判决有现实指导意义。最近发生的阿里女员工疑遭性侵案尚在刑事立案审查中，性侵案取证难度较大，特别是男上司与女下属是相对熟悉的关系，是否可以认定违背女方意志证据上需要必要的严格审查。阿里女员工对案情的描述与本案有近似之处，属于类案依法，可参照认定。

本案给予警示，女员工要远离男上司的各种理由的灌酒，即便是要丢掉工作，也要保护自己。尊严在前，挣钱在后！

52. 网络上发布、传播虚假信息达到起哄闹事标准，构成何罪？

□ 袁方臣

【案情简介】

2011 年 12 月以来，被告人彭某任山东某银行监事长，其后该银行与其他单位合并组建济南某商业银行，彭某因未进入济南某商业银行领导班子等原因而心生不满，多次通过信访手段以谋求自身利益，相关单位针对信访事项分别进行了调查反馈或答复，但彭某仍不满意。

2019 年 5 月，为向济南某商业银行等单位施加压力，引起舆论关注，彭某付给网络推手王某 12 万元，雇佣其进行网络炒作。

2019 年 6 月，被告人彭某将道听途说、主观推测的信息材料，交由王某加工并经彭某同意后，二人通过昵称为“副监事晓某”的微信公众号、彭某的今日头条账号、“副监事晓某”的百度百家号、“济南某商业银行举报人彭某”的微博账号，在互联网上公开发布题为《实名举报山东厅级干部生活淫乱，银行资产损失近 30 亿元》《丁某某与宗某乙、王某甲与鲁某某均有不正当两性关系并生育子女》《彭某某被违规降级、信访举报无回应》等文章 50 余篇。上述文章被新浪、搜狐、凤凰、腾讯、网易等 10 余家网络媒体转载报道，引发网民大量点击、转发及评论，点击量超过千万人次，严重扰乱了公共秩序。

公诉机关对彭某以涉嫌寻衅滋事罪提起公诉。

【判决结果】

法院以寻衅滋事罪判处被告人彭某有期徒刑四年。

【律师解读】

寻衅滋事罪保护的法益为社会秩序，所谓社会秩序即公共秩序，公共秩序包括公共场所秩序和生活中人们应当遵守的共同准则。随着互联网的发展，信息网络空间也成为公众自由言论、自由活动的公共空间，被列入公共场所的范畴。因此，网络空间中的不法行为可受到寻衅滋事罪的规制。

依据《刑法》第二百九十三条、《最高人民法院、最高人民检察院关于办理利用信息网络实施诽谤等刑事案件适用法律若干问题的解释》第五条，可知："编造虚假信息，或者明知是编造的虚假信息，在信息网络上散布，或者组织、指使人员在信息网络上散布，起哄闹事，造成公共秩序严重混乱的，依照刑法第二百九十三条第一款第（四）项的规定，以寻衅滋事罪定罪处罚。"

该种行为包含两个要素：一是编造虚假信息，或者明知是编造的虚假信息，在信息网络上散布，或者组织、指使人员在信息网络上散布的行为；二是达到起哄闹事标准，即引发了多人参与的公共事端或者形成了多人围观的局面，扰乱了公共秩序。由此可知，在网络空间中传播虚假信息达到起哄闹事的标准，严重扰乱互联网空间秩序，构成寻衅滋事罪。

本案中彭某行为满足网络寻衅滋事罪的上述两要素：一方面，雇佣网络推手在网络上散布其未曾核实的虚假信息；另一方面，发布文章 50 余篇，10 余家媒体报道，点击量超过千万次，引发多人参与，达到起哄闹事的标准，扰乱公共秩序。因此，彭某构成寻衅滋事罪。

53. 张某涉嫌聚众斗殴罪，检察院为何不批捕？

□ 何忠民

【案情简介】

某年3月20日凌晨，犯罪嫌疑人张某应邀同老乡周某、卿某在某酒店大厅喝酒、吃夜宵。其后因口角与三名陌生女青年发生推扯。被保安拉开后，张某等三人上出租车准备离开。这时，其中一名女青年说："你们有本事就在这等着。"于是，张某三人又下车想知道她们想干什么。在她们叫来六七名男青年后，周某怕挨打便从旁边一粉面店内拿了二把汤勺、一把火钳分给二人，并叫来两个保安。对方一男青年掏出一支手枪，张某说："有枪，你敢开枪吗?"持枪男青年对天开了一枪。于是，其身后持有砍刀、铁管的几名男青年便冲上去砍杀张某等人。周、卿二人逃脱。张某逃跑中被人从背后砍倒在地，又被几人围住砍。经法医鉴定，张某的损伤构成重伤。

【处理结果】

检察院采纳了律师意见，对张某作出了不予批准逮捕的决定。

【律师解读】

一、检察院对张某不批准逮捕是正确的

1. 从主观方面看，张某没有聚众斗殴的故意

张某等三人聚在一起是为吃夜宵，不是为斗殴。三人从出租车中下来，主观上只是赌气，想看看那三名陌生女青年想干什么，并没有斗殴的意图。其后，周某拿来汤勺及火钳，并叫来保安，纯粹是因为对方人多，怕挨打。若想打架，根本没有必要叫保安。事实上，对方一冲上来，张某等三人转身就跑，并未与对方对打。

2. 从客观方面看，张某没有斗殴的行为

张某事先与陌生女青年发生推拉，是错误的行为，但并不是斗殴行

为。对方冲上来后，张某在逃跑过程中用手中的汤勺自卫是出于自我保护的本能，也不是斗殴的行为。

其实，张某被砍成重伤，是本案的被害人，也正是以被害人的身份去派出所接受调查时被刑事拘留的。

所以，张某没有聚众斗殴的犯罪事实，检察院对其不批准逮捕是正确的。

二、年轻人在社会生活中不要没事找麻烦

1. 要管住嘴，不要因言惹祸

张某等人对不认识的女青年乱发评论，说别人是卖淫的，是引发此案的源头。

张某等人在此事中接连犯错。一是对不认识的人，本来就不应该评头论足；二是就算评论了，也不能让别人听到；三是不小心被别人听到了，不应该再与别人发生口角、推搡。

可以说，这个矛盾的起因完全是张某等人的轻浮造成的。

2. 不要任性赌气

当张某等三人准备乘出租车离开时，其中一名女青年说："你们有本事就在这等着。"这个时候，最好的做法是赶紧乘车离开。可是，张某等人偏不信邪，还真的从出租车上下来，等在那里。这不是没事找事吗?

3. 不要逞能，看到情况不对，要赶紧离开

当看到对方来了六七人时，应该赶紧跑路。这是避免冲突最后的机会。可是，张某等人还是没有抓住，反而找来工具，并用言语直接挑衅对方。

所以，张某等人虽然不构成聚众斗殴罪，但在看守所被关了十几天，张某本人还被人砍成了重伤。从某种角度来说，这都是他们咎由自取，不值得同情。

三、年轻人要树立正确的价值观

俗话说："祸福无门，唯人自召。"

价值观是一个人行为的指南。如果价值观错了，其行为也往往难以被社会大众所接受，其后果是在社会上处处碰壁、寸步难行。如果价值观对了，则容易被人认可和接纳。一个人是要积福，还是招祸，关键就看其选

择什么样的价值观了。

年轻人出门在外，不要以无事生非、好勇斗狠为荣。这种江湖习气，只存在于影视作品中，与现代社会格格不入。

年轻人要适应时代要求，让自己的人生之路走得顺畅，应当树立社会主义核心价值观，做遵纪守法、礼貌待人、自觉维护社会公德的好公民。

54. 董事长“实锤”总经理，是否构成犯罪？

□ 袁方臣

【案情简介】

2021 年 1 月 6 日，大连市某公安局接到报警，某信托办公楼内发生一起故意伤害案。据了解，因工作产生矛盾，某信托董事长董某（男，64 岁）在大连办公楼的电梯里，使用锤子打伤本公司总经理王某（女，54 岁），致其头部和鼻子等多处出血。随后王某被送往医院进行救治，全身有 14 处伤，被诊断为轻伤一级。

【处理结果】

王某住院治疗，犯罪嫌疑人董某被警方依法刑事拘留。

【律师解读】

故意伤害罪规定在《中华人民共和国刑法》第二百三十四条，故意伤害他人身体的，处三年以下有期徒刑、拘役或者管制。本罪侵犯的客体是他人的身体权，因而故意伤害自己的身体，一般不认为是犯罪。自伤行为在某些情况下可能构成其他犯罪，如：为骗取保险赔偿金而伤害自己身体，可能构成保险诈骗罪；军人战时为逃避军事义务而伤害自身，可能构成战时自伤罪。

本罪在主观方面表现为故意，即行为人明知自己的行为会造成损害他人身体健康的结果，而希望或放任这种结果的发生。本案中，董某明知自己的行为会造成王某身体受损，有伤害的故意。如果是两人斗殴，双方都有伤害对方的故意，一般也不认定为正当防卫。至于行为人事先对于自己的行为能给对方造成何种程度的伤害，不绝对要求有明确的认知和追求，无论何种程度的伤害都在行为人的犯意之内。特殊情况在于出现被害人死亡的情形，此时，行为人的罪过不是单一的，即行为人对伤害结果是故意的且对死亡结果是过失的，才成立故意伤害（致人死亡）罪；如果行为人对死亡结果都是故意的，则直接成立故意杀人罪。

伤害结果的程度不同，也直接影响是否构成本罪。一般而言，故意伤害罪中的伤害，指轻伤、重伤以及死亡，不包括轻微伤在内。即如果只是一般性的打架推搡，造成轻微伤，是不构成故意伤害罪的。本案中王某被诊断为轻伤一级，已经满足伤害条件。当然，伤害程度不同也会影响量刑轻重，根据《刑法》第二百三十四条第二款的规定，故意伤害致人死亡或者以特别残忍手段致人重伤造成严重残疾的，可以判处十年以上有期徒刑、无期徒刑甚至死刑。

本案中，双方均在同一家公司上班，虽引起冲突的真实原因目前尚不明确，据推测是公司业务管理发生矛盾、意见不一引发的肢体冲突。行为人董某有可能是因愤怒一时冲动伤害了王某，虽有故意，但董某的主观恶意性并不大。鉴于两人的同事关系，结合王某轻伤的伤情考虑，董某如果取得王某的谅解，两人达成和解协议，本案以和解结案的可能性颇大。

55. 魏某某因诈骗罪一审判处无期徒刑，二审为何改判十一年？

□谭　淼

【案情简介】

被告人魏某某于2013年至2017年1月间，以某教育机构名义招收数名学生，被告人魏某某虚构教育机构实力诱骗被害人加入其“书生家庭”，其后谎称该教育机构具有通过文物引导、复制伟人思想的能力及特殊文物来源，诱骗被害人为给其孩子搭建教学环境，而从被告人魏某某处高价购买物品。被告人魏某某的上述诈骗行为与被害人遭受财产损失之间有直接的因果关系，其诈骗行为环环相扣，不断加深和强化被害人的错误认识，最终实现其诈骗目的。其中就有被害人郭某某一家三口。被告人魏某某通过宣扬封建迷信思想等手段，以需要使用文物等物品对孩子进行培养为由，向被害人出售事先低价采购的物品，骗取被害人3600余万元。被告人魏某某购买上述物品实际支出539万元。

【判决结果】

一审判决：魏某某的行为构成诈骗罪成立，诈骗金额3000余万元，判处无期徒刑，剥夺政治权利终身，没收个人全部财产。

二审判决：魏某某的行为构成诈骗罪，判处无期徒刑改为十一年，剥夺政治权利二年，并处罚金十一万元。

【律师解读】

无论是控方，还是辩方，都应当围绕因果关系展开攻防。有罪指控必须证明犯罪行为与犯罪结果之间有着直接的因果关系，而无罪辩护则需要“证明”犯罪行为与犯罪结果之间并无直接的因果关系。尽管控方与辩方采用同一个逻辑，但各自看到的“事实”却不尽一致，各自的结论更是大相径庭。

控方认定的事实：1. 被告人向被害人作了封建迷信的虚假宣传；2. 被害人从被告人处高价购买了大量家具；3. 这些家具实际上是被告人事先低价采购的，并不值那么多钱。

笔者作为被告人魏某某的二审辩护人，并不否认控方认定的三点事实，而是在控方认定的事实范围内提出一个新问题：被告人销售的家具共计24件，其中中式家具5件，欧式家具19件，辩护观点是，中国的封建迷信是不可能欺骗被害人购买欧式家具，故被告人向被害人宣传封建迷信，与被害人购买欧式家具之间，并无法律上的因果关系。

本案辩护思路有以下五步：

第一步确定辩护的出发点。客观存在的“犯罪结果”应该是本案辩护的出发点，即被害人所购买的24件家具。

第二步是对“犯罪后果”进行深入分析。首先是定性分析，即确认被害人购买的家具有中式家具和欧式家具两种；其次做定量分析，即被害人购买了中式家具5件，欧式家具19件。

第三步就是由“果”溯“因”。确定“犯罪结果”之后，就要追问“犯罪原因”，也就是追问控方给出的犯罪原因，即“中国的封建迷信”。

第四步就是考察“因”与“果”的“关系”，即审查控方认定的“犯罪原因”与客观存在的“犯罪结果”之间是否存在“因果关系”。行文至此，我们很容易发现一个严重问题，即被告人宣扬的中国的封建迷信，怎么可能欺骗被害人购买欧式家具，中国封建迷信与欧式家具之间，怎么可能存在因果关系呢?

第五步就是进一步考察被害人的身份，研究其被害性。被害人拥有高学历和丰富的人生阅历，毕业于北京一所985大学，获工学硕士，卫星导航专业，一个“仰望星空”的专业。其社会职务是上市公司老总。拥有这样的知识背景和社会背景的人竟然会被中国的封建迷信所欺骗，多少有点让人难以置信。

笔者的辩护意见得到了二审法院的高度重视。二审判决书的“本院认为”部分明确指出：“本案的核心争议焦点在于，被害人是否因上诉人的诈骗行为陷入错误认识及具体陷入何种错误认识……根据一审判决书认定的事实，被害人被诈骗的因素主要是上诉人实施了以下三个行为：第一是虚构教育机构实力，第二是宣扬封建迷信思想，第三是宣扬使用文物对孩子成长的促进意义。从一审判决所列举的各项证据来看，上诉人确实存在夸大教育机构实力的情况，也有一些封建迷信言论，但这只是上诉人渲染自身能力，骗取被害人信任的手段，但不足以成为被害人陷入错误认识购买物品的直接原因。从某种意义上说，被害人在接触上诉人之前，对这些封建迷信言论早已陷入错误认识，而并非上诉人的宣扬行为所导致，更何况，公诉机关并未将众多学生因教学活动而支持的高昂学费指控为诈骗金额。”

刑法上的因果关系是指危害行为与危害结果之间的一种引起与被引起

的关系。其中的“引起”者是原因，“被引起”者是结果。而张明楷教授《刑法学（第六版）》特别强调，因果“关系”本身不包括原因与结果，只包含二者之间的引起与被引起的关系。

“因”与“果”均是客观之物，我们既不必否定“果”的存在，也不必否定“因”的存在，而应思考“因”与“果”是否有“关系”。如果有“关系”，那么是刑法意义上的“因果关系”，还是“其他”关系。因果关系是客观的，不以人的意志为转移的。但因果观念是主观的，它是人类对客观事物因果关系的主观反映。既然是主观反映，就有一个对错问题。科学的认识，能够准确反映客观的因果关系；而错误的认识，则不可能准确反映客观的因果关系。在本案中，笔者既没有否定“果”的存在，也没有否定“因”的存在，而是直接否定了控方认定的因果“关系”，从而取得了良好的辩护效果。

56. 潜入情人家中寻找纪念品，一无所获为何被判刑？

□ 郭灿炎

【案情简介】

李某某是一名网络主播，她与陆某某在直播间相识，因对方刷了几次大额礼物，并一直对她表达好感，两人便逐渐发展为情人关系。因李某某丈夫高先生平时工作较忙，不常回家，李某某便将约会地点选在自己家中。由于害怕被旁人看到，陆某某赴约从来不走正门，都是直接翻窗进入。

2020 年 7 月 12 日，二人偷情被李某某丈夫发现。当晚，李某某打电话给陆某某，表示要和他分手，而丈夫会将自己送回老家。陆某某不甘心，他想要去情人家中看看她是否真的离开。7 月 22 日晚，陆某某再一次熟练地翻窗而入，发现确实没有任何人，便想着从李某某家中翻找一些对方的私人照片或饰品留作纪念。于是他将情人家中的橱柜、茶几、抽屉翻了个遍，没见到情人的物品，又慌张地从窗户翻出去了。

陆某某以为自己神不知鬼不觉，却不曾想，这一切都被高先生家中的监控录像记录下来。7 月 23 日，高先生回家后发现自己家中有被翻动的痕迹，报警遂案发。

【判决结果】

法院以陆某某犯非法侵入住宅罪，判处陆某某有期徒刑六个月。

【律师解读】

一、什么是非法侵入住宅罪？住宅包括哪些？

《中华人民共和国刑法》第二百四十五条第二款规定：“非法侵入住宅罪，是指违背住宅内成员的意愿或无法律依据，进入公民住宅，或进入公民住宅后经要求退出而拒不退出的行为。”我国《宪法》第三十九条规定：“中华人民共和国公民的住宅不受侵犯。禁止非法搜查或非法侵入公民的住宅。”这一规定是《刑法》第二百四十五条之规定的宪法渊源。

这里的住宅是指广义的住宅，只要是以居住为目的的封闭空间都应视为住宅，不管是私有、公有、共同共有、借住或租住等。它可以是公寓式的商品房、独门独院的洋房、没有围墙的房屋，也可以是临时的棚子、帐篷、小木屋等。结合我们生活及工作的特点，住宅不仅限于地上建筑物，一些特定的供人居住和生活之用的空间，也应视为住宅。例如作为运输或用于捕鱼的船只，其既是生产工具，又是生活居住的空间，也可作为住宅，再如前店后铺的小店，在小店关门休息时，也是住宅。

本案中，受害人居住的是四面封闭的商品房屋，属于典型的城市中的住宅，被告人在情人告知分手后仍擅自闯入其住宅，侵犯了受害人合法权益，应当受到法律制裁。

二、一无所获为何还要被判刑？

非法侵入住宅罪是行为犯，行为人只要未经住宅主人同意，非法强行闯入他人住宅或者经要求退出仍无故拒不退出的，原则上就构成本罪，应当予以立案追究。不像结果犯，就如盗窃罪必须盗窃取得财物才能构成犯罪。

本案中，被告人翻墙越入受害人家中翻箱倒柜时，已经侵犯到受害人的正常生活和隐私，即使未找到情人的纪念物品，未达到目的，但已经构成非法侵入住宅罪。

三、非请勿入非儿戏

住宅，是我们居住、生活的处所。非法侵入他人住宅必然会使他人的正常生活受到干扰，不但侵犯了他人私有财产的所有权，也侵犯了他人隐私和自由。国家立法保护个人住宅，既是为保护个人私有财产所有权，也是为保护个人隐私和自由，是对个人人权保护的具体体现，也是贯彻《宪法》精神的体现。

近年来，采用过激手段处理感情纠纷的犯罪案件逐渐增多。根据法律规定，任何人都不得违背住宅内成员的意愿或无法律依据进入公民住宅，切勿因为一时的感情冲动而触犯法律，否则必将受到法律的惩处。

日常生活中，出现纠纷并不稀奇，关键是遇到纠纷应当保持理智，通过协商、调解、诉讼等途径去解决。如果采取擅闯民宅、故意损毁他人财物或侵害他人合法利益等不理智行为和方式进行所谓的“讨要说法”，不仅不能及时解决问题，容易使矛盾扩大，而且扰乱了正常的社会秩序，也会为法律所不容。

57. 夏某等犯罪集团为何构成黑社会性质组织？

□ 禚 伟

【案情简介】

2001 年底，被告人夏某先后承包湘阴县石湖包、响水坎和沅江市下塞湖的湖洲经营芦苇。为非法控制湖洲水域内的渔业、矿业资源，夏某以沅江市某有限公司（后更名为湖南某食品有限公司）为依托，纠集其弟夏某某组织人员修建矮围，在矮围内外非法捕鱼、采砂，并指使组织成员通过殴打、辱骂、恐吓、强拿硬要、毁坏、侵占他人财物等手段，不准其他人员到其划定的围湖范围内捕鱼、钓鱼和采砂。夏某及其组织成员先后7次勒索他人钱款人民币400余万元；非法采砂获利2200余万元，造成矿产资源损失和产生修复河床结构等费用3100余万元；采用修建矮围围湖等非法方式捕捞野生鱼，非法获利1600余万元，造成直接渔业经济损失840余万元、生态环境损失2500余万元；骗取贷款840万元；诈骗畜禽退养补偿款80余万元；先后22次向湘阴县、沅江市的国家工作人员邓某（另案处理）等6人行贿200余万元。

【判决结果】

主犯夏某犯组织、领导黑社会性质组织罪、非法采矿罪、非法捕捞水产品罪等8罪，数罪并罚，被判处有期徒刑二十五年，剥夺政治权利五年，并处没收个人全部财产。其他被告人被分别判处十六年至二年零三个月的有期徒刑。该犯罪组织违法犯罪所得4000余万元予以追缴、没收或者责令退赔。

【律师解读】

《中华人民共和国刑法》第二百九十四条规定："组织、领导黑社会性质的组织的，处七年以上有期徒刑，并处没收财产；积极参加的，处三年以上七年以下有期徒刑，可以并处罚金或者没收财产；其他参加的，处三年以下有期徒刑、拘役、管制或者剥夺政治权利，可以并处罚金。"黑社会性质的组织应当同时具备以下特征：

（一）形成较稳定的犯罪组织，人数较多，有明确的组织者、领导者，骨干成员基本固定；

（二）有组织地通过违法犯罪活动或者其他手段获取经济利益，具有一定的经济实力，以支持该组织的活动；

（三）以暴力、威胁或者其他手段，有组织地多次进行违法犯罪活动，为非作恶，欺压、残害群众；

（四）通过实施违法犯罪活动，或者利用国家工作人员的包庇或者纵容，称霸一方，在一定区域或者行业内，形成非法控制或者重大影响，严重破坏经济、社会生活秩序。

在上述案件中，犯罪组织人数众多，结构严密，层级分明，分工明确，有组织地实施寻衅滋事、敲诈勒索、非法采矿、非法捕捞水产品、骗取贷款、行贿等违法犯罪活动，在当地欺压群众，称霸一方。夏某利用沅江市、益阳市、湖南省人大代表身份插手漉湖芦苇场下属管理区的人事安排，侵蚀基层政权，严重破坏了洞庭湖的生态环境和当地经济、社会生活秩序，已同时具备黑社会性质的组织的四个特征。

对于黑社会性质组织的认定思路分析如下：

第一步，“非联因素排除性”（又称“形式表征符合性”），对涉黑性质犯罪组织的形式表征进行判断。从客观行为以及主观目的两个方面对组织状态、经济状况以及行为表现进行判断，避免将非涉黑性质的行为纳入判断范畴，阻却非涉黑性质的行为，对形式表征内容的过滤为下一步具体形式程度上的认定打下基础。

在步骤一中，重点判断何种行为属于涉黑性质犯罪组织范畴内的组织状态、经济实力和行为表现，主要从客观表现和组织成员主观心理状态进行认定。在这一过程中存在的问题是，范畴需要依据一定的时间界限进行划分，涉及到黑社会性质犯罪组织成立的时间的认定。在认定过程中，往往一旦认为某组织具有涉黑性质，那么就开始以时间为轴线开始回溯搜集该组织成员各种违法犯罪行为，从而将各行为贴上涉黑标签，若不厘清黑社会性质组织成立的时间，容易将非涉黑性质的行为纳入认定范畴，有违罪刑法定原则。

第二步，“具体形式符合性”，对涉黑性质犯罪组织在形式表征符合性的基础上进行形式程度符合性的判断。判断内容为组织状态、经济状况以及行为表现是否达到《刑法》第二百九十四条所规范的标准，具体形式符合认定标准的组织，原则上肯定组织在形式上的涉黑性。

在步骤二中，重点判断涉黑性质犯罪组织在组织状态、经济实力和行为表现方面的程度是否达到《刑法》第二百九十四条所规范的标准。在这一过程中存在的问题是，组织特征、经济特征以及行为特征在法律适用过程中，其自身存在着一定的争议。比如组织特征面临着组织人数的最低数量标准、结构的层级标准，经济特征面临着经济实力的最低限度标准，行为特征面临着行为种类和次数的问题。解决上述问题：一方面，需要从特征自身的功能性出发进行认定；另一方面，结合非法控制特征对危害结果的标准来判断，因为能够造成非法控制特征中危害结果的条件，自然属于特征的具体认定标准之内。

第三步，“实质侵害涉黑性”，对涉黑性质犯罪组织的本质特征进行判断。在组织具体形式的基础上判断非法控制的程度，避免将欠缺非法控制特征的组织认定为黑社会性质组织，最终实现完整意义上对犯罪组织的判断。

在步骤三中，重点判断涉黑性质犯罪组织对刑法保护法益的实质侵害性。但是在这一过程中存在的问题在于，形式的判断与实质判断的衔接处容易出现脱节的情形。由于黑社会性质组织四个特征的相对孤立性，在认定过程中很容易将行为与四个特征关系割裂开来，只要犯罪组织实施的各个违法犯罪行为分别符合这即可，从而将全部违法犯罪行为串联，出现拼凑认定黑社会性质组织现象。因此，在这一过程中，要求经济特征、行为特征中的“违法犯罪活动”应与非法控制特征中的“违法犯罪活动”具有同一性，避免出现为了认定犯罪组织成立而拼凑堆砌其他行为的现象。

58. 胡某某拒不支付工资，为何被判处有期徒刑一年？

□ 袁方臣

【案情简介】

被告人胡某某于2010年12月分包了位于成都市某镇的某山一期景观工程的部分劳务工程，之后聘请了多名民工入场施工。2011年6月5日工程完工后，胡某某以工程亏损为由拖欠李某某等20余名民工工资12万余元未支付。2011年6月9日，某县人力资源和社会保障局责令胡某某支付拖欠的民工工资，胡某某于当晚订购机票并在次日早上携妻乘飞机逃匿。

6月30日，四川某园林工程有限公司代胡某某垫付民工工资12万余元。2011年7月12日，被告人胡某某在浙江省某市被抓获。

【判决结果】

法院经审理认定，被告人胡某某犯拒不支付劳动报酬罪，判处有期徒刑一年，并处罚金人民币二万元。

【律师解读】

本案案情虽然简单，事实清楚，被告人胡某某在开庭审理过程中亦无异议并认罪，但本案涉及拖欠民工工资，属于民众关注的热点，因此选择对其进行分析。拒不支付劳动报酬罪，规定在《中华人民共和国刑法》第二百七十六条中。本罪是故意犯罪，后文主要分析本罪的构成要件。

首先，本罪的行为主体是有义务向他人支付劳动报酬的自然人与单位，既包括用人单位的实际控制人，也包括不具备用工主体资格的个人与单位。因此，本案被告人胡某某虽然不具有合法的用工资格，又属没有相应建筑工程施工资质而承包建筑工程施工项目，且违法招用民工进行施工，但不影响胡某某成立本罪的合格的行为主体。

其次，本罪的行为内容为拒不支付劳动报酬，法条将其分为两种类型：（1）以转移财产、逃匿等方法逃避支付劳动者的劳动报酬；（2）有能力支付而不支付劳动者的劳动报酬。本罪的实质是不履行支付劳动报酬的义务，属于不作为犯，以行为人有支付能力为前提。结合本案，施工期间，被告人胡某某累计收到发包人支付工程款51万余元，已超过结算时确认的实际工程款。因此，被告人胡某某具有支付李某某等20余名民工工资12万余元的能力，满足本罪的前提条件。

此外，成立本罪还要求数额较大。根据《拒付案件解释》，具有下列情形之一的，应当认定为“数额较大”：（1）拒不支付1名劳动者3个月以上的劳动报酬且数额在5000元至2万元以上的；（2）拒不支付10名以上劳动者的劳动报酬且数额累计在3万元至10万元以上的。本案被告人胡某某拖欠李某某等20余名民工工资12万余元，达到数额较大的程度。

同时，根据刑法规定，只有经政府有关部门责令支付仍不支付的行为，才构成本罪。本案，胡某某在某县人力资源和社会保障局已责令其支付拖欠的民工工资的情况下仍拒不履行支付义务，反而借机逃匿，因而构成本罪。

综上，被告人胡某某的行为触犯刑法，构成拒不支付劳动报酬罪。

59. 贾某贩卖淫秽物品，判决为何没有采纳检察机关量刑意见？

□ 程立浩

【案情简介】

2020 年 8 月至 10 月间，被告人贾某在陕西省西安市莲湖区家中，将搜集到的淫秽视频及图片转存到百度网盘中，在“暗网”通过有偿分享链接的方式贩卖，先后获取违法所得一万余元。因百度在线网络技术（北京）有限公司举报线索而案发。被告人贾某被公安机关查获归案，涉案手机、内存条及硬盘被扣押。经鉴定，其存于百度网盘中的淫秽视频数量为 5727 部、淫秽图片数量为 3216 张。公诉机关提交了证人证言、鉴定意见、被告人供述等，认为被告人贾某为谋私利，贩卖淫秽物品牟利，情节特别严重，其行为触犯了《中华人民共和国刑法》第三百六十三条第一款之规定，犯罪事实清楚，证据确实、充分，应当以贩卖淫秽物品牟利罪判处有期徒刑十年至十一年。

【判决结果】

被告人贾某犯贩卖淫秽物品牟利罪，判处有期徒刑四年，罚金人民币一万元。

【律师解读】

本案属于法院突破检察机关量刑建议，大幅降低被告人量刑的案例，属于笔者辩护成功案例。随着互联网的普及、网络云盘的出现便利了数据的传输，这时候单纯适用之前司法解释规定的数量对贩卖淫秽物品的行为量刑，而不综合考虑传播范围、违法所得等情况，容易出现量刑畸重的情况。本案中，贾某在3个月内时间贩卖所得仅仅为1万余元，其违法所得较少，且涉案时间短，所产生的危害性还达不到10年以上的量刑，这时候机械的适用司法解释规定，以贩卖淫秽物品数量量刑，便容易出现量刑畸重的情况。

《最高人民法院、最高人民检察院关于利用网络云盘制作、复制、贩卖、传播淫秽电子信息牟利行为定罪量刑问题的批复》的出台也是为了改变这种情况所作出的，但是在实践应用过程中，检察机关仍然会出现机械适用的情况。出现这种情况的原因在于综合考虑涉案时间，传播范围，违法所得，这几点同时又相互影响，其实很难精准界定和评估，所以量刑很难做到精准。在这种情况下，除了法律意见之外，我们需要帮助检察官找到理由和提供一个适合的量刑范围，提前的沟通就显得十分重要。

查找判例，尤其是类案检索，提供精准的量刑范围，加上一定的法律依据，从轻、减轻的理由，这些都是能够和检察官沟通的重要工具。

本案中，如果按照贩卖淫秽物品的数量论，贩卖250部以上淫秽物品便属情节特别严重的情形，涉案淫秽物品数量已经超过了5000部，可以说量刑10年以上是合法的。但同时，网络云盘的存储量，使得现在淫秽图片和视频的传播，大多数肯定会超过250部，如果机械依照司法解释量刑，则一般传播淫秽物品会超过强奸、抢劫等犯罪的量刑，这本身就是不符合一般人的认知的。批复的出台也是为了防止这种情况的产生。综合考虑犯罪的社会危险性等理由，让法院突破量刑幅度，在10年以上的量刑幅度内降了一个档次，也是在3年到10年这一区间中进行比较轻的量刑。可见，如果我们找到理由提供给法院，法院也会综合考虑案件的社会效果，作出一个比较符合一般人认知，适用比较恰当的刑罚裁量结果。

60. 违规披露虚假财务会计报告，如何量刑？

□ 陈晓华

【案情简介】

上海A公司（2019年终止上市），依法负有信息披露义务。2014年间，被告人郑某某（时任该公司副董事长、总经理）为显示A公司年度报告盈利，授意被告人陆某2（时任A公司总会计师）、沈某某（时任能源公司总经理）等人虚增利润。当年，A公司采用与其他公司开展无实物交割、资金闭环的虚假贸易，并违规延期结转成本费用的方式，虚增主营业务收入和利润。其间，沈某某指使被告人顾某某（时任能源公司商务经理）制作虚假合同、单据开展虚假贸易；被告人高某某（时任A公司副总会计师、财务部总经理）负责虚假贸易合同审核及资金流转；被告人王某2（时任A公司总工程师、采购中心负责人）负责虚假采购合同审批；陆某2负责虚假贸易合同审批并将虚假财务数据编入2014年财务报告。2015年3月，被告人郑某某、陆某2和王某2明知财务报告虚假，仍对2014年年度报告书面确认。被告人郑某某、陆某2、高某某在虚假财务报告上签字确认。同年3月20日，A公司将上述虚假财务报告在2014年年度报告中对外披露。经鉴定，A公司共计虚增主营业务收入人民币12,295.28万元（以下币种均为人民币），虚增利润1,810.35万元，虚增利润占当期披露利润总额的133.61%，将亏损披露为盈利。

【判决结果】

被告人郑某某、陆某2、沈某某、高某某、顾某某犯违规披露重要信息罪，判处有期徒刑或拘役，并处罚金共人民币五十三万元。

【律师解读】

一、本案适用刑法修正案（十一）之前的规定

该案A公司各被告人触犯的是《刑法》第一百六十一条规定的违规披

露、不披露重要信息罪。该条被 2020 年 12 月 26 日出台的《刑法修正案（十一）》修改。修改之前规定："依法负有信息信息披露义务的公司、企业向股东和社会公众提供虚假的或者隐瞒重要事实的财务会计报告，或者对依法应当披露的其他重要信息不按照规定披露，严重损害股东或其他人利益，或者有其他严重情节的，对其直接负责的主管人员或者其他责任人员处以 3 年以下有期徒刑或拘役，并处或单处 2 万以上 20 万以下罚金。"由于本案发生在《刑法修正案（十一）》修改之前，因此适用该条修正之前的规定。即各被告人可判处的最高刑期是三年，可罚的金额最高是 20 万元。

二、本案的追诉标准的认定

根据前述司法会计鉴定的事实：上海 A 公司 2014 年共计虚增主营业务收入人民币 12,295.28 万元，虚增利润 1,810.35 万元，虚增利润占当期披露利润总额的 133.61%，将亏损披露为盈利。根据 2010 年《最高人民检察院公安部关于公安机关管辖的刑事案件立案追诉标准的规定（二）》第六条第七款规定"（七）在公司财务会计报告中将亏损披露为盈利，或者将盈利披露为亏损的"，本案鉴定结果完全符合以上立案追诉的规定，严重损害了股东或者其他人的利益。

三、本案裁判结果为何如此之轻

一是本案发生在 2014 年至 2015 年，适用《刑法修正案（十一）》之前的条文，处罚较轻。二是各被告人有自首和诸多从轻量刑情节，其中被告人陆某 2、王某 2、顾某某是自首，被告人郑某某、沈某某、高某某是坦白，依法均可以从轻处罚。六名被告人均自愿认罪认罚，且均已缴纳了罚款或罚金，可以从宽处理。

四、《刑法修正案（十一）》之后此类案件处罚将会更严厉

《刑法》第一百六十一条经《刑法修正案（十一）》修改后是这样规定的："依法负有信息披露义务的公司、企业向股东和社会公众提供虚假的或者隐瞒重要事实的财务会计报告，或者对依法应当披露的其他重要信息不按照规定披露，严重损害股东或者其他人利益，或者有其他严重情节的，对其直接负责的主管人员和其他直接责任人员，处五年以下有期徒刑或者拘役，并处或者单处罚金；情节特别严重的，处五年以上十年以下有

期徒刑，并处罚金。前款规定的公司、企业的控股股东、实际控制人实施或者组织、指使实施前款行为的，或者隐瞒相关事项导致前款规定的情形发生的，依照前款的规定处罚。犯前款罪的控股股东、实际控制人是单位的，对单位判处罚金，并对其直接负责的主管人员和其他直接责任人员，依照第一款的规定处罚。”前后对比可见《刑法修正案（十一）》将处罚刑期最高三年有期徒刑改为了五年，增加了情节特别严重情形可以处 5 年以上十年以下有期徒刑，并取消了罚金 20 万的限制。同时还增加了前述两款内容作为其第二款、第三款，加强了对公司、企业控股股东、实际控制人的违规披露或不披露重要信息的控制。这对资本市场的发展有重要促进作用，有利地保护了投资者、股东和其他债权人的利益。同时意味着，未来相关信息披露主体包括公司、企业控股股东、实际控制人触犯此类犯罪，将会得到更加严厉的处罚。不排除有很多判处 5 年以上 10 年以下、罚金 1000 万的案例出现，大家务必注意。

五、本案对当下上市公司信息披露的意义

本案是一起典型的上市公司主要负责人主导的联合其他直接责任人员实施违法行为的财务造假违规披露案，随着《刑法修正案十一》的修改实施，此类案件的处罚力度会加大。类似此事件的发生具有警示意义：上市公司负责人及其控股股东、实际控制人要在财务数据和其他重要信息的披露上，需要保证数据和信息的真实、可靠，不进行虚假披露、损害他人利益。

61. 检察院撤诉、不起诉，李某酒驾为何无罪？

□杨　松

【案情简介】

2020 年 11 月 10 日晚，云南某县级市公安局民警在 A 处开展道路交通维护指挥管理。21 时 13 分民警发现一辆车牌号为 YYYYYYY 的小型轿车由南向北行驶，当行驶至 A 处时，被执勤民警查获李某有酒驾嫌疑。执勤民警将李某带到医院，由医护人员提取血液后送检，检验鉴定结论为：血液中乙醇含量为158.42mg/100ml。公安机关以李某涉嫌危险驾驶罪，于2021年1月8日向检察机关移送审查起诉。检察机关于2021年1月15日以李某涉嫌危险驾驶罪向人民法院提起公诉。

【处理结果】

2021年2月2日，检察机关以非法证据排除为由向法院申请对李某撤回起诉，并作出不起诉决定。

【律师解读】

阅卷过程中，笔者认真核对侦查机关出具的《查获经过》、犯罪嫌疑人供述、李某（化名）的人车照片、呼出气体酒精含量检测的照片、血样抽取过程的照片及《司法鉴定意见书》等卷宗材料，发现如下疑点：

1. 证据卷中第40页至43页民警所述《查获经过》中的民警人数与86页至88页照片拍摄人、制作人不一致；

2. 检材送检验收时间先于司法鉴定机构的聘请时间，是瑕疵还是程序违法问题，以及期间检材储存环境与条件是否符合法律规定有待进一步核实；

3. 证据卷《当事人血样提取登记表》医务人员填写一栏明确“医务人员在对李某血样的提取过程中使用的消毒液为‘安尔碘’”。

针对以上疑点与当事人进行沟通、核实，进一步分析和判断后，确定了疑点3对本案的关键性作用。针对疑点3的相关内容，笔者查询了与“安尔碘”有关的知识及血样抽取的相关标准，咨询了具有专业知识的医护人员及鉴定工作人员，并到案发时抽取血样的医院走访咨询，通过案发当天抽取血液科室的医护人员了解到本案确实是用“安尔碘”对李某（化名）进行皮肤消毒，且该消毒液中确实含有酒精成分——乙醇含量为54%—66%（V/V），我们及时对上述证据进行取证固定。

通过以上的工作，笔者确定了本案中对李某抽取血样时医护人员使用的安尔碘皮肤消毒剂含有乙醇等有效成分，且乙醇的成分占比较高，送检血样在提取时使用含有乙醇的“安尔碘”进行消毒违反了《中华人民共和国国家标准〈车辆驾驶人员血液、呼气酒精含量阈值与检测〉（GB19522）》5.3.1强制性标准的规定，属收集证据程序违法。有了此前毒品案件中从毒品收集程序违法入手排除非法证据成功的经验，我们最终确定本案的辩护思路为非法证据排除后的无罪辩护，就“安尔碘”问题向检察机关承办人提交了《律师辩护法律意见》书，并向法院提出《非法证据排除申请书》。经过多次的交流和沟通最终说服检察官排除了上述程序违法的非法证据，最终检察机关以该案事实不清、证据不足，不能证明犯罪嫌疑人李某（化名）驾驶车辆时达到醉驾标准，不符合起诉条件，作出不予起诉的决定。

62. 行贿六十九万元，为何只判十个月有期徒刑？

□ 温奕昕

【案情简介】

2020年5月21日至26日，被告人王某以帮助李某的朋友办理取保候审为由，先后向李某索要人民币六十九万元，其后王某将其中的60万元用于归还个人债务等。2020年5月26日，王某为办理李某的朋友取保候审一事，在本市某派出所附近向警察（另案处理）行贿人民币9万元。2020年5月30日，警察将上述钱款退予王某的亲属，其后王某在其亲属的帮助下，于立案前向李某退还人民币六十九万元。2020年6月23日，王某被公安机关抓获并如实供述了上述犯罪事实。

【判决结果】

被告人王某犯行贿罪，判处有期徒刑十个月，并处罚金十万元。

【律师解读】

行贿罪是指为谋取不正当利益，给予国家工作人员、集体经济组织工作人员或者其他从事公务的人员以财物的行为。行贿罪往往是行贿人为了获取各种利益而行贿的。本案中被告人王某为谋取不正当利益（帮朋友办理取保候审）给国家工作人员警察9万元财物，其行为已构成行贿罪，应予惩处。《刑法》第三百九十条规定：“（行贿罪的处罚规定）对犯行贿罪的，处五年以下有期徒刑或者拘役，并处罚金；因行贿谋取不正当利益，情节严重的，或者使国家利益遭受重大损失的，处五年以上十年以下有期徒刑，并处罚金；情节特别严重的，或者使国家利益遭受特别重大损失的，处十年以上有期徒刑或者无期徒刑，并处罚金或者没收财产。”《最高人民法院、最高人民检察院关于办理贪污贿赂刑事案件适用法律若干问题的解释》第七条规定：“为谋取不正当利益，向国家工作人员行贿，数额在三万元以上的，应当依照刑法第三百九十条的规定以行贿罪追究刑事责任。”本案中，被告人王某为了帮助李某的朋友违规办理取保候审这一不正当目的，向李某索要69万元用于行贿，因此应当追究刑事责任。

量刑既要考虑被告人所犯罪行的轻重，又要考虑被告人应负刑事责任的大小，做到罪责刑相适应，实现惩罚和预防犯罪的目的。量刑应当贯彻宽严相济的刑事政策，做到该宽则宽、当严则严，宽严相济，罚当其罪，确保裁判政治效果、法律效果和社会效果的统一。《刑法》第三百九十条第二款规定：“行贿人在被追诉前主动交待行贿行为的，可以从轻或者减轻处罚。其中，犯罪较轻的，对侦破重大案件起关键作用的，或者有重大立功表现的，可以减轻或者免除处罚。”本案中，被告人王某在公安机关立案前，主动从国家工作人员取回了行贿的9万元，并把用于行贿的69万元全部退回，公安机关立案后，王某主动交代了案件事实并认罪认罚。《关于适用认罪认罚从宽制度的指导意见》第九条第三款规定：“对罪行较轻、人身危险性较小的，特别是初犯、偶犯，从宽幅度可以大一些。”本案中虽然王某行贿的金额大，但是其犯罪事实轻，情节轻微且行贿款已全部退还，并且被告人王某真诚认罪悔罪，也是初犯、偶犯，故法庭从轻作出上述判决。

63. 景区内擅自攀爬，情节严重者是否触犯刑法？

□ 袁方臣

【案情简介】

2017年4月左右，被告人张某1、毛某、张某2三人通过微信联系，约定前往三清山风景名胜区攀爬“巨蟒出山”岩柱体（又称巨蟒峰）。4月15日，三人携带电钻、岩钉、铁锤、绳索等工具到达巨蟒峰底部。被告人张某1首先攀爬，毛某、张某2在下面拉住绳索保护张某1的安全。在攀爬过程中，张某1在有危险的地方打岩钉，使用电钻在巨蟒峰岩体上钻孔，再用铁锤将岩钉打入孔内，用扳手拧紧，然后在岩钉上布绳索。通过此种方法，三人攀爬至巨蟒峰顶部。经现场勘查，张某1在巨蟒峰上打入岩钉26个。

【判决结果】

一审法院判决如下：被告人张某1犯故意损毁名胜古迹罪，判处有期徒刑一年，并处罚金人民币十万元；被告人毛某犯故意损毁名胜古迹罪，判处有期徒刑六个月，缓刑一年，并处罚金人民币五万元；被告人张某2犯故意损毁名胜古迹罪，免予刑事处罚。

二审法院驳回被告人张某1的上诉，维持原判。

【律师解读】

故意损毁名胜古迹罪不是一个常见罪名，规定在《中华人民共和国刑法》第三百二十四条第二款，指故意损毁国家保护的名胜古迹，情节严重的行为。根据《文物案件解释》的规定，风景名胜区的核心景区以及未被确定为全国重点文物保护单位、省级文物保护单位的古文化遗址、古葬墓、古建筑、石窑寺、石刻、壁画、近代现代重要史迹和代表性建筑等不可移动文物的本体，应当认定为“国家保护的名胜古迹”。本案中，“巨蟒峰”是世界自然遗产、世界地质公园三清山的标志性景观，属于“国家保护的名胜古迹”。因此，如果三名被告的攀爬行为对“巨蟒峰”地质遗迹点造成了严重损毁，其行为触犯故意损毁名胜古迹罪。为查清事实，本案的主要争议焦点有数个，以下逐一说明。

一、被告人主观上是否有故意以及三被告人是否构成共同犯罪

首先，从三被告人的微信聊天记录看，张某1说过“到三清山坐个牢，也是人生梦想之一”，张某2表示“想想一起被抓也是人生经历”，毛某用“闯”；其次，三被告人选择在凌晨攀爬，也是希望不被人发现，有不想被抓的意图。综上，三被告人明显知道其攀爬“巨蟒峰”的行为是违法的，明知攀爬会被处罚甚至坐牢，仍然明知故犯，具有故意的主观恶意。

此外，“巨蟒峰”下虽没有“禁止攀爬”警示牌，但张某2在采取行动前查阅了三清山管理条例，清楚按照规定是不允许在景物上刻划、涂污，因此，被告人明知通过打岩钉的方式攀爬“巨蟒峰”是违法的，主观上具有故意。

三被告人事前有通谋（通过微信约好攀爬“巨蟒峰”），在攀爬过程中互相配合（毛某、张某2帮助张某1进行攀爬，并为其拉安全绳做保护），共同完成攀爬行为，系共同犯罪。

二、对于损害结果的认定，是否达到“情节严重”的程度

根据规定，“致使名胜古迹严重损毁或者灭失的”即可认定为“情节严重”，因此本案三被告人的行为是否造成“严重损毁”的结果成为定罪的关键。“巨蟒峰”是一座花岗岩山峰，具有重大科学价值、美学价值和经济价值，受我国法律保护。三被告人用电钻钻26个洞并将24个岩钉打入“巨蟒峰”岩体的行为，就已经对其造成损毁，且被告人行为将加速岩体的侵蚀进程，破坏了“巨蟒峰”的稳定性。同时，这26颗岩钉并不能取出，否则将对岩体造成二次破坏。结合专家意见，三被告人行为对“巨蟒峰”造成了永久性损害，加重了巨蟒峰柱体结构的脆弱性，严重的甚至会造成崩解，已然达到“严重损毁”的程度。

综上，三被告人构成故意损毁名胜古迹罪。本案也警醒大家要文明出游，在景区内规范自身言行，开心旅游，也要“开心回家”，避免在警局“打卡”。

64. 刘某、袁某某伪造核酸证明，为何被判刑？

□ 郭灿炎

【案情简介】

2018 年至 2019 年，被告人刘某、袁某某结伙，通过从他人处购买伪造的公司、事业单位实体印章，制作并贩卖实习证明、医院病历、医务病休证明书等虚假材料。

2019 年起至案发，被告人刘某、袁某某结伙，通过自行伪造公司、事业单位实体印章，制作并贩卖体检证明、医院病历、医务病休证明书、医院收费票据、实习证明等虚假材料。其中，2020 年 12 月 3 日二人伪造“上海市第六人民医院东院核酸检测专用章”，经微信联系以人民币 120 元的价格向他人贩卖虚假的新型冠状病毒核酸检测报告单。

2021 年 2 月 4 日，被告人刘某、袁某某被抓获。同日，民警从二人暂住地本市宝山区某路某弄某号某室查获二名被告人伪造的公司及事业单位印章 200 余枚以及刻章机、打印机、空白印章模具、医院病历卡、发票、病历本、病例诊断书等。

【判决结果】

被告人刘某、袁某某因伪造公司、事业单位印章罪，分别被判处有期徒刑二年二个月、二年六个月，并分处罚金人民币八千元、一万元；责令退赔违法所得，伪造的公司、事业单位印章予以没收。

【律师解读】

当前各地疫情零星散发，疫情防控形势依然严峻，特别是近日福建莆田、厦门、漳州等地“德尔塔毒株”的迅速蔓延，给防疫工作再次造成很大困难。作为公民，有义务、有责任维护疫情防控工作，更不能从疫情中“打主意”，以职务捞“油水”。

一、“一刻入刑”，伪造印章要不得

根据《中华人民共和国刑法》第二百八十条规定，伪造公司、企业、事业单位、人民团体印章罪是指伪造公司、企业、事业单位、人民团体印章的行为。伪造公司、企业、事业单位、人民团体的印章的，处三年以下有期徒刑、拘役、管制或者剥夺政治权利。本案被告人刘某、袁某伪造公司、事业单位印章，制作、售卖虚假新冠肺炎病毒核酸检测报告的行为，不仅侵害了被伪造印章医院的正常经营管理秩序，更严重妨害了常态化疫情防控工作的有序开展。

二、对危害疫情防控的犯罪行为，要依法从严从重打击

最高检下发的《关于在防控新型冠状病毒肺炎期间刑事案件办理有关问题的指导意见》指出，鉴于当前特殊的疫情形势，检察机关在办案工作中应当坚持服从服务大局，要把疫情防控作为当前最重要的工作任务，案件办理既要严格依法，又要严格落实隔离、防控的要求。《意见》强调应当认真贯彻宽严相济刑事政策，但对于危害疫情防控、严重扰乱社会秩序的犯罪行为，依法从严从重把握。

核酸检测为了更精准地检测出病原，更精准地实施防控，尽早发现感染人群，切断病毒传播链条。自疫情暴发以来，出于登机、复工、开学、出行、入住酒店等种种需求，不法分子通过非法手段伪造、变造核酸检测阴性报告，这些行为为疫情防控工作带来了诸多隐患。

然而，无论是畏惧核酸检测、躲避检测、伪造核酸检测报告，或者出于猎奇心理散布虚假核酸检测报告结果的人员，因为扰乱疫情防控秩序，必将付出惨痛的法律代价。

65. 购买增值税发票、借他人账户走账等相关款项，法院如何判决？

□李 娟

【案情简介】

尚某以买卖合同纠纷作为案由向法院起诉，其陈述案件事实如下：2020年3月与杨某、辛某口头约定买卖合同，尚某支付货款，两被告杨某和辛某为原告尚某供应沥青。2020年4月原告支付两被告货款，被告按约在某区交付货物。2020年6月20日，原告尚某委托尚小某通过中国农业银行的开户账号（尾号1377）汇款至辛某农业银行的账号（尾号1677）货款50万元，两被告未能按约定为原告供货，被告杨某共返还原告货款共计24万元，剩余26万元，原告多次催要，被告杨某和辛某至今未返还，故起诉。

杨某答辩：原告尚某与杨某之间不存在买卖合同关系，而存在虚开增值税发票的事实，此案涉嫌犯罪，应中止此案审理，移交公安机关。

辛某答辩：辛某尾号1677的农行卡一直由杨某管理使用，卡内资金系杨某所有，与辛某无关，辛某与原告尚某不认识，不存在任何法律关系，应驳回原告对辛某的诉讼请求。

法院经审查，确认案件事实如下：被告杨某本人亲自到庭陈述称其不认识原告尚某，只是通过中间人联系。2020年被告杨某从尚某那里购买增值税发票用以配煤结账，原告向被告转款是为了走账，借用被告辛某的账户转钱。其后原告尚某和被告杨某之间产生了矛盾，因原告尚某未给付被告税票，被告杨某扣了原告26万元。杨某与尚某之间并无其他经济往来。

【判决结果】

驳回原告尚某的起诉，移送公安机关处理。

【律师解读】

一、违反国家发票管理法规，非法购买增值税专用发票，将构成非法购买增值税专用发票罪

本案件原告尚某妄图以买卖合同纠纷起诉，诉求被告杨某退还购买增值税发票、借他人账户走账等相关款项。经法院审查，本案件审理中，原告尚某对于其主张的买卖合同纠纷，无法说清购买货物的单价、数量、交付方式等具体情节，实际是原被告之间存在购买增值税发票、借他人账户走账等行为。经法院综合判断该案件可能涉嫌犯罪，不宜作为民事案件审理，故应依法驳回原告尚某的起诉，移送公安部门处理。

二、私自买卖增值税发票的行为违法，诉讼请求缺乏法律依据

《中华人民共和国刑法》第二百零八条规定："非法购买增值税专用发票或者购买伪造的增值税专用发票的，处五年以下有期徒刑或者拘役，并处或者单处二万元以上二十万元以下罚金。"

并且《刑法》第六十四条规定："犯罪分子违法所得的一切财物，应当予以追缴或者责令退赔。涉案购买增值税发票、借他人账户走账等相关款项，属于犯罪所得。"审判机关驳回原告诉讼请求，将此案移交公安机关处理是正确的。

66. 隐瞒流调轨迹，能否构成妨害传染病防治罪？

□ 袁方臣

【案情简介】

被告人梁某某与妻子刘某某系河北省邢台市内丘县人，退休后长期在武汉市女儿处居住。2020 年 1 月新型冠状病毒肺炎疫情期间，刘某某（其后被确诊为新冠肺炎患者，已故）出现感冒、咳嗽症状，其后一家五口驾驶汽车从武汉市住处返回内丘县某村住处。途中，梁某某及其家人未采取任何防护措施，出入湖北、河南高速公路服务区加油站、公共卫生间等公共场所。返回内丘县某村住处后，梁某某一家人未采取防护措施，分别多次出入内丘县某大卖场、邢台市某商场等公共场所，并在饭店与多人聚餐，与不特定多数人群接触。从武汉返回内丘县某村后，刘某某咳嗽症状加剧，出现咳嗽、胸闷症状。梁某某送刘某某到医院就诊。2 月 6 日，刘某某被确诊为新型冠状病毒感染的肺炎确诊病例。2 月 8 日，刘某某因新型冠状病毒性肺炎危重死亡。

1 月 20 日至 23 日，被告人梁某某明知其原工作单位及内丘县村镇等有关部门正在摸排调查的情况而故意隐瞒，特别刘某某到内丘县中医院及邢台市人民医院就诊期间，市、县两级医院医护人员反复多次询问梁某某是否去过武汉及与外来人员接触史时，梁某某仍故意隐瞒、否认。直到 2 月 6 日刘某某病重后，在邢台市人民医院医护人员反复追问下，梁某某才承认从武汉返乡事实。

【判决结果】

一审判决，以梁某某犯妨害传染病防治罪，判处梁某某有期徒刑一年。

二审驳回上诉，维持原判。

【律师解读】

此案例为 2021 年 8 月 8 日最高人民检察院发布的全国检察机关依法惩治妨害疫情防控秩序犯罪的典型案例。笔者认为该典型案例一方面可指导司法工作开展，另一方面明确民众负有如实交代流调轨迹的义务。否则可能受到刑事追究，为更好地严防严控疫情发挥作用。

本案应当构成妨害传染病防治罪，理由如下：

梁某某的行为符合《中华人民共和国刑法》第三百三十条妨害传染病防治罪第五项的规定。即违反传染病防治法的规定：“拒绝执行县级以上人民政府、疾病预防控制机构依照传染病防治法提出的预防、控制措施，引起甲类传染病以及依法确定采取甲类传染病预防、控制措施的传染病传播或者有传播严重危险的，处三年以下有期徒刑或者拘役；后果特别严重的，处三年以上七年以下有期徒刑。”

梁某某隐瞒武汉旅居史，导致疾控人员不能及时对刘某某采取防疫措施，不断扩大新冠肺炎病毒的传播范围，并造成严重危险：刘某某密切接触者 153 名、间接接触者 356 名全部被采取隔离观察 14 天的措施，同时致内丘县某医院、内丘县某超市及内丘县五个村庄、四个住宅小区全部封闭，邢台市桥东区魏某某口腔诊所、靓市区 8 号楼全部封闭。由此，梁某某构成妨害传染病防治罪。

目前的德尔塔病毒传染性和传播力较之前更强、传播速度更快，只有疾控人员迅速掌握精准信息，才能快速阻断病毒进一步传播，保障更多人的身体健康。因此，在流调过程中人人负有如实报告的义务，否则可能面临刑事追究的风险。

67. 非法吸收公共存款案件中，如何认定非吸行为以及犯罪金额？

□ 裓　伟

【案情简介】

永州市某房地产开发有限公司原法定代表人是被告人曾某，后来变更为其妻刘某，曾某是公司的股东之一，公司的管理、经营均系曾某。曾某是公司实际控制人。被告人曾某违反国家金融管理法律规定，以公司资金周转为名，承诺在一定期限内支付利息，采取口口相传的方式，向不特定的社会公众非法吸收公众存款 6607. 34 万元。非法吸收公众存款的对象既有亲戚朋友，又有其他不特定对象。按行政法规规定，对不符合商品房销售条件的，房地产开发企业不得销售商品房，不得向买受人收取任何预订款性质费用。而被告人曾某通过永州市某房地产开发有限公司以诚意金、VIP 卡等名义向社会募集资金，承诺支付利息，并约定预交的资金可以抵交房款，变相吸收公众存款 392. 5 万元。

【判决结果】

1. 被告人曾某犯非法吸收公众存款罪，判处有期徒刑三年，缓刑四年，并处罚金二十万元人民币（缓刑考验期限，从判决确定之日起计算）。

2. 对被告人曾某的违法所得4766.9076万元（其中集资参与人损失金额4374.4076万元、售卖VIP卡392.5万元）依法予以追缴，返还给被害人；追缴集资参与人多领取的金额，其中桂某17万元、伍某286.225万元、钱某和曾某7.7万元，依法没收上缴国库（违法所得限判决生效后三十日内缴纳完毕）。

3. 依法处理被告人曾某用非法吸收资金建筑的房产、为偿还债务抵押给债权人的房产。

【律师解读】

《中华人民共和国刑法》第一百七十六条规定：“非法吸收公众存款或者变相吸收公众存款，扰乱金融秩序的，处三年以下有期徒刑或者拘役，并处或者单处罚金；数额巨大或者有其他严重情节的，处三年以上十年以下有期徒刑，并处罚金；数额特别巨大或者有其他特别严重情节的，处十年以上有期徒刑，并处罚金。单位犯前款罪的，对单位判处罚金，并对其直接负责的主管人员和其他直接责任人员，依照前款的规定处罚。有前两款行为，在提起公诉前积极退赃退赔，减少损害结果发生的，可以从轻或者减轻处罚。”

一、何种行为构成非法吸收公共存款罪?

构成非法吸收公共存款罪一般要求具有以下四个条件：（1）未经有关部门依法批准或者借用合法经营的形式吸收资金；（2）通过媒体、推介会、传单、手机短信等途径向社会公开宣传；（3）承诺在一定期限内以货币、实物、股权等方式还本付息或者给付回报；（4）向社会公众即社会不特定对象吸收资金。需要注意的是，若判断某一行为是否构成该罪名，上述四个条件是构成非法吸收公共存款罪全部必要条件。

二、如何区分个人犯罪与单位犯罪数额如何认定?

单位实施非法集资犯罪活动，全部或者大部分违法所得归单位所有的，应当认定为单位犯罪。需要注意的是，个人为进行非法集资犯罪活动而设立的单位实施犯罪的，或者单位设立后，以实施非法集资犯罪活动为主要活动的，不以单位犯罪论处，对单位中组织、策划、实施非法集资犯罪活动的人员以自然人犯罪依法追究刑事责任。

值得注意的是，在单位犯罪案件中，自然人应承担何种刑事责任？其中，对于自然人各自非吸的数额的认定尤为关键。单位非法集资犯罪过程中，主要领导者、组织者、指挥者，即直接负责的主管人员，应对案件的全部集资数额承担刑事责任；其他人员仅对自身参与实施的集资数额承担承担刑事责任。原因在于我国刑法规定，某一主体行为构成犯罪，需要主客观相统一，即行为人对犯罪行为有主观认知且存在犯罪的客观行为。

三、向亲友或者单位内部人员吸收的资金是否计入犯罪数额？

需要注意的是，虽然未向社会公开宣传，在亲友或者单位内部针对特定对象吸收资金的，不属于非法吸收或者变相吸收公众存款。但是存在着三种行为，向亲友或者单位内部人员吸收的资金与向不特定对象吸收的资金一并计入犯罪数额：（1）在向亲友或者单位内部人员吸收资金的过程中，明知亲友或者单位内部人员向不特定对象吸收资金而予以放任的行为；（2）以吸收资金为目的，将社会人员吸收为单位内部人员，并向其吸收资金的行为；（3）向社会公开宣传，同时向不特定对象、亲友或者单位内部人员吸收资金的行为。

另外，负责或从事吸收资金行为的犯罪嫌疑人非法吸收公众存款金额，根据其实际参与吸收的全部金额认定。但以下两种情形的金额不计入该犯罪嫌疑人的吸收金额：（1）犯罪嫌疑人自身及其近亲属所投资的资金金额；（2）记录在犯罪嫌疑人名下，但其未实际参与吸收且未从中收取任何形式好处的资金。

四、宽严相济刑事政策在具体案件中如何适用？

根据行为人的客观行为、主观恶性、犯罪情节及其地位、作用、层级、职务等情况，综合判断行为人的责任轻重和刑事追究的必要性，按照区别对待原则分类处理涉案人员，做到罚当其罪、罪责刑相适应。重点惩处非法集资犯罪活动的组织者、领导者和管理人员，包括单位犯罪中的上级单位（总公司、母公司）的核心层、管理层和骨干人员，下属单位（分公司、子公司）的管理层和骨干人员，以及其他发挥主要作用的人员。

68. 某出租车司机因涉嫌帮助他人犯罪被刑事拘留，为何不批准逮捕？

□ 何忠民

【案情简介】

某出租车司机接到一单长途客运业务，即从某省开车跨省送两位客人去某市。往返2000多公里，双方约定租车费是人民币3000元，还包括油费、过路费等费用。到达某市后，两位客人外出买了几个古董回来。出租车司机打开汽车尾箱，并帮助客人将古董装进尾箱，准备返回某省，途中被公安机关查获。其后，两位客人被公安机关以倒卖文物罪刑事拘留。同时，出租车司机被当作倒卖文物罪的共犯也被刑事拘留。

【处理结果】

某检察院对某出租车司机不批准逮捕。

【律师解读】

一、某出租车司机是否构成倒卖文物罪的共犯？

《刑法》第二十五条的规定：“共同犯罪是指二人以上共同故意犯罪。”且学术上将共同犯罪理论说得很复杂。其实没那么复杂，无非就是两个要点：二个以上的行为人要有“共同故意”和“共同行为”。所谓帮助犯，是共犯的一种，是指故意对正犯提供辅助，使正犯的犯罪更容易得逞的情形。成立帮助犯，需要有“帮助故意”和“帮助行为”。帮助故意，是指明知自己是在帮助他人实行犯罪，希望或者放任其帮助行为给他人实行犯罪创造便利条件，以造成危害社会结果的形态。这种帮助故意，正犯知道也行，不知道也行。帮助行为，是指实行行为以外的，使他人的实行行为容易实施的行为。包括物质帮助行为（如提供作案工具、事先踩点等）和精神帮助行为（帮助出谋划策、答应帮助销赃等）。这种帮助行为要具有明显的法益侵害性，或者使法益面临的危险明显增加。《刑法》第三百二十六条规定：“以牟利为目的，倒卖国家禁止经营的文物，情节严重的，处五年以下有期徒刑或者拘役，并处罚金；情节特别严重的，处五年以上十年以下有期徒刑，并处罚金。”我们假定那两位客人的行为触犯了上述规定，构成倒卖文物罪。因为如果客人的行为不构成倒卖文物罪，出租车司机当然不构成帮助犯。一般来说，出租车司机不可能知道哪些文物是国家禁止经营的文物，哪些文物是国家允许经营的文物。所以，司机看到客人买回了古董，帮助客人将古董装入汽车尾箱，准备运回某省。其帮助行为客观上使客人的犯罪行为容易实施。不过，司机并不知道客人实行的是犯罪行为，所以司机没有帮助的故意。故出租车司机不构成帮助犯，检察院对其不批准逮捕是正确的。

为什么说司机不知道客人实行的是犯罪行为呢？一是客人没有将自己倒卖文物的行为同司机讲过；二是司机不具备文物方面的专业知识，不知道这些古董是国家禁止经营的文物；三是司机收取的费用仅仅是租车的合理费用，没有得到额外的利益。

如果司机有倒卖文物的前科，那么可以推定司机对文物具备一定的专业知识，应当知道客人可能在倒卖文物。在这种情况下，司机可能构成帮助犯。如果客人与司机很熟，司机曾经听说过客人干的就是倒卖文物的勾当，那么司机也可能构成帮助犯。如果客人给予司机超过合理租车费太多的费用，并要求司机对客人的行为保密。即司机知道客人在违法犯罪。那么，司机也可能构成帮助犯。

二、推而广之，正常的业务活动，能否构成帮助犯呢？

业务活动是指为满足社会生活的一般需要而提供的，从外观上看，通常可以反复继续实施，具有匿名性、可替代性的业务行为。比如，律师提供的法律服务。业务活动本身不具有犯罪性质，但是客观上可能被其他犯罪人所利用、操纵，对正犯的犯罪起到促进作用。比如，从事“套路贷”的犯罪分子，就有可能利用律师服务促进犯罪活动。

违法违规的业务活动，风险很高，更容易被认定为帮助犯。比如律师会见时，违规帮当事人与外界传递消息。正常的业务活动是否构成帮助犯，可以分两方面来说：一是业务活动提供者不明知他人正在实施犯罪行为；二是业务活动提供者明知（包括应当知道）他人正在实施犯罪行为。对不明知的，因其主观上没有帮助犯罪的故意，故不构成帮助犯。对于明知的，又可以分两种情况：一是法律明确规定构成帮助犯的；二是法律没有规定的。

对法律有明确规定的，当然按照法律规定处理。比如，两高两部《关于办理“套路贷”刑事案件若干问题的意见》规定：“明知他人实施‘套路贷’犯罪，具有以下情形之一的，以相关犯罪的共犯论处，但刑法和司法解释等另有规定的除外：……（6）协助以虚假事实提起诉讼或者仲裁的；……”

对法律没有规定的，又可以分为两种情况：一是未对法益造成风险的；二是对法益造成风险的。前者不构成帮助犯。比如外卖小哥，明知他人在从事传销活动还要给犯罪分子送外卖。毕竟是人都要吃饭，这种送外卖的行为没有对法益造成风险。对法益造成风险的，又可以分为两种情况：一是被害法益较轻。如出租车司机载客时发现有乘客在扒窃另一乘客的钱包，没有制止。这种情况，因盗窃罪所侵害的法益较轻，故出租车司机不构成帮助犯。二是被害法益重大。如出租车司机载客时发现有乘客在抢劫另一乘客，放任不管。这种情况，因抢劫罪侵害的法益重大，故出租车司机构成帮助犯。所以，正常的业务活动能否构成帮助犯，需要具体案情具体分析，不能一概而论。

一般来说，从事正常业务活动的人，明知（包括应当知道）他人在实施犯罪行为，仍然提供帮助，且其帮助行为对重大的法益明显增加了危险，则构成帮助犯。

69. 林某涉嫌恶意透支型信用卡诈骗罪，公安机关为何撤销案件？

□ 袁方臣

【案情简介】

林某系武汉某民营企业的法定代表人。2013 年 5 月，为了公司在日常经营的结算便利，林某以个人名义在中国农业银行某支行申办了一张白金信用卡，信用额度为人民币 100 万元。信用卡启用后，林某多次使用该卡进行大额透支消费，期间均按银行要求正常还款。截至 2016 年 4 月 29 日，林某共计透支消费人民币 53 万余元，当日还款人民币 1 万元后开始逾期不还，银行多次通过电话、上门等方式进行催收。2016 年 11 月 3 日，林某与银行签订还款计划，承诺于 2017 年 1 月 20 日前还清欠款，但还款人民币 4 万元后再无还款。2017 年 10 月 12 日银行报案，林某于 2017 年 12 月将拖欠银行本息共计人民币 70 余万元全部还清，其后到公安机关投案。

【处理结果】

2018 年 6 月 19 日，武汉某区检察院发出《通知撤销案件书》，通知该区公安局撤销案件。随后，青山区公安局决定撤销林某信用卡诈骗案。

【律师解读】

一、什么是恶意透支型信用卡诈骗罪？

根据《刑法》第一百九十六条第二款规定，前款所称恶意透支，是指持卡人以非法占有为目的，超过规定限额或者规定期限透支，并且经发卡银行催收后仍不归还的行为。

根据《最高人民法院、最高人民检察院关于办理妨害信用卡管理刑事案件具体应用法律若干问题的解释》（以下简称《解释》）第六条第一款的规定，持卡人以非法占有为目的，超过规定限额或者规定期限透支，并且经发卡银行两次催收后超过三个月仍不归还的，应当认定为"恶意透支"。

按照规定，利用信用卡进行恶意透支的诈骗犯罪活动，行为人在主观上应当具有非法占有的目的，这是恶意透支与善意透支的本质区别。

根据《解释》第六条第二、三款的规定，对于是否以非法占有为目的，应当综合持卡人信用记录、还款能力和意愿、申领和透支信用卡的状况、透支资金的用途、透支后的表现、未按规定还款的原因等情节作出判断。不得单纯依据持卡人未按规定还款的事实认定非法占有目的。

需要注意的是，在实践中，"非法占有目的"的认定较为复杂，需要对信用卡使用的事前、事中、事后等不同阶段作出区分，且信用卡透支行为的发生原因是复杂和多元的。一方面，行为人因经营不善、资金周转困难、重大灾害、意外事件等原因，导致不能及时归还信用卡透支金额的情形并不罕见；另一方面，发卡银行等金融机构也存在信用卡违规办理、未能充分履行监管义务等诱发信用卡透支的情形。

二、本案认定林某具有非法占有目的的证据不足

某区公安分局认为，林某使用信用卡透支消费出现逾期后，经发卡银行有效催收，超过三个月仍不归还，根据司法实践应推定其主观上具有非法占有的目的，应认定为恶意透支型信用卡诈骗罪。即公安机关直接从"经银行多次催收后仍不还款"这一情节推定林某具有非法占有目的，属于典型的客观归罪。非法占有目的作为区分善意透支与恶意透支、区分罪与非罪的关键，属于信用卡诈骗罪独立的构成要件要素。公安机关应当对其承担举证责任，而不能肆意推定。

本案中，林某申领信用卡时没有虚构事实、隐瞒真相的行为，透支款项大多用于公司经营，未及时还款系因公司经营困难的客观原因所致，在案证据并不能认定其主观上具有非法占有的目的。

此外，《解释》第十条规定："在提起公诉前全部归还或者具有其他情节轻微情形的，可以不起诉；在一审判决前全部归还或者具有其他情节轻微情形的，可以免予刑事处罚。但是，曾因信用卡诈骗受过两次以上处罚的除外。"

第三部分

公司法篇

70. 经股东同意转让的股权，楼某为何享有优先购买权？

□ 杨　倩

【案情简介】

A 公司的股东有方某、楼某、毛某、王某明、陈某、王某满、张某、徐某、吴某。其中，楼某出资占 A 公司注册资本的 6.91%，方某等八名股东出资占注册资本的 93.09%。2008 年 10 月至 2009 年 10 月期间，方某为 A 公司的法定代表人。

2009 年 5 月，方某、毛某、王某明、陈某、王某满、张某、徐某、吴某等八名股东（以下简称方某等八名股东）与伍某、劳某、卢某（以下简称伍某等三人）签订了《股权转让协议》，双方协商一致同意将方某等八名股东所有的 A 公司 93.09% 的股份以 8824 万元的价格转让给伍某等三人，合同签订后三日内先交付 1000 万元定金，办理股权转让手续时交付 4000 万元的股权转让款，过户完毕后再交付余款，并约定除伍某等三人愿意承担的 A 公司债务外，双方股权转让之前 A 公司的债权债务由方某等八名股东承担，股权转让之后 A 公司的债权债务由伍某等三人承担。

2009 年 6 月 4 日，方某等八名股东以 A 公司名义在当地日报上发布通知，将公司决定召开股东会议商讨股权转让事宜告知楼某，并告知楼某会议时间、地点。

2009 年 6 月 23 日，楼某经某市公证处公证分别向方某等八名股东邮寄了通知，内容为以同等条件购买 A 公司 93.09% 的股权。

2009 年 7 月 6 日，A 公司如期召开临时股东会议，对方某等八名股东持有的 A 公司 93.09% 的股份对外转让事宜进行讨论。经表决，除楼某外的其余八位股东即方某等八名股东同意上述股权对外转让，转让价格为 8824 万元，付款方式为一次性付清。楼某在股东会议上对该决议明确表示反对，并主张以 2009 年 5 月方某等八名股东与伍某等三人签订的《股权转让协议》同等条件行使优先购买权。

2009年7月1日，楼某提起诉讼，请求判令：第一，撤销方某八名股东与伍某等三人签订的《股权转让协议》；第二，确认楼某依法行使股东优先权，以同等条件与方某等八名股东的《股权转让协议》成立并生效；第三，判决方某等八名股东履行与楼某达成的《股权转让协议》。

【判决结果】

1. 一审法院判决楼某对方某等八名股东所持有的A公司93.09%的股权享有优先购买权，按方某等八名股东与伍某等三人签订的《股权转让协议》约定的内容履行。

2. 二审法院驳回上诉、维持原判。

3. 最高人民法院驳回再审申请，维持原终审民事判决。

【律师解读】

《公司法》第七十一条规定："有限责任公司的股东之间可以相互转让其全部或者部分股权。股东向股东以外的人转让股权，应当经其他股东过半数同意。股东应就其股权转让事项书面通知其他股东征求同意，其他股东自接到书面通知之日起满三十日未答复的，视为同意转让。其他股东半数以上不同意转让的，不同意的股东应当购买该转让的股权；不购买的，视为同意转让。经股东同意转让的股权，在同等条件下，其他股东有优先购买权。两个以上股东主张行使优先购买权的，协商确定各自的购买比例；协商不成的，按照转让时各自的出资比例行使优先购买权。"

本案中，方某等八名股东与伍某等三人签订《股权转让协议》后，在当地日报以A公司名义刊登通知，告知楼某股权转让事宜，楼某收到该通知后在法定时间内作出答复，表示愿意以同等条件受让该股份，并向方某等八名股东邮寄了答复内容，且在楼某邮寄答复后，方某等八名股东均未提出过异议。据此，楼某对方某等八名股东对外转让的股权依法享有优先购买权。

优先购买权是《公司法》规定的有限责任公司股东享有的法定权利。

一旦转让股东与股东以外的第三人达成股权转让协议，公司其他股东只要以转让的同等条件行使优先购买权，其将取代第三人的地位，成为股权转让协议的受让方当事人，股权转让股东与第三人签订的相关股权转让协议约定的权利义务继而约束转让股东与行使优先购买权的股东。法院认为，在楼某已明确表示在同等条件下行使股东优先购买权的情况下，方某等八名股东在楼某提起本案诉讼后，与伍某等三人签订解除股权转让协议，重新召开股东会，有违诚信原则。方某等八名股东的上述行为表明其恶意撤销已经成就他人行使优先权的条件，不应得到支持。

《公司法司法解释（四）》还对股东行使优先购买权后，转让股东反悔的情况作出了规定。《公司法司法解释（四）》第二十条规定："有限责任公司的转让股东，在其他股东主张优先购买后又不同意转让股权的，对其他股东优先购买的主张，人民法院不予支持，但公司章程另有规定或者全体股东另有约定的除外。其他股东主张转让股东赔偿其损失合理的，人民法院应当予以支持。"根据该规定，有限责任公司的转让股东，在其他股东主张优先购买后又不同意转让的，如果公司章程规定转让股东不允许"反悔"，那么对其他股东优先购买的主张应予支持。

此外，根据《公司法》的规定，向受让方转让股权时，应按照规定向其他股东通知转让事项以及同等条件，包括转让股权的数量、价格、支付方式及期限等。方某等八名股东在签订对外转让股权合同后，在公司股东会中公布转让股权事项时有所隐瞒，将其转让股权款的支付方式。由对伍某等三人转让合同的先交付1000万元定金、交付4000万元的股权转款后办理股权过户，过户完毕后再交付余款等，变更为一次性支付股权转让款；对伍某等三人转让合同中约定的股权转让前的债权债务由转让股东方某等八名股东承担等内容不再涉及。方某等八名股东在股东会中提出的股权转让条件与其对伍某等三人签订《股权转让协议》约定的条件相比，虽然价格一致，但增加了股权受让方的合同义务和责任。方某等八名股东的该行为，未如实向公司其他股东通报股权转让真实条件，采取内外有别的方式提高股权转让条件，不符合《公司法》相关规定，有违诚实信用原则。

综上，《公司法》第七十一条规定的股东在某一股东欲对外转让股权时，享有同等条件下优先于外部第三人受让该转让股权的权利，是维护有限责任公司人合性和股东信赖关系的一个重要制度设计。股东对外转让股权时，应按照规定向其他股东通知转让事项，以及同等条件（包括转让股权的数量、价格、支付方式及期限）。有意购买的股东应当及时行使优先购买权，具体来说，自知道或者应当知道行使优先购买权的同等条件之日起30日内，或者自股权变更登记之日起1年内，务必行使优先购买权。

71. 股东个人账户为公司收款，是否承担连带责任？

□李　娟

【案情简介】

2019年8月4日，某置业公司甲方（出卖方）、卢某乙方（认购人）双方签订《某商城认购协议书》（以下简称《协议书》），约定：乙方认购甲方开发之某商城项目中第1层17号商铺，总房款为403000元。以分期付款的方式，首付50.37%为203000元，剩余房款200000元于2019年11月30日前付清。乙方须在签订本协议180个工作日后携带本协议及身份证和房款收据等到甲方处签署《商品房买卖合同》，并在签订本协议后360个工作日内完成相关手续。某置业公司在甲方（签章）处加盖“某置业有限公司”字样盖章，卢某在乙方（签章）处签字确认。

《协议书》签订后，卢某于2019年8月4日、2019年11月8日通过银行向某置业公司股东及法定代表人张某账户分别转款200000元、200000元，另外又向张某支付现金3000元。2019年11月8日，某置业公司向卢某出具《收据》一份，载明：“今收到卢某交来现金人民币（大写）肆拾万零叁仟元整”。

之后，卢某多次要求某置业公司与其签订《商品房买卖合同》，但某置业公司推脱不予办理该事项。

经查，上述《协议书》载明的某商城项目中第1层17号商铺，已于

2019年10月被人民法院查封，目前尚处于被查封状态。

【判决结果】

解除《某商城认购协议书》；某置业有限公司向卢某退还购房款403000元，并支付利息；置业公司股东张某对退还房款和支付利息承担连带清偿责任。

【律师解读】

一、卢某与某置业公司所签署《某商城认购协议书》的解除依据

根据卢某与某置业公司《协议书》的约定，某置业公司有义务在签订该《协议书》180个工作日内与卢某签订《商品房买卖合同》，并在签订本协议后360个工作日内完成相关手续。某置业公司怠于履行上述义务，至今未与卢某签订《商品房买卖合同》，其行为致使卢某购房目的无法实现，构成根本违约。根据《民法典》五百六十三条之规定，卢某对于解除《某商城认购协议书》的主张，于法有据。

二、股东张某是否应对购房人卢某承担连带清偿责任？

根据《中华人民共和国公司法》第二十条之规定，公司股东滥用公司法人独立地位和股东有限责任，逃避债务，严重损害公司债权人利益的，应当对公司债务承担连带责任。卢某提供了全部房款均由某置业公司股东张某个人收取的相关证据（即转账到张某个人账户或直接向张某个人交付现金），证明某置业公司与其股东张某之间存在财务混同的情形，从而导致某置业公司丧失独立人格。张某未对房款为何汇入其个人账户作出合理解释，也未对该笔款项的去向作出说明，并且某置业公司及其股东张某也未提供证据证明公司是独立法人，拥有独立财产，能够独立承担民事责任。

因此，股东张某构成滥用公司的独立人格和有限责任，损害了购房人卢某的权益，应承担连带清偿责任。

三、本案法律适用的启示

关于公司股东滥用公司法人独立地位和股东有限责任的举证责任承担

问题。对于不是一人有限责任公司的公司，举证责任原则上应当由公司债权人承担，但公司债权人能够提供初步证据，证明股东滥用公司独立法人地位和股东有限责任的，该举证责任则由公司股东承担。

股东未对公司款项汇入个人账户作出合理解释的，应当证明公司财产独立于个人财产，否则，股东损害公司债权人利益的理由成立，应对公司债务承担连带责任。

72. 未通知中小股东参加股东会，股东会决议效力如何认定？

□葛　冰

【案情简介】

上海康某码头装卸有限公司（以下简称"康某公司"）为有限责任公司，注册资本人民币（下同）600万元，成立于2007年10月8日，章程上登记股东共四位分别为：上海A有限公司、上海B有限公司、上海C有限公司及上海福某建筑材料有限公司（以下简称"福某公司"）。

康某公司的公司章程规定：股东会会议分为定期会议和临时会议，并应当于会议召开十五日以前通知全体股东；股东会应对所议事项的决定作出会议记录，出席会议的股东应当在会议记录上签名。

2018年8月3日下午，康某公司于其公司会议室召开股东会议，应出席股东四人，实际出席股东三人，并作出决议：出席会议的全体股东一致同意康某公司以每年1380万元的价格承包给Z公司经营。

康某公司提供的通知函中并未记载召开股东会事宜。

福某公司遂起诉请求：确认系争股东会决议不成立。

【判决结果】

一审法院判决，确认系争股东会决议不成立。康某公司不服并提起上诉。

二审法院上海某中院裁定驳回上诉，维持原判。

【律师解读】

本案的焦点问题如下：2018 年 8 月 3 日，康某公司股东会会议是否存在召集程序瑕疵？该瑕疵是否影响系争股东会决议的成立？

一、公司召开股东会会议，应当于会议召开前通知全体股东

《公司法》第四十一条第一款规定："召开股东会会议，应当于会议召开十五日前通知全体股东；但是，公司章程另有规定或者全体股东另有约定的除外。"另，康某公司的公司章程第十条规定：股东会会议应当于会议召开十五日以前通知全体股东。

本案中，康某公司提供 2018 年 6 月向福某公司寄送快递的面单，上面记载"关于按时交还码头的通知函"，并未记载召开股东会会议的事宜。上述证据不足以证明康某公司向福某公司发出过于 2018 年 8 月 3 日召开股东会会议的通知。即康某公司上述股东会会议违反公司章程规定，未召集全体股东，存在召集程序和召集对象上的瑕疵。

二、召集对象上的瑕疵属于严重的程序瑕疵，对股东会决议的成立有根本性影响

《最高人民法院关于适用〈中华人民共和国公司法〉若干问题的规定（四）》（以下简称《公司法司法解释（四）》）第五条第五项规定："股东会或者股东大会、董事会决议存在下列情形之一，当事人主张决议不成立的，人民法院应当予以支持：（一）公司未召开会议的，但依据公司法第三十七条第二款或者公司章程规定可以不召开股东会或者股东大会而直接作出决定，并由全体股东在决定文件上签名、盖章的除外；（二）会议未对决议事项进行表决的；（三）出席会议的人数或者股东所持表决权不符合公司法或者公司章程规定的；（四）会议的表决结果未达到公司法或者公司章程规定的通过比例的；（五）导致决议不成立的其他情形。

二审法院认为，股东会决议的成立需经正当程序，召集对象上的瑕疵直接导致会议无法形成有约束力的决议。且未通知股东参会的行为与一般程序瑕疵明显不同，其直接导致部分或者全部股东无法获知股东会会议的召开信息，从而根本上剥夺了股东行使表决权的机会和可能。

本案中，无证据证实康某公司向福某公司送达过会议通知，直接导致福某公司无法出席股东会，剥夺了福某公司行使正当发表自己意见及表决权的基本权利。在此情形下形成的决议，并不能代表全体股东的意志，该决议不一定代表公司的真实意思表示。且不利于对于小股东权利的救济和保护。根据《公司法司法解释（四）》第五条第五项的规定，系争股东会决议不成立。

实践中，公司在召开股东会决议时，往往忽视中小股东的表决权。但是对于表决权占比低的中小股东而言，其在股东会会议上的陈述也可能会直接影响其他股东的表决行为。对于未通知中小股东参加股东会而形成的决议，实质上剥夺了股东的基本权利，虽未对决议产生实质影响，仍属于股东会会议召集程序上的严重瑕疵。甚至可以理解为股东会并未实际召开，属于决议不成立的情形。

73. 如何确认员工的高管身份，要求其承担赔偿责任？

□ 王　阳

【案情简介】

甘肃某公司主要经营车辆改装、汽车配件研发制造等业务。周某为该公司销售部经理。在周某任职期间，该公司与青海某公司签订了共计38份加工承揽合同。青海某公司拖欠该公司车款5,967,970元未按时支付。经白银市中级人民法院强制执行时发现，青海某公司无营业场所、无银行存款、无车辆登记，其时任法定代表人申某下落不明，法院终结了执行程序。

经调查，青海某公司为周某的妻子和亲属设立的公司。周某利用自己为公司销售部经理的身份，与自己妻子和亲戚设立的公司进行虚假交易，给甘肃某公司带来巨额损失。甘肃某公司遂作出决议：对周某予以开除并追究法律责任。

【判决结果】

法院最终判决周某赔偿甘肃某公司经济损失4,229,358.00元。

【律师解读】

本案的争议焦点在于周某是否是《公司法》意义上的关联交易的主体，即周某是否属于公司的高级管理人员？

《公司法》第二十一条规定："公司的控股股东、实际控制人、董事、监事、高级管理人员不得利用其关联关系损害公司利益。违反前款规定，给公司造成损失的，应当承担赔偿责任。"

同时，《公司法》第二百一十六条规定："高级管理人员，是指公司的经理、副经理、财务负责人，上市公司董事会秘书和公司章程规定的其他人员。"

依《公司法》第二百一十六条中"公司章程规定的其他人员"可知，所谓"高级管理人员"并非某种具体职务或身份的专属称谓，而系一种既有典型表现形式，又允许在实践中根据需要进行衍生性使用的开放性概念。按照学理上的见解，这里所说的"其他人员"可以囊括CEO（首席执行官）、CFO（首席财务官）、COO（首席运营官）、CTO（首席技术官）、CLO（首席法务官）等公司自由设立的高阶层公司经营管理岗位。

由此可知，在相关案件中，对公司高级管理人员的身份认定系处理此类案件的关键环节。

实践中，对于高级管理人员的典型表现形式，一般采取形式审查的标准，即按照特定人员在公司所任职务与法律规定是否相符作出判断。然而，基于实践情况的复杂和多样性，形式审查亦有失范的风险存在。例如，就公司经理和副经理而言，一般公司基于业务的需要，在人事任命时不吝使用此类头衔，但被任命者在公司经营管理中较一般职员的职能并非存在显著区别，其岗位职责与权利尚不足以对公司的经营管理发生重要影响。

同时，形式审查的标准虽涉及公司章程规定的其他人员，但在目前公司章程制定中任意性特点较为突出的情况下，对于公司章程未明确规定为高级管理人员者，也并不当然排除对公司经营管理产生重要影响的可能。

综上可知，如果严守形式审查，或者存在矫枉过正的现象，或者纵容漏网之鱼的可能。因此，在不排除形式审查有限作用的同时，更应注意对公司高级管理人员的身份采取实质审查。

关于进行实质审查的必要性，已见于形式审查的不足。关于实质审查的角度，可以从如下几个方面考虑：

一是审查对象的岗位职责与公司主营业务之间的关联关系；

二是审查对象的薪酬待遇与其岗位职责的因果关系；

三是审查对象对岗位职责的履行情况及对公司主营业务状况的影响程度。

综合考虑以上三方面情况，可以酌情对审查对象是否具备高级管理人员的身份进行认定。

本案中，周某虽然只是营销部经理，不是公司的实际控制人、控股股东、董事、监事、经理、财务负责人、董秘，但周某在涉案期间全面主持公司销售和采购供应工作，对公司的日常经营管理具有重大影响。且该公司并未设立副总经理，各部门经理直接向董事长负责。同时，甘肃某公司的章程上也将周某列为高级管理人员。所以，周某也应属于高级管理人员，即《公司法》上应该承担赔偿责任的主体。

74.“到期资金不到位，视为放弃股权”的约定是否有效？

□ 于智颖

【案情简介】

张某系某公司股东兼董事。2005 年，某公司经营困难，意欲向股东借款缓解资金紧张。该公司董事会作出决议，要求各股东按照持股比例向公司追加投资 800 万元，并且规定股东投资不能如期到位的视为自动放弃股权。张某作为董事在该决议上签名，该决议达到通过比例有效。张某作为股东应当向公司提供借款 22 万元，但张某一直未能履行。

其后张某以股东知情权纠纷诉至法院，要求查阅财务会计账簿。经过两审法院审理均认定为张某具备股东资格、有权行使股东知情权。具体理由为：某公司“到期资金不到位，视为放弃股权”的约定实为股权转让，但未注明受让人身份，不符合股权转让的法律要件，且某公司一直未办理工商变更登记。张某也否认股权转让的事实，因此张某仍是工商登记股东。

该公司汲取经验，于 2012 年 6 月作出减少公司注册资本中全部由张某缴纳出资部分的股东会决议，于 2014 年 10 月作出取消张某股东资格的股东会决议，并办理完毕工商变更登记。其后张某再次起诉请求确认取消其股东资格的股东会决议无效。

【判决结果】

一审法院：驳回张某的诉讼请求。

二审法院：驳回张某上诉，维持原判。

再审高院：改判支持张某的诉讼请求。即某公司于 2012 年 6 月作出减少公司注册资本中全部由张某缴纳出资部分的股东会决议，以及 2014 年 10 月作出取消张某股东资格的股东会决议均无效。

【律师解读】

本案的争议焦点在于，某公司作出减少张某全部出资及取消其股东资格的决议是否有效，“到期资金不到位，视为放弃股权”的约定能否成为张某自愿放弃股东资格的有效意思表示。

根据《公司法司法解释（三）》第十七条，有限责任公司的股东未履行出资义务或者抽逃全部出资，经公司催告缴纳或者返还，其在合理期间内仍未缴纳或者返还出资，公司以股东会决议解除该股东的股东资格，该股东请求确认该解除行为无效的，人民法院不予支持。

纵观本案，张某通过董事会会议作出向公司提供 22 万元借款的意思表示，不属于对公司的出资行为（对公司出资需要使相应财产增加为公司注册资本），因此张某未按时提供借款的行为不存在法定解除股东资格的事由。

那么可否认为“到期资金不到位，视为放弃股权”的约定构成张某放弃股东资格的有效意思表示，股东资格因约定而解除？我们认为股东如自愿放弃股权，应做出明确且有效的意思表示，并经股东会决议通过后按照《公司法》及公司章程规定的退出机制和程序进行。在本案中，某公司通过召开董事会（非股东会）的方式作出的条件性剥夺股东资格的决议对股东不具有拘束效力，且该公司没有提交证据证明，张某与公司间达成减资合意，或与公司其他股东或者第三人间达成股权转让协议。即对于张某是否脱离股东身份，以及具体以何种方式、何种价格、何种程序脱离股东身份均没有进行协商。因此并非有“到期资金不到位，视为放弃股权”的约定，就当然失去了股东资格，还要看该约定是否对股东具有拘束力。

在此律师提醒，无论是发起股东签订的发起人协议（公司设立协议），还是投资人与公司签订的投资协议，因本质仍然是合同关系，所以可以根据意思自治约定合同解除条件。譬如“到期未全面履行出资义务的，视为股东自愿放弃全部股权”的约定，当出资义务未履行到位，投资入股合同关系符合解除的条件。但考虑到股权还具有身份属性，需要经过法定程序（公司内部决议进行减资或者将股权转让，并变更工商登记信息），否则股东不会仅因符合约定解除条件而当然失去股东资格。鉴于此，可以事先在公司章程中规定，或者根据意思自治在投资入股类协议中约定股东在何种情况下会被除去股东资格，并且最好就股东的退出方式也作出明确的约定。

75. 石某行使公司股东知情权，法律是否支持？

□ 郝耀华

【案情简介】

某公司于2015年8月26日注册成立，注册资本100万元，股东为赵某。2019 年 1 月 21 日，某公司股东变更为赵某、钱某、石某等六人。其中，赵某为执行董事，钱某、石某为监事。2019 年 4 月，某公司注册资本增加至 125 万元，股东增加菲菲、娜娜二人。2019 年 9 月 18 日，某公司作出股东会决议和董事会决议，将经营决策机构由执行董事变更为董事会。选举赵某、石某、孙某等人为董事，其中赵某为董事长，孙某为副董事长；选举李某为监事，并进行了备案登记。

2020 年 11 月 12 日，石某向某公司发出请求函，以公司成立至今没进行过分红为由，向某公司申请查阅、复制公司自 2015 年 8 月 26 日成立以来的公司章程及修正案、股东会会议记录、董事会会议决议、监事会会议决议、财务会计报告、公司融资协议、会计账簿、原始凭证及全部合同。某公司收到请求函后未予回复。石某遂向法院提起股东知情权之诉，要求某公司公开自成立以来的全部公司章程及修正案、股东会会议记录、董事会决议、监事会决议、财务会计报告、融资协议、会计账簿原始凭证及全部合同等上述资料。

【判决结果】

1. 某公司于判决生效后 10 日内，将公司章程及修正案、股东会会议记录、董事会决议、财务会计报告置备于某公司供石某查阅、复制，查阅、复制时间不超过三个工作日。

2. 某公司于判决生效后 10 日内，将公司会计账簿置备于某公司供石某查阅，查阅时间不超过五个工作日。

【律师解读】

股东知情权是股东享有的基础性权利，有助于中小股东了解公司经营状况、监督公司经营管理、维护自身合法权益，也是股东实现决策权、分红权以及进行相关诉讼的基础和前提。从形式上看，股东知情权主要表现为股东查阅公司章程、公司财务会计报告、会计账簿等相关材料的权利；从实质上看，股东知情权不仅仅是了解公司的有关信息，而且是对公司检查和监督的权利。

《公司法》第三十三条的规定：“股东有权查阅、复制公司章程、股东会会议记录、董事会会议决议、监事会会议决议和财务会计报告。股东可以要求查阅公司会计账簿。股东要求查阅公司会计账簿的，应当向公司提出书面请求，说明目的。公司有合理根据认为股东查阅会计账簿有不正当目的，可能损害公司合法利益的，可以拒绝提供查阅，并应当自股东提出书面请求之日起十五日内书面答复股东并说明理由。公司拒绝提供查阅的，股东可以请求人民法院要求公司提供查阅。”第九十七条的规定：“股东有权查阅公司章程、股东名册、公司债券存根、股东大会会议记录、董事会会议决议、监事会会议决议、财务会计报告，对公司的经营提出建议或者质询。”第一百六十五条的规定：“有限责任公司应当依照公司章程规定的期限将财务会计报告送交各股东。股份有限公司的财务会计报告应当在召开股东大会年会的二十日前置备于本公司，供股东查阅；公开发行股票的股份有限公司必须公告其财务会计报告。”

本案中，证据虽然表明，石某对某公司的情况并非一无所知，但石某作为某公司股东，依法有权向某公司行使股东知情权。但合同、融资协议不在股东知情权范围内；且某公司并无监事会，故石某要求某公司提供监事会会议决议的主张，缺乏事实及法律依据，因此没有得到法院的支持。同时，虽然石某要求查阅、复制原始凭证，但没有提出合理理由，所以亦没有得到法院的支持。

在司法实践中，除本案中公司股东主张知情权的问题外，还存在隐名股东或实际出资人行使知情权的问题，一般有两种情形：一是通过显名股东行使股东权利；二是直接以股东身份行使股东权利。我国《公司法》并未否定隐名股东的出资形式，但对其权利义务也未作相应的规定。因此，对于隐名股东或实际出资人提起的股东知情权诉讼，我国司法实践认为，在公司名义股东与实际出资人（即隐名股东）相分离的情形下，股东的权利应当由公司名义股东直接行使，实际出资人（即隐名股东）应通过名义股东之手间接行使股东权利，来实现其投资权益。

76. 公司减资不通知债权人，减资股东需承担何种责任？

□ 潘建华

【案情简介】

2010年4月19日，甲公司（发包人）与乙公司（承包人）签订《建设工程施工合同》。合同约定由乙公司对甲公司投资开发的某工程项目的土建、安装等工程进行承包施工。工程竣工并经甲公司验收合格后，经过双方核算，甲公司欠付乙公司工程款4400余万元。其后一直未能给付。

2011年7月14日，甲公司就减少公司注册资本事宜通过股东会决议，同意对公司进行减资，将公司原注册资本1亿元减至8500万元。同日，甲公司就公司减资、股东姓名、出资方式、出资额及出资时间等事宜通过公司章程修正案。

2011年7月16日，甲公司就公司减资事宜在《新华日报》上刊登减资公告。公告载明：经股东会决议，拟向公司登记机关申请减少注册资本，由原注册资本人民币1亿元减至8500万元；请债权人自公告之日起45天内向甲公司提出清偿债务或提供相应的担保请求。但甲公司并未就减资事宜通知乙公司等已知债权人。

上述公告期满后，甲公司向工商登记管理机关出具说明，陈述甲公司已通过股东会减资决议并履行了法定减资程序。经过形式审查，工商行政管理局核准甲公司注册资本由1亿元变更为8500万元。

其后甲公司与乙公司因工程结算款发生争议，乙公司发现甲公司存在不当减资行为，故起诉至法院要求甲公司支付工程款4400余万元，并要求不当减资股东董某等人在各自减少出资的范围内对甲公司债务承担补充赔偿责任。

【判决结果】

法院支持了乙公司的诉讼请求，即甲公司支付给乙公司工程款4400

余万元，不当减资股东董某等人在各自减少出资的范围内对甲公司债务承担补充赔偿责任。

【律师解读】

一、公司减资应履行法定的程序

公司减资本质上属于公司内部行为，理应由公司股东根据公司经营状况通过内部决议自主决定，以促进资本有效利用，但也应履行法定程序。

根据《公司法》第一百七十七条“公司应当自作出减少注册资本决议之日起十日内通知债权人，并于三十日内在报纸上公告。债权人自接到通知书之日起三十日内，未接到通知书的自公告之日起四十五日内，有权要求公司清偿债务或者提供相应的担保”。公司减资应当自作出减资决议之日起十日内通知债权人，并于三十日内在报纸上公告。通知、公告程序旨在保证债权人能够及时了解企业情况，及时申报债权，以便充分保护债权人的利益。

通知程序和公告程序是两个独立的步骤，缺一不可，只公告未通知或只通知未公告都属于不当减资行为，系程序违法。

本案中，甲公司决议减资时，只公告但未按照程序通知债权人，系程序违法。

二、未履行减资程序的，不当减资股东应承担补充赔偿责任

《公司法》规定公司减资时的通知义务在于公司，但未具体规定公司不履行减资法定程序导致债权人利益受损时股东的相应责任。因公司未通知债权人进行减资的，与股东抽逃出资情形下对债权人的利益受损在本质上并无不同，故可参照抽逃出资情形时的法律后果。

根据《公司法司法解释（三）》第十四条第一款“公司债权人请求抽逃出资的股东在抽逃出资本息范围内对公司债务不能清偿的部分承担补充赔偿责任的，人民法院应予支持”。因公司财产独立于股东个人财产，因此股东不承担连带责任，而是补充赔偿责任。所谓补充赔偿责任是指债权人只有在公司不能清偿其债务时，才能就不能清偿的部分向不当减资股东主张赔偿。另外，补充赔偿范围仅限不当减资范围，不能肆意扩大。

结合本案事实，甲公司的减资过程仅在《新华日报》上刊登减资公告，而未采取合理、有效的通知方式告知乙公司这一已明知的债权人，致使乙公司未能及时行使相关权利，影响其债权的实现。即未按法定程序减资，甲公司不当减资股东在不当减资范围内应承担补充赔偿责任。

77. 无股东会决议，股东是否可以要求盈余分配及利息？

□ 付　珊

【案情简介】

2006 年 6 月，李某和张某共同设立热力公司，注册资本 1000 万元。李某出资 650 万元，占股 65%；张某出资 350 万元，占股 35%。

2007 年 4 月，张某将其在热力公司 35% 股份转让给 A 公司。2007 年 5 月，李某将其在热力公司的股份 60% 转让给 B 公司，5% 转让给 A 公司。同年 5 月，热力公司修改公司章程，将公司股东变更为 A、B 公司，A 公司持股 40%，B 公司持股 60%，并进行工商变更登记，李某为热力公司及 B 公司法定代表人。

2009 年 9 月 29 日至 2010 年 7 月 10 日期间，政府对热力公司资产进行整体收购并支付收购款，之后，热力公司一直未营业。

因热力公司盈余但一直未分配利润，故 A 公司将热力公司及其法定代表人李某诉至人民法院，要求进行利润分配；若热力公司到期不能履行，则李某承担赔偿责任。

经一审法院与二审法院调查，查明以下事实：

1. 经审计，热力公司截止 2014 年 10 月 31 日可分配利润为 51,165,691.87元（《审计报告》中热力公司清算净收益75,973,413.08元－未核减“工程施工 34,446,241.21 元”＋未计入“接口费”1038.21 万元－不应作为公司收益参与分配锅炉评估净值 743,580 元）。

2. 李某系热力公司执行董事、法定代表人，在政府整体收购热力公司全部资产后，未经热力公司股东会决策同意，将资产转让所得款项中 5600

万余元转入李某名下C公司。C公司系李某开办的关联公司。

【判决结果】

一审法院判决：1. 热力公司于判决生效后10日内支付A公司盈余分配款20,466,276.4元；2. 热力公司以盈余分配款为基数，按中国人民银行同期贷款利率向A公司支付自2010年7月11日起至实际付清之日的利息；3. 如热力公司到期不能履行上述给付义务，由李某承担赔偿责任。

二审法院判决：1. 撤销原审判决；2. 热力公司于本判决生效后10日内给付A公司盈余分配款16,313,436.72元；3. 热力公司到期不能履行上述给付义务，由李某承担赔偿责任；4. 驳回A公司的其他诉讼请求。

【律师解读】

《公司法》第四条规定公司股东依法享有资产收益、参与重大决策和选择管理者等权利。

《公司法》第二十条第二款规定公司股东滥用股东权利给公司或者其他股东造成损失的，应当依法承担赔偿责任。

《公司法》第二十一条规定公司的控股股东、实际控制人、董事、监事、高级管理人员不得利用其关联关系损害公司利益。违反前款规定，给公司造成损失的，应当承担赔偿责任。

《公司法》第一百四十九条规定董事、监事、高级管理人员执行公司职务时违反法律、行政法规或者公司章程的规定，给公司造成损失的，应当承担赔偿责任。

《公司法》第一百五十二条规定董事、高级管理人员违反法律、行政法规或者公司章程的规定，损害股东利益的，股东可以向人民法院提起诉讼。

《公司法司法解释（三）》第十五条规定股东未提交载明具体分配方案的股东会或者股东大会决议，请求公司分配利润的，人民法院应当驳回其诉讼请求，但违反法律规定滥用股东权利导致公司不分配利润，给其他股东造成损失的除外。

公司营利是进行盈余分配的前提条件，是否进行公司盈余分配及分配多少，实际上属于公司自治范畴，应当由股东会作出公司盈余分配的具体方案。但是，当部分股东变相分配利润、隐瞒或转移公司利润时，损害其他股东的实体利益，已非公司自治所能解决，应当进行司法干预，制止权利滥用。且司法解释规定的股东盈余分配的救济权利，并未规定需以采取股权回购、公司解散、代位诉讼等其他救济措施为前置程序，股东对不同的救济路径有自由选择的权利。本案中，李某作为B公司法定代表人、代表B公司行使股东权利，转移热力公司资产至C公司属于《公司法司法解释（四）》第十五条滥用股东权利导致公司不分配利润的情形，符合应进行强制盈余分配的实质要件。A公司选择盈余分配纠纷有事实依据和法律依据，故在本案中法院判决进行利润分配且董事李某对此承担赔偿责任。

在盈余分配纠纷中，是否应当支付盈余分配款利息呢？公司经营利润款产生的利息属于公司收入的一部分，在未进行盈余分配前均归属于公司，在公司盈余分配前产生的利息应当计入盈余分配款项范围。若本次盈余分配存在遗漏，仍属公司盈余分配后的资产。公司股东会或股东大会作出盈余分配决议时，在公司与股东之间即形成债权债务关系，若未按照决议及时给付则应计付利息。而司法干预的强制盈余分配则不然，在盈余分配判决未生效之前，公司不负有法定给付义务，故不应计付利息。本案中，A公司通过司法强制盈余分配，热力公司不负法定给付利息义务，且李某挪用热力公司5600万元至C公司，其款项产生的利息属于热力公司和C公司之间的纠纷，获得款项也应计入本次盈余分配后的公司资产，故二审法院予以改判。

综上所述，无股东会决议决定分配盈余时，若存在滥用股东权利导致不予分配的情形时，受害股东可以请求法院进行司法强制分配。在股东会作出盈余分配决议后，公司不履行的，可以计算分配款利息。

78. 公司无执行能力，能否追加股东为被执行人？

□ 彭欣彤

【案情简介】

F公司与H公司买卖合同纠纷一案，经法院终审判决，H公司给付F公司货款520万元。被执行人H公司未按期履行生效判决确认的债权，F公司向法院申请强制执行。执行过程中，法院穷尽执行措施后，仍未发现H公司有可供执行的财产，法院裁定终结本次执行程序。F公司向执行法院申请追加H公司的大股东吴某为被执行人，理由是：吴某作为H公司的股东，认缴出资300万，虽未实缴出资，也应由其承担补充赔偿责任。

【判决结果】

裁定驳回F公司追加吴某为被执行人的申请。

【律师解读】

在执行过程中，变更、追加执行当事人，应当严格按照执行方面的法律、司法解释的规定进行；没有明确的规定可以变更、追加执行当事人的，不得变更或追加。本案中，根据查明的案件事实，H公司股东吴某认缴出资期限尚未届满，F公司以吴某未实际出资为由追加其为被执行人，缺乏事实和法律依据，不予支持。

本律师认为本案中，作为股东的代理人有以下答辩思路：

（一）H公司有能力支付货款。

（二）H公司不符合破产条件，即H公司没有达到“不能清偿到期债务，并且资产不足以清偿全部债务”或“不能清偿到期债务，并且明显缺乏清偿能力”的程度。

（三）股东完成了向公司出资的义务。要证明股东已完成出资义务，股东应向法院提交如下证据：股东向公司转账的凭证；公司出具的《股东出资证明》；股东会决议；企业年报；会计师事务所出具的验资报告；其他能证明股东出资的证据等。

针对股东向公司转账的凭证，现实中很多股东不懂法，可能也不太懂财务。开始创业的时候一心想着开拓业务，很少会想到法律和财务的问题。所以很多股东向公司转账时没有注明股东出资款，可能也没有计入实收资本科目，甚至有的写的是借款。等到有债权人起诉，才发现自己的投资可能不能算作出资，还需再补足。这时股东觉得自己很冤，找到律师咨询应该怎么办。那么，股东向公司的转账在什么情况下能算作股东出资款呢?

1. 股东实际转账给公司，没有任何备注，也没有签订借款协议等等，那么该笔转账可以认定为股东缴纳的注册资本，在诉讼案件中最好提交会计师事务所出具的验资报告。但是要注意的是如果股东转账到该公司的分公司，那么会计师事务所无法将该笔转账认定为股东缴纳的注册资本。

2. 股东转账给公司，备注的是借款，或者有借款协议等等。借款也可以转为实收资本。但需要满足几个条件：（1）股东尚有未缴纳的注册资本；（2）公司不存在资不抵债的情形；（3）必须经过合法的程序。

如果公司存在资不抵债的情形，股东纯粹为了逃避注册资本的缴纳义务将借款转为实收资本是有法律风险的。根据《中华人民共和国企业破产法》第三十二条，破产过程中管理人可以向法院提起诉讼予以撤销。

回到本案，因吴某不符合答辩思路一和二，本律师按照思路（三）要求吴某提供相关证据，最终胜诉。

最后，股东出资要特别注意以下几点：

（一）股东向公司出资，转账时需注明股东出资款；

（二）股东出资后应要求公司出具《股东出资证明》，并要求财务将该出资计入实收资本。如果金额超过出资比例的，计入资本公积；

（三）股东出资款不要直接转入分公司。

79. 公司股权被冻结，引入新资本为何不予办理增资登记?

□王 琪

【案情简介】

2017 年 3 月 15 日，原告及原告所有股东（包括 A 公司等），与 B 公司签署了增资扩股协议书，约定 B 公司为新股东，并向原告增资 3 亿元人民币，认缴及实缴新增注册资本 3407 万元。本次增资扩股后，原告总注册资本变为 84，204 万元，其中 B 公司的持股比例约为 4%，其他股东的持股比例也发生变更。随后，原告召开两次股东会并形成股东会决议，通过上述增资扩股及相关事项，但并未申请工商变更登记。

2017 年 12 月 20 日，某法院向工商分局送达协助执行通知书、民事裁定书、协助公示通知书等，要求协助冻结 A 公司持有的原告出资额39，757 万元（占 50%）的股权，冻结期限为三年。

2019 年 2 月 14 日，原告在工商分局官网上申请增加注册资本，并要求新增股东 B 和相应的股权变更登记。但审查结果为预查不通过，审批意见为：“企业存在被法院冻结的股东，请先到法院咨询办理。本反馈为初步审查意见，如有疑问请与咨询窗口进一步沟通。”因此，原告以市场监督管理局（原工商分局）为被告，提起行政诉讼。

【判决结果】

驳回原告的诉讼请求。

【律师解读】

一、注册资本是法定的公司登记事项，市场监管局应当审查是否准予登记

根据《公司登记管理条例》第三十一条第一款规定，公司增加注册资本的，应当自变更决议或者决定作出之日起30日内申请变更登记。根据该条例第三十四条第一款规定，有限责任公司变更股东的，应当自变更之日起30日内申请变更登记，并应当提交新股东的主体资格证明或者自然人身份证明。同时，根据该条例第五十一条及第五十三条的规定，公司登记机关有权根据不同情况，对当事人的申请作出是否受理或准予登记的决定。

本案中，市场监管局作为工商行政主管部门，应当根据原告增资与股东变更登记的申请，履行审查职责，进行审查并决定是否准予登记。

二、人民法院裁定冻结股权，市场监管局有遵照执行的法定义务

根据《民事诉讼法》第二百四十二条第二款规定，人民法院决定扣押、冻结、划拨、变价财产，应当作出裁定，并发出协助执行通知书，有关单位必须办理。

本案中，法院已冻结A所持有的原告股权，且在协助执行通知书中明确了冻结的股权比例和份额，市场监管局必须遵照执行。

三、公司被冻结股权，引进新资本产生股权变动，不予办理增资登记

原国家工商行政管理总局《关于未被冻结股权的股东能否增加出资额、公司增加注册资本的答复意见》（工商法字〔2011〕188号）规定："在法无禁止规定的前提下，公司登记机关应当依申请受理并核准未被冻结股权的股东增加出资额、公司增加注册资本的变更登记。个别股东的股权，如果仅是被冻结转让、质押的话，该股东要求增资的，应当也没有依据予以禁止。"

本案中，虽然股东A所持股权被冻结，原告为了能够持续经营，改善困境，增资扩股引进新股东B，从而使已被法院冻结的A所持股权也有可能增值，产生变化。所以，若市场监管局作出准予登记增资和变更股东（股权）的决定，则变更结果必然与法院的协助执行文书冲突。使得法院限制对被冻结股权的处分、保持被冻结股权的财产价值和权利状态不受变动，目的无法实现。

综上，公司在被司法冻结股权期间，无法办理增加或减少注册资本、变更股东及股权的相关登记。因此，虽然B公司已经注入新资本，但未能办理工商登记，不具备公示公信的效力。

80. 董事、高管人员的自我交易行为损害公司利益，法院如何判决？

□ 郭思雨

【案情简介】

F公司于2009年9月25日成立，经营范围为：二类汽车维修（按机动车维修经营许可证核定的事项及期限从事经营）；某品牌汽车销售；汽车信息咨询服务。顾某渝任监事，张某任经理，冉某生任执行董事。2014年4月29日，F公司冉某生、种某明、张某签字的《通知》载明：借款以10万元为单位，10万元－50万元，借款时间为一年，签订协议之日起的年利息为10%。2014年7月10日、2015年6月11日，F公司与顾某渝签订两份《借款协议》，分别约定向顾某渝借50万元，借款利率月息15‰，以及借款40万元，月息10‰计算，逾期未还加收3%的利息。之后顾某渝支付了该两笔借款。因F公司未偿还借款，顾某渝于2015年12月4日就两笔借款向Y区法院起诉，分别要求F公司偿还借款本金50万元以及2015年5月10日至2015年7月9日的利息15000元，之后的利息以50万元为基数，从2015年7月10日起按年利率21%计算至付清之日止的利息；偿还借款本金40万元并支付2015年6月11日至2015年9月10日的利息12000元，之后的利息以40万元为基数，从2015年9月11日起按年利率21%计算至付清之日止的利息。法院生效判决支持了顾某渝的诉讼请求。之后，经顾某渝申请，两案均得以全部执行。就50万元借款，双方均认可截至2018年11月22日，执行本金50万元、2015年5月10日至2015年7月9日的利息15000元、2015年7月10日之后的利息353500元、被执行人迟延履行期间的债务利息7087.5元、案件受理费4700元、保全费3320元，合计883607.5元。就40万元借款，顾某渝自认收到除本金外的费用237681元，但包括诉讼费等，F公司主张其向顾某渝支付利息232551元。顾某渝认可包括迟延履行金、利息及逾期利息共计232551元。

F公司向一审法院起诉请求：由顾某渝返还F公司未经股东会决议签订借款合同所得的利息22500元和其他应收利息627067.5元。

【判决结果】

一审法院判决驳回F公司的诉讼请求；

二审法院改判：

1. 撤销一审判决；
2. 顾某返还F汽车销售有限公司利息388638.5元；
3. 驳回F汽车销售有限公司的其他诉讼请求。

【律师解读】

本案一审法院以案涉交易行为未损害公司利益为由驳回F公司要求公司高级管理人员归入其与公司自我交易的主张；二审法院认为《公司法》第一百四十八条规定公司高管未经公司股东会同意与公司进行交易所得收入应归公司所有，该条规定并不以是否实际损害公司利益为前提，案涉借款是否实际损害F汽车公司利益并不影响本案的处理结果，且认为《公司法》第一百四十八条规制的是公司高级管理人员的不当行为，该行为实际是否使公司获益均应经过公司股东会或股东大会的同意，否则其获得的利益就应由公司享有。

董事、高级管理人员自我交易行为的效力，不以是否损害公司利益为认定前提或要件，理由如下：

第一，《公司法》第一百四十八条未将是否损害公司利益作为法律要件进行规定，并非立法的疏漏。这条款是对董事、高级管理人员忠实和勤勉义务的具化，是立法对于董事、高级管理人员等公司重要经营者的“道德要求”，不能因未损害或者暂时未实现损害公司利益而心存侥幸地突破管理者的“道德要求”。以损害公司利益作为认定董事、高级管理人员自我交易的要件，甚至不考虑或在明知不符合公司章程、未经股东会或股东大会同意的情况下，作为认定该行为效力的唯一依据，不仅过于主观，更突破了立法的规定，不符合立法的本意。

第二，法院未必具备、也不适宜代替公司对是否损害公司利益进行商业判断。在公司以其董事、高级管理人员违反法律规定进行自我交易提起诉讼之时，公司已结合市场环境、商业机会等对自身利益是否遭到侵害作出判断，法院如再次进行评价很有可能不符合公司的实际利益。并且，如考虑是否损害公司利益，是否还需要明确其主观要件。

第三，以损害公司利益为要件将导致公司在无过错的情况下面临风险却无力救济，而存在过错的董事、高级管理人员却享受法律保护的红利，着实有失公允。自我交易本质上是公司意思表示缺少或者不真实的交易行为，这种情形是董事、高级管理人员违反忠实义务造成的。

81. Z 某某继承二千一百万股权，法院判决为何不支持？

□ 王亚丽

【案情简介】

A 公司 2009 年实行股权改制后，Z 某受让 2100 万股，公司股东演变为 31 名自然人股东。其中 Z 某出资额为 2100 万元，占注册资本 42%。法定代表人为 Z 某。2016 年 3 月变更法定代表人为 C 某。

A 公司自 2009 年改制以来五次修改章程。2015 年，A 公司经股东会决议修改公司章程，在原章程第四章第七条中增加规定“对正常到龄退休（返聘除外）、长病、长休、死亡的股东，应及时办理股权转让手续，股东退股时，公司累计有盈余的（经会计师事务所审计确认），持股期间按本人持股额每年享受 20% 以内回报”。Z 某某是 Z 某夫妻二人唯一女儿，Z 某至去世之前一直担任 A 公司的法定代表人。Z 某患病去世，并在医护人员的见证下订立遗嘱。遗嘱内容为 A 公司股权均由其女儿 Z 某某继承，与股权相对应的股东权利均由 Z 某某享有并承受。

【判决结果】

一审判决：

1. 确认 Z 某某取得 Z 某股东资格，对 A 公司享有 2100 万元出资额，出资比例为注册资本的 42%；

2. A 公司于一审判决生效之日起二十日内将 Z 某某载入股东名册，并向公司登记机关申请办理将 Z 某 2100 万元出资额由 Z 某某继承取得的变更登记手续。

二审判决：

1. 撤销原判决；

2. 驳回 Z 某某的诉讼请求。

【律师解读】

《公司法》第七十五条规定："自然人股东死亡后，其合法继承人可以继承股东资格；但是，公司章程另有规定的除外。"根据该条规定，《公司法》赋予了自然人股东的继承人继承股东资格的权利，但是同时亦允许公司章程对死亡股东的股权处理方式另行作出安排。因此，判断本案中 Z 某某是否有权继承其父 Z 某的股东资格，关键在于解读 A 公司章程有无对股东资格继承问题作出例外规定。

本案中，2007 年 9 月 12 日 A 公司章程第二十条规定"自然人股东死亡后，其合法继承人可以继承股东资格"。2009 年 2 月 11 日、2009 年 4 月 29 日、2012 年 3 月 29 日 A 公司章程删除了 2007 年 9 月 12 日章程第二十条股东资格允许继承的条款；同时第七条规定"股东不得向股东以外的人转让股权……股本金实行动态持股管理办法。对免职、调离、终止合同、退休等人员及时办理股权转让手续"。2015 年 1 月 10 日 A 公司章程第七条在前述章程规定基础上增加第三款规定"对正常到龄退休、长病、长休、死亡的股东，应及时办理股权转让手续，股东退股时，公司累计有盈余的，持股期间按本人持股额每年享受 20% 以内回报"。Z 某自 2011 年诊断患病，至 2015 年 12 月 4 日去世，前述章程的修订，其作为法定代表人均有参与，且签字确认。公司章程作为公司的自治规则，是公司组织与活动最基本与最重要的准则，对全体股东均具有约束力。正确理解章程条款，应在文义解释的基础上，综合考虑章程体系、制定背景以及实施情况等因素加以分析。首先，如前所述，A公司自2007年以来先后经历五次章程修订。自2009年起章程中删除了继承人可以继承股东资格的条款，且明确规定股东不得向股东以外的人转让股权，可以反映出A公司具有高度的人合性和封闭性特征。其次，Z某去世前，2015年1月10日的公司章程第七条第三款对死亡股东股权的处理已经作出了规定，虽然未明确死亡股东的股东资格不能继承，但结合该条所反映的A公司高度人合性和封闭性的特征，以及死亡股东应及时办理股权转让手续的表述，可以认定排除股东资格继承是章程的真实意思表示。再次，Z某去世之前，股东Y某、C某在离职时均将股权进行了转让，不再是A公司的在册股东，A公司亦根据章程规定支付了持股期间的股权回报款。该事例亦进一步印证了股东离开公司后按照章程规定不再享有股东资格的实践情况。因此，纵观A公司章程的演变，并结合A公司对离职退股的实践处理方式，本案应当认定公司章程已经排除了股东资格的继承。

排除股东资格继承后，标的股权如何处理属于公司治理事项，不影响本案股东资格的判断。A公司作为有限责任公司，具有独立的法人人格和治理结构，案涉股权排除继承后，究竟是由公司回购还是由其他股东受让，均可通过公司自治实现。这两种方式均有利于打破公司僵局，维持公司的人合性和封闭性，体现公司意志，保护股东权益。此外，Z某某虽无权继承股东资格，但其财产权利可以得到保障。根据2015年1月10日公司章程第七条的相关规定，其依然能取得退还的股本金和按照持股额每年计算一定比例的回报款。本案中，A公司提供的相关决议及庭审陈述表明，A公司将Z某的股权退股2100万元，并根据Z某持股期间按持股额每年享受20%的比例计算回报，该计算标准是2015年1月10日公司章程规定的较高标准。

因此，Z某某作为Z某的继承人，将能够从A公司获取较为丰厚的财产收益，对其权益的保护亦属合理。同时，A公司目前离职的股东均采取这种收回股本金和领取一定比例回报款的方式获得补偿，遵照公司章程对股东权益平等予以保护，符合本案实际情况。

82. 未获批准的国有股权转让协议，股权受让人可否据此获得股权？

□ 帅 南

【案情简介】

云南A集团有限公司（A集团）是中国烟草总公司（中国烟草）通过云南某有限公司（某公司）间接控股的国有企业，其持有上市公司云南B集团股份有限公司（B集团）12.32%的股权（价值22亿元）。陈某是国内著名民营企业家。A集团与陈某签订《股权转让协议》，转让其所持有的全部B集团股权。陈某依约向A集团支付股权转让款22亿元。因涉案股权为国有法人股，需经中国烟草及财政部批准，该股权一直未登记到陈某名下。A集团收款后，依约向某公司以及中国烟草报批，并将股权转让事宜进行了信息披露；但是中国烟草未予批准该次股权转让。此后，A集团要求退还22亿元股权转让款。陈某向云南高院提起诉讼，要求确认《股权转让协议》有效，要求A集团履行报批义务，并赔偿损失。云南高院一审判决认定《股权转让协议》有效，但驳回了陈某要求继续履行报批义务和赔偿损失的请求。陈某不服云南高院的判决，上诉至最高人民法院。

【判决结果】

经二审及再审程序，最高人民法院判决：《股权转让协议》为未生效合同，A集团返还22亿元转让款及利息，驳回其他诉讼请求。

【律师解读】

本案是2014年7月16日由最高人民法院作出的终审判决，现在《民法典》颁布且生效的情况下重新来思考该案例。本案涉及的是《民法典》的新增内容：未经批准的合同。下面从三个方面结合案情分析未经批准的合同。

第一，未经批准的合同效力。《民法典》第五百零二条第二款规定：“依照法律、行政法规的规定，合同应当办理批准等手续的，依照其规定。”依照该规定，批准是合同的法定生效条件，未经批准的合同因欠缺法律规定的特别生效条件而未生效。结合本案，该《股权转让协议》已经成立，但是否生效呢？依据《国有股东转让所持上市公司股份管理暂行办法》的规定，国有股东与拟受让方签订股份转让协议后，应按规定程序报国务院国有资产监督管理机构审核批准，本案拟转让的股份依法应按上述规定办理相关审批手续。本案应由A集团逐级上报至中国烟草，由中国烟草报财政部批准。涉案股权转让协议签订后，A集团按程序上报至某公司，某公司按程序上报至中国烟草。但是中国烟草收到上报材料后，明确作出不同意本次转让的批复，本案最终未能获得相关国有股权转让的审批，因此《股权转让协议》系未生效合同，陈某要求A集团继续履行及承担违约责任也就没有合同依据，故其诉讼请求法院未能支持。那么问题来了，合同没有生效，那关于报批义务及相关违约条款的效力如何呢？

第二，关于报批义务及相关违约条款的效力。《民法典》第五百零二条第二款规定：“应当办理申请批准等手续的当事人未履行义务的，对方可以请求其承担违反该义务的责任。”该条款表明需经行政机关批准生效的合同，对报批义务及履行报批义务的违约责任等相关内容作出专门约定的，该约定独立生效。也就是说《股权转让协议》整个合同虽然未生效，但就协议中规定的需经中国烟草及财政部批准等相关内容是单独生效的。

第三，如果人民法院判决履行报批义务后应当如何处理？

《九民纪要》第四十条规定：“人民法院判决一方履行报批义务后，该当事人拒绝履行，经人民法院强制执行仍未履行，对方请求其承担合同违约责任的、人民法院依法予以支持。”在合同未生效的情况下，判令当事人承担违约责任有争议。理论上认为，可以参照适用《民法典》第一百五十九条“当事人为自己的利益不正当地阻止条件成就的视为条件已经成就”的规定，认为合同所附的法定条件因报批义务人不当地阻止条件成就而拟制成就，从而使方享有违约损害赔偿请求权。

《九民纪要》第四十条规定："一方依据判决履行报批义务，行政机关予以批准，合同发生完全的法律效力，其请求对方履行合同的，人民法院依法予以支持；行政机关没有批准合同不具有法律上的可履行性，一方请求解除合同的，人民法院依法予以支持。"也就是说行政机关予以批准，合同生效；行政机关没有批准，合同不具有法律上的可履行性。一方请求解除合同的，报批义务人的承担责任。如果不能取得批准，是因为报批义务人怠于履行报批义务所致。如本可以取得批准，但因政策变化导致不能取得批准的，报批义务人应当承担责任。但纯粹是因为批准机关不批准导致的，则其无须承担责任。

为避免未来发生类似败诉，律师建议签署《股权转让协议》之前，收购方应对涉及的股权交易的法定流程进行充分的调研，对于股权交易需要何种部门审核或者批准、审核批准的流程等等，均应做足必要的功课。这就显示了律师尽职调查的重要性，因此聘请律师事先预防此类事件发生是很有必要的。如果条件允许，最好对该次交易的审批权主体进行预先沟通，了解上级国有资产管理部门对本次交易的立场和态度，避免投入大量精力和资金后，因最后审批环节无法完成而陷入泥潭。

在拟定协议时要重视《股权转让合同》设计的付款流程和股权交割的时间节点，确保股权转让款的支付和股权转让的审批和股权变更相匹配。当事人可通过银行共管账户的模式，将股权转让款汇入双方共同监管的资金共管账户，股权转让合同获得批准且股权变更完成后，再将该股权转让款释放汇入转让方账户。在未支付股权转让款的情况下，拟转让股权的原股东就有动力协助并促成办理完成相关审批、过户等义务。

在《股权转让合同》中，也可以特别单独约定办完审批的期限及相应的违约责任，约定股权转让方在规定的时间内办理完毕所有审批手续，否则需承担违约责任。违约责任条款应对经济损失的范围、金额、计算方法等进行明确约定。因该条款是独立生效的，可向人民法院起诉要求履行报批义务。如果向对方拒绝履行或经人民法院强制执行未履行，守约方享有违约损害赔偿请求权。

83. 股东的认缴出资额，何时可以加速到期？

□杨　倩

【案情简介】

乙公司成立于2017年6月1日，注册资本500万元，股东为周某、谢某、马某。其中周某认缴出资100万元，出资时间为2017年8月8日；谢某认缴出资额25万元，出资时间为2017年10月18日；马某认缴出资375万元，2019年11月1日出资150万元，2017年10月18日出资70万元，2036年12月1日认缴155万元。

甲公司因与乙公司买卖合同纠纷诉至法院，请求判决乙公司支付货款。二审法院作出终审判决，判决乙公司给付甲公司货款2,256,934.4元。其后甲公司向一审法院申请执行。该院在执行过程中，扣划乙公司账户银行存款42,546元，尚有2,244,695.4元未执行到位。法院穷尽执行措施，仍无财产可供执行。乙公司已具备破产原因，但甲公司、乙公司均未向该院申请乙公司破产清算。甲公司依据《全国法院民事商事审判工作会议纪要》第六条的规定，提起诉讼，请求法院判令周某、谢某、马某在未出资范围内对公司债务不能清偿的部分承担补充赔偿责任。

【判决结果】

一审法院判决：驳回甲公司要求周某、谢某、马某在未出资范围内对第三人乙公司不能清偿的债务承担补充赔偿责任的诉讼请求。

二审法院判决：驳回上诉，维持原判。

【律师解读】

根据《全国法院民事商事审判工作会议纪要》第六条，在注册资本认缴制下，股东依法享有期限利益。债权人以公司不能清偿到期债务为由，请求未届出资期限的股东在未出资范围内对公司不能清偿的债务承担补充赔偿责任的，人民法院不予支持。但是，下列情形除外：

（1）公司作为被执行人的案件，人民法院穷尽执行措施无财产可供执行，已具备破产原因，但不申请破产的；

（2）在公司债务产生后，公司股东（大）会决议或以其他方式延长股东出资期限的。

《最高人民法院关于适用〈中华人民共和国企业破产法〉若干问题的规定（二）》第二十条第一款："管理人代表债务人提起诉讼，主张出资人向债务人依法缴付未履行的出资或者返还抽逃的出资本息，出资人以认缴出资尚未届至公司章程规定的缴纳期限或者违反出资义务已经超过诉讼时效为由抗辩的，人民法院不予支持。"

结合上述事实以及法律规定，乙公司虽已出现破产原因，但其未经清算程序尚无法通知公司未知债权人，也无法确定未知债权人人数、金额、债权是否具有优先性，故乙公司的全体债权人能否得以公平清偿无法在个案中加以判断。甲公司主张的债权，应通过破产程序清理乙公司的债权债务，由管理人在破产程序中主张公司未届出资期限的股东出资加速到期，并归入债务人财产依照破产程序清偿，而不宜直接适用《全国法院民事商事审判工作会议纪要》第六条相关规定，判令周某等股东在该笔认缴出资范围内对乙公司的债权人承担补充赔偿责任。

综上，公司在不能清偿单个债权人的债权时，公司作为被执行人，且人民法院穷尽执行措施无财产可供执行，同时公司已具备破产原因，未申请破产时，应当从维护全体债权人的利益出发，通过破产程序来加速股东出资义务，实现全体债权人的债权予以公平清偿。即，在案件既符合《全国法院民事商事审判工作会议纪要》第六条，又符合《最高人民法院关于适用〈中华人民共和国企业破产法〉若干问题的规定（二）》第二十条第一款时，应优先使用破产流程使公司未足额出资的股东加速到期。

84. 股东退出后，是否可以继续行使股东知情权?

□王　阳

【案情简介】

2012年10月，A公司认购持有某银行5500万股股份，取得股东地位。

2014年7月，因某银行改革重组，A公司持有的某银行股份折股为B银行股份6435万余股。

2015年2月10日，A公司将其在B银行的股份转让给河南某公司，约定A公司在B银行股权的相应收益计算至2014年12月31日。

2016年2月，A公司收到B银行支付的2014年末可分配利润现金分红。该分红经过B银行股东大会审议。

其后，B银行上市时公开发布的财务资料中显示的B银行2014年度净利润比其《2014年度利润分配方案》中显示的净利润高出一亿多元。

A公司认为其获得的收益与B银行的盈利严重不符，B银行取得巨额净利润不向股东分配损害了其合法权益。

遂向一审法院起诉，请求查阅、复制持股期间相应的公司章程、股东大会会议记录、会计账簿等特定文件材料。

【判决结果】

一审法院判决：支持了A公司诉讼请求。

二审法院判决：撤销原审判决；驳回了A公司的诉讼请求。

【律师解读】

《公司法》第九十七条规定：“股东有权查阅公司章程、股东名册、公司债券存根、股东大会会议记录、董事会会议决议、监事会会议决议、财务会计报告，对公司的经营提出建议或者质询。”

股份有限公司的股东依法享有查阅公司财务会计报告的知情权。

对股东退出公司后又以公司在其股东资格存续期间对其隐瞒真实经营状况为由，诉请对公司行使知情权的，应当如何认识和处理，原股东是否具备提起知情权诉讼的主体资格，学术界存在较大争议，主要有绝对有权说、绝对无权说与相对有权说。司法解释持相对有权说的观点。

《最高人民法院关于适用〈中华人民共和国公司法〉若干问题的规定（四）》第七条规定：“股东依据公司法第三十三条、第九十七条或者公司章程的规定，起诉请求查阅或者复制公司特定文件材料的，人民法院应当依法予以受理。公司有证据证明前款规定的原告在起诉时不具有公司股东资格的，人民法院应当驳回起诉，但原告有初步证据证明在持股期间其合法权益受到损害，请求依法查阅或者复制其持股期间的公司特定文件材料的除外”。

该条结合诉的利益原则，明确规定了股东就公司法第三十三条、第九十七条规定享有的诉权，并规定了公司原股东享有的有限诉权。即原则上应当驳回起诉，但原告有初步证据证明在持股期间其合法权益受到损害的除外。

对该条的“除外”的理解，应当解释为：一般情形下，原告在起诉时不具有公司股东资格的，人民法院应当驳回起诉。但原告有初步证据证明在持股期间其合法权益受到损害，请求依法查阅或者复制其持股期间的公司特定文件材料的，人民法院应当予以受理。在除外情形下，人民法院受理后应当进行实体审理，作出是否支持的判决。

本案一审法院认为，虽然在本案起诉时，A 公司已经不是 B 银行的股东，但其提交的 B 银行在上市时公开发布的财务资料能够初步证明在其持股期间合法权益受到损害，请求查阅或者复制其持股期间的公司特定文件材料一审法院予以支持。

但二审法院认为，一审法院认定 A 公司提交的 B 银行在上市时公开发布的财务资料能够初步证明在其持股期间合法权益受到损害，仅符合案件受理条件，不能直接支持 A 公司有关知情权的诉讼请求。

A 公司诉 B 银行股份有限公司股东知情权纠纷一案的二审判决，采纳相对有权说，即在诉讼程序中如原股东有证据证明其实质利益受有损害，即支持其行使知情权。

因此，二审在审理中仔细审查了一审原告实质利益是否受损的证据之后，认为其利益并无受损的事实，从而未支持其诉讼请求。该审理结果堪称合理，它既维护了一审原告的诉权利益，也避免了简单从形式上赋予一审原告股东知情权后，会不当影响公司正常经营活动的后果。该判决依据法条详细梳理论证过程，很好地进行了说法释理，对《公司法司法解释（四）》第七条作出了正确的理解。

85. 怀疑股东抽逃出资，举证责任由谁承担？

□付　珊

【案情简介】

2011 年 3 月 28 日 A 公司与 B 公司开展业务合作（A 公司为香港公司，B 公司为内地公司，A、B 公司合作协议约定适用内地法律，为准据法）。B 公司到期未向 A 公司支付货款。为解决欠款问题，B 公司于 2012 年 6 月 1 日向 A 公司出具《B 公司还款 A 公司计划书》。《计划书》确认 B 公司拖欠 A 公司货款本金1,427,000美元及逾期罚息806,528.93美元，并承诺于 2012 年 6 月 30 日至 9 月 30 日期间每月分批清偿本息。但 B 公司签订还款计划后并未按约定的时间清偿债务，经 A 公司多次催告，仍拒不履行。

根据 B 公司变更事项的记录，公司股东张某、周某曾于 2011 年 5 月 6 日办理增资手续。经验资，公司注册资金从 100 万元增加到6100 万元。增资后，张某、周某将该资金抽逃。A 公司有理由相信 B 公司已无能力清偿债务，而导致 B 公司无能力清偿债务的原因很大程度上是由于 B 公司股东张某、周某滥用股东权利，抽逃出资，损害债权人利益的行为。故 A 公司将 B 公司、张某、周某诉至人民法院，请求判令：1. B 公司清偿欠款本金 1,427,000美元、罚息 806,528.93 美元，合计 2,233,528.93 美元；2. 张某、周某对欠款本息承担连带清偿责任；3. 判令 B 公司从 2012 年 10 月 1 日起按中国人民银行同期贷款利率支付逾期还款利息至债务清偿完毕。

【判决结果】

一审中院判决：1. B 公司于判决生效之日起十日内返还 A 公司 1,427,000美元；2. B 公司于判决生效之日起十日内赔偿 A 公司利息损失；3. 驳回 A 公司的其他诉讼请求。

二审高院判决：一审判决认定事实清楚，适用法律正确，维持一审判决。

再审最高院判决：1. 维持一审判决主文第一项、第二项；2. 撤销二审判决以及一审判决主文第三项；3. 周某、张某于本判决生效之日起十日内分别在人民币 3233 万元、2867 万元及其利息范围内就 B 公司对 A 公司上述债务不能清偿的部分承担补充赔偿责任；4. 驳回 A 公司的其他诉讼请求。

【律师解读】

根据《公司法》第三十六条规定，公司成立后，股东不得抽逃出资。

根据《公司法司法解释（三）》第十二条规定，公司成立后，公司、股东或者公司债权人以相关股东的行为符合下列情形之一且损害公司权益为由，请求认定该股东抽逃出资的，人民法院应予支持：（一）制作虚假财务会计报表虚增利润进行分配；（二）通过虚构债权债务关系将其出资转出；（三）利用关联交易将出资转出；（四）其他未经法定程序将出资抽回的行为。

《公司法司法解释（三）》第十四条第二款规定，公司债权人请求抽逃出资的股东在抽逃出资本息范围内对公司债务不能清偿的部分承担补充赔偿责任、协助抽逃出资的其他股东、董事、高级管理人员或者实际控制人对此承担连带责任的，人民法院应予支持；抽逃出资的股东已经承担上述责任，其他债权人提出相同请求的，人民法院不予支持。

《公司法司法解释（三）》第二十条规定，当事人之间对是否已履行出资义务发生争议，原告提供对股东履行出资义务产生合理怀疑证明的，被告股东应当就其已履行出资义务承担举证责任。

股东不得抽逃出资是《公司法》针对股东权利作出的禁止性规定，公司股东都应当遵守。对于抽逃出资的股东，应当在其抽逃出资本息范围内对公司债务不能清偿的部分承担补充赔偿责任。对于债权人来说，因不是公司股东，对公司的财务会计账簿及银行流水都无从得知，如果将证明抽逃出资的举证责任归于债权人一方，无疑对债权人来说是非常困难且有失公允的。因此《公司法司法解释（三）》规定，原告提供对股东履行出资义务产生合理怀疑证明的，被告股东应当就其已履行出资义务承担举证责任。本案中，一、二审法院将抽逃出资的举证责任完全归于债权人一方，加重了债权人的举证责任，判决周某、张某无需承担连带偿还责任，最终被再审法院撤销。

综上所述，公司欠债不还，无财产可供执行时，债权人怀疑股东抽逃出资并提供合理怀疑证明的，被告股东须就已履行出资义务承担举证责任，若其无法证明自己已经履行或不存在抽逃出资的，应当承担偿还义务。

86. 公司股东是夫妻二人，是否对公司债务承担连带责任？

□李　娟

【案情简介】

朱某经营一个油漆店，某公司自2017年初至2018年10月份多次从朱某店里购买工业漆及辅料等，每次朱某将油漆送至某公司处，某公司门卫处有一个收货人陈某为朱某出具入库单，并让朱某持入库单至某公司结算后，再支付货款。2018年11月3日，朱某持入库单到某公司处要求结算付款，收货人陈某根据朱某提供的入库单，将所欠货款账目进行了理顺，并出具欠款条。交易时间、货款金额、付款时间及金额等结算情况以及欠款条内容，均记录在一张A4纸上。其中右上角欠款内容载明：“结算2017年初至2018年10月份欠货款155,244元，陈某”。公司财务工作人员张某霞支付了货款20,000元，但所欠余款135,244元未再支付。之后，朱某多次催要，陈某和张某霞多次口头承诺付款，但又屡次以资金紧张为由拒付。

经查，某公司企业类型为有限责任公司（自然人投资或控股），公司股东为被告王立某、张某霞夫妻二人。

【判决结果】

一审法院判决：某公司支付朱某货款135，244元及逾期利息；王立某、张某霞对确定的公司债务承担连带清偿责任。

【律师解读】

一、案涉买卖合同的双方是谁?

本案庭审中，陈某陈述其曾在某公司看过大门，其本人与朱某并无业务往来，关于朱某对某公司地址、结算地址（某公司财务办公室所在位置），以及朱某在送货时陈某收货及收货后开具入库单等陈述，陈某均予以认可，由此可证实朱某确实向某公司送过货，存在朱某向某公司出卖油漆的事实。某公司认可陈某在其公司看过大门，再结合陈某、朱某的陈述，不排除陈某代某公司收取原告油漆的事实。朱某提供了张某霞货款支付20,000元的银行转账记录，可以证实朱某与某公司存在油漆买卖业务。另外，结合某公司的营业范围，其生产装载机、挖掘机等，而这些机械需要大量油漆。基于以上分析，可以确认朱某与某公司之间油漆买卖的事实，可以认定案涉买卖合同的双方为朱某与某公司。

二、公司股东王立某、张某霞是否应对公司债务承担连带责任?

某公司企业类型为自然人投资或控股的有限责任公司，股东为王立某、张某霞夫妻二人。《中华人民共和国公司法》第五十七条第二款规定："本法所称一人有限责任公司，是指只有一个自然人股东或者一个法人股东的有限责任公司。"依据该条文规定，某公司在形式上并不属于一人公司。因此，认定王立某、张某霞是否应对公司债务承担责任，则需确定公司财产是否独立于股东自己的财产。本案中，王立某、张某霞夫妻作为股东成立公司，案涉债务纠纷发生在双方婚姻关系存续期间，且因公司设立时未向工商登记部门提交分割财产证明，同时朱某提供了张某霞货款支付的银行转账记录，故二股东不能证明公司财产独立于自己的财产，因此被告王立某、张某霞应当对公司的债务承担连带责任。

三、本案法律适用的启示

夫妻双方共同出资设立公司的，应当以各自所有的财产作为注册资本，并各自承担相应的责任。因此，夫妻双方登记注册公司时应当提交财产分割的证明。未进行财产分割的，应当认定为夫妻双方以共同共有财产出资设立公司。在夫妻关系存续期间，夫或妻名下的公司股份属于夫妻双方共同共有的财产。作为共同共有人，夫妻双方对该项财产享有平等的占有、使用、收益和处分的权利。股东不能证明其个人财产独立于公司，即不能证明公司财产独立于股东自己的财产，则二股东应当对公司的债务承担连带责任。

87. 股东查阅权范围如何认定与裁量?

□ 张其元

【案情简介】

M 公司成立于 2016 年 7 月 14 日，股东为李某和杜某。目前，该公司的法定代表人为李某。

2018 年 12 月 27 日，杜某委托 H 律师事务所律师向 M 公司发出《律师函》，以杜某的股东知情权、经营参与权利受到侵害，公司股东李某擅自挪用公司资金进行大额投资、个人资产与公司资产混同、隐瞒公司实际经营收入等为由，要求 M 公司在收到函件 3 日内将会计账簿、合同文本、税收凭证、债权债务凭证、公司职位薪水证明等公司经营管理相关文件交给杜某查阅。该函件被寄往 M 公司的住所地，并于 2018 年 12 月 28 日被签收。

杜某表示，此后 M 公司并未作出回复，亦未提供相关资料。杜某向法院提出诉讼请求：1. 判令 M 公司向杜某提供自 2016 年 7 月 14 日起至判决生效之日止的会计账簿、税收凭证、债权债务凭证、公司职位薪水证明等公司经营管理相关文件以供杜某查阅（查阅时允许会计师辅助进行）；2. 本案诉讼费用由 M 公司承担。

【判决结果】

1. 被告 M 公司应于判决生效之日起十五日内提供 2016 年 7 月 14 日起至本判决生效之日止的会计账簿供原告杜某查阅。前述查阅活动应于被告 M 公司的住所地进行。原告杜某有权在其本人在场的情况下，由会计师辅助进行查阅。

2. 驳回原告杜某的其他诉讼请求。

【律师解读】

一、股东查阅权范围下的会计账簿争议

根据《中华人民共和国公司法》第三十三条规定，股东可以要求查阅公司会计账簿。根据《中华人民共和国会计法》第十四条、第十五条、第十六条和第十七条，可知：（1）各单位发生的各项经济业务事项应当在依法设置的会计账簿上统一登记、核算，不得违反本法和国家统一的会计制度的规定私设会计账簿登记、核算。（2）会计账簿包括总账、明细账、日记账和其他辅助性账簿，以及原始凭证和记账凭证。（3）各单位应当定期将会计账簿记录与实物、款项及有关资料相互核对，保证会计账簿记录与实物及款项的实有数额相符、会计账簿记录与会计凭证的有关内容相符、会计账簿之间相对应的记录相符、会计账簿记录与会计报表的有关内容相符。

司法实践中，股东诉求查阅某些文件能否扩大解释为“会计账簿”，经常成为股东知情权诉讼的主要争议焦点之一。事实上对于股东要求查阅原始会计凭证和其他公司文件（主要包括财务账册、对账单、合同书、资金进出凭证等），法律是没有明文规定的，审判中也常常发生争议。法院支持查阅原始会计凭证的理由是，会计凭证是判断会计账簿内容的真实性和完整性的必不可少的依据；法院反对查阅则是，基于对《公司法》上

“会计账簿”的文义解释。因此，对于该部分事实的认定法院有一定自由裁量的空间。

二、本案股东查阅权范围的认定

本案中，杜某作为M公司股东，已依法向M公司书面申请查阅公司会计账簿，并说明其行使股东权利的愿意和目的。M公司在没有证据证明杜某存在不正当目的的情况下，拒绝杜某查阅会计账簿不符合法律的规定。法院未支持的查阅文件及理由如下：（1）杜某要求查阅的“公司职位薪水证明”不是“工资条”这样的在公司经营往来过程中直接产生的原始凭证，也不是公司会计人员用于编制会计账簿的记账凭证，因此法院认为其既不属于会计凭证，也不属于会计账簿；（2）“税收凭证、债券债务凭证”属于“原始会计凭证”，因税收和债券债务涉及公司的收支情况，依法必须如实反映在公司的会计账簿上，且在案证据未表明查阅上述会计凭证是原告股东行使经营管理权的必要的手段。

笔者建议，股东在提起知情权之诉前，要满足以下要件，法院才会进一步认定股东主张的查阅权范围：（1）符合股东知情权的前置程序，股东应先提出书面请求，说明目的；（2）股东自行查阅或委托专业人员查阅；（3）股东查阅会计账簿必须具有正当性；（4）公司没有行使拒绝权或其拒绝权不成立，即有合理根据认为股东查阅会计账簿有不正当目的，可能损害公司合法利益的。

88. 债权人在破产重整中选择债转股后，保证人是否承担清偿责任？

□ 彭欣彤

【案情简介】

2016年到2018年间，甲公司多次向乙银行借款共计1.5亿元人民币。丙公司为甲公司的上述借款承担连带保证责任。2019年甲公司因经营不善，向法院申请破产重整。法院受理了该重整案件并且指定了管理人。管理人经研究后制定了《重整计划》。《重整计划》中对普通债权人的清偿有两种方式，即现金清偿和债转股清偿。每家普通债权人债权额30万元以下（含30万元）的部分在重整计划执行期内，以现金形式全额清偿。每家普通债权人债权额超过30万元的部分按照6.5%的清偿率以现金方式予以清偿。选择债转股的债权人以对甲公司确认的债权对持股平台公司出资，选择债转股的普通债权人按照1：0.065的比例将其持有的超过30万元的全部普通债权额转为对持股平台公司的股权。选择债转股的债权人，有担保人的，可以与担保人签订新的担保协议，协商确定担保人继续履行担保责任，担保人拒绝与债权人协商或者协商无法达成新的担保协议的，债权人可以向担保人追究担保责任要求偿还。乙银行选择了按照1：0.065比例债转股，随后又与丙公司重新签订了《保证合同》。

因丙公司没有按照保证合同履行保证责任，乙银行起诉丙公司要求丙公司赔偿乙银行在甲公司重整案中未清偿部分及其利息。乙银行认为，其在借款合同项下的债权没有足额受偿，丙公司应当对该部分债务承担连带责任。未清偿部分按照重整中确认的债权减去30万元的现金清偿再减去1：0.065的债转股折算出资额得出的剩余债权。即：150000000－300000－（150000000－300000）＊0.065＝139819800元（为了方便计算，本文忽略利息，直接按照本金计算）。

丙公司抗辩称乙银行的债权在破产重整中均转为股权，已经足额受偿，丙公司不应当再承担保证责任。

【法院判决】

判决丙公司赔偿乙银行在甲公司重整案中未清偿部分及其利息。

【律师解读】

虽然借款人甲公司已进入破产重整程序，但《中华人民共和国企业破产法》第九十二条第三款的规定："债权人对债务人的保证人和其他连带债务人所享有的权利，不受重整计划的影响。"因此，丙公司应对该不能受偿部分借款本息承担连带清偿责任。

首先，关于乙银行在甲公司破产重整程序中选择债转股是否视为债权全部得到清偿，笔者认为，按照1：0.065的比例债转股不应认定为全部清偿。本案《重整计划》明确写明：有特定财产担保的债权人，按照1：1的比例将其持有的全部由特定财产担保债权额转为对持股平台公司的股权；选择债转股的普通债权人按照1：0.065的比例将其持有的超过30万元的全部普通债权额转为对持股平台公司的股权。笔者认为，1：1的债转股可以视为全部清偿，而1：0.065的债转股不能视为全部清偿。如果两个比例的清偿都视为全部清偿，那么清偿率就没有意义了。

其次，《中华人民共和国企业破产法》第九十二条第三款明确规定："债权人对债务人的保证人和其他连带债务人所享有的权利，不受重整计划的影响。"据此规定，债权人在重整程序中没有得到完全清偿的，还可以要求保证人在保证范围内承担清偿责任。

再次，丙公司为甲公司的债务向乙银行承担连带保证责任。根据法律规定，连带责任保证的债务人不履行到期债务或者发生当事人约定的情形时，债权人可以请求债务人履行债务，也可以请求保证人在其保证范围内承担保证责任。这一规定，赋予了债权人自由选择权。根据《中华人民共和国企业破产法》及最高人民法院关于适用《中华人民共和国民法典》有关担保制度的解释的相关规定，如果不支持乙银行向丙公司主张债转股不能清偿的部分，乙银行可以放弃向管理人申报债权，直接要求丙公司在保证范围内承担保证责任。乙银行只需将甲公司申请破产的消息通知丙公司，并提醒其向甲公司的破产管理人申报债权即可。如果乙银行选择这种方式实现债权，实际上增加了丙公司的负担，因为申报债权过程中会有人力、财力成本的付出。

89. 股东行使优先认缴权，是否有时效限制?

□ 杨　倩

【案情简介】

某高新区科创实业有限公司（以下简称“某科创公司”）成立于2001年7月，在2003年12月某科创公司增资扩股前，公司的注册资金为475.37万元。其中蒋某出资额67.6万元，出资比例14.22%，为公司最大股东；A公司出资额27.6万元，出资比例5.81%。某科创公司第一届董事长由蒋某担任。

2003年3月31日，某科创公司作为甲方，林某、陈某作为乙方，高新区管委会作为丙方，签订了合作开发建设某城市花园的合作协议书（以下简称“该项目”）。2003年7月2日，全体股东大会通过选举李某为公司董事长为期两年的决议。此后蒋某在某科创公司的身份为董事。

2003年12月16日下午，某科创公司召开股东会，蒋某、A公司的委托代表常某出席了股东会。该次股东会的议题有：（1）关于吸纳陈某为新股东的问题；（2）关于公司内部股权转让问题；（3）新科创公司的新股东代表、监事、会计提名等。蒋某对上述三项议题的第（2）项投了赞成票，对第（1）项和第（3）项投了反对票；A公司的委托代表常某对第（2）项和新会计的提名投了赞成票，对其余内容投了反对票，并在意见栏中注明：“应当按照《公司法》第三十九条第二款规定先就增加资本拿出具体框架方案，按公司原股东所占比重、所增资本所占增资扩股后所占比重先进行讨论通过，再决定将来出资，要考虑原股东享有《公司法》规定的投资（出资）权利。”该次会议同意吸纳陈某为新股东，同意某科创公司内部股份转让。会议决定蒋某在科创公司的身份为监事。

2003年12月18日，某科创公司和陈某签订《入股协议书》。协议记载，陈某同意某科创公司通过的增资扩股方案，约定由陈某出资800万元，以每股1.3元认购615.38万股。同月22日，陈某以付地款名义向某科创公司账户汇入购股款800万元。A公司要求优先认缴新增资本。

2003 年 12 月 22 日，A 公司向某科创公司递交了《关于要求作为某科创公司增资扩股增资认缴人的报告》。该报告的主要内容为：主张蒋某和 A 公司享有优先认缴出资的权利，愿意在增资扩股方案的同等条件下，由 A 公司与蒋某共同或由其中一家向某科创公司认缴新增资本 800 万元人民币的出资。根据某科创公司的章程规定，公司新增资本时，股东有优先认缴出资的权利。

2003 年 12 月 25 日，工商部门签发某科创公司的企业法人营业执照，记载：法定代表人为陈某，注册资本为 1090.75 万元。同日，某科创公司变更公司章程，记载：陈某出资 615.38 万元，占比 56.42%；蒋某出资 67.6 万元，占比 6.20%；A 公司出资 27.6 万元，占比 2.53%。此后，陈某以科创公司董事长的身份对公司进行经营管理。2003 年 12 月 26 日，A 公司向某高新区工商局递交了《请就某高新区科创实业有限公司新增资本、增加新股东作不予变更登记的报告》。

2005 年 2 月 1 日，某科创公司召开股东会形成决议，通过陈某将 1 万股赠与 B 公司的提案，A 公司和蒋某参加会议，投弃权票。2005 年 3 月 1 日，陈某将 614.38 万股转让给 B 公司，B 公司持有某科创公司股份共计 615.38 万股。

2005 年 2 月至 2006 年 11 月，陈某以每股 1.2 元的价格收购了其他自然人股东 315.71 万股。某科创公司股东变更为：B 公司 615.38 万股，占 56.42%；陈某 315.71 万股，占 28.94%；蒋某 67.60 万股，占 6.20%；A 公司 27.60 万股，占 2.53%；其他自然人股东 11 人，共 64.46 万股，占 5.91%。

2005 年 12 月 12 日，蒋某和 A 公司向一审法院提起诉讼，请求确认某科创公司 2003 年 12 月 16 日股东会通过的吸纳陈某为新股东的决议无效，确认某科创公司和陈某 2003 年 12 月 18 日签订的《入股协议书》无效，确认其对 800 万元新增资本优先认购，某科创公司承担其相应损失。

【判决结果】

1. 一审法院驳回 A 公司和蒋某的诉讼请求；

2. 二审法院撤销一审判决，判决股东会决议中关于吸收陈某为股东的内容无效，某科创公司和陈某2003年12月18日签订的《入股协议书》无效，确认蒋某和A公司对800万元新增资本有优先认缴权；

3. 再审法院撤销一审、二审判决，判决2003年12月16日股东会决议中，涉及新增股份20.03%的部分无效，涉及新增股份79.97%的部分及决议的其他内容有效，驳回蒋某和A公司其他诉讼请求。

【律师解读】

《公司法》第三十四条规定："股东按照实缴的出资比例分取红利；公司新增资本时，股东有权优先按照实缴的出资比例认缴出资。但是，全体股东约定不按照出资比例分取红利或者不按照出资比例优先认缴出资的除外。"

本案涉及的争议焦点为：

一、侵害其他股东行使优先认缴权的股东会决议是否有效？

2003年12月16日某科创公司作出股东会决议时，现行《公司法》（指2005年修订的《公司法》，下同）尚未实施。根据最高人民法院《关于适用〈中华人民共和国公司法若干问题的规定（一）〉》（以下简称《公司法司法解释（一）》）第二条的规定，当时的法律和司法解释没有明确规定的，可参照适用现行《公司法》的规定。旧《公司法》第三十三条规定："公司新增资本时，股东可以优先认缴出资。"根据2005年修订《公司法》第三十五条的规定，公司新增资本时，股东的优先认缴权应限于其实缴的出资比例。2003年12月16日某科创公司作出的股东会决议，在其股东A公司、蒋某明确表示反对的情况下，未给予A公司和蒋某优先认缴出资的选择权，径行以股权多数决的方式通过了由股东以外的第三人陈某出资800万元认购科创公司全部新增股份615.38万股的决议内容，侵犯了A公司和蒋某按照各自的实缴出资比例优先认缴新增资本的权利，违反了上述法律规定。现行《公司法》第二十二条第一款规定："公司股东会或者股东大会、董事会的决议内容违反法律、行政法规的无效。"根据上述规定，某科创公司2003年12月16日股东会议通过的由陈某出资800万元认购科创公司新增615.38万股股份的决议内容中，涉及新增股份中14.22%和5.81%的部分因分别侵犯了蒋某和A公司的优先认缴权而归于无效，涉及新增股份中 79.97% 的部分因其他股东以同意或弃权的方式放弃行使优先认缴权而发生法律效力。另外，该股东会将吸纳陈某为新股东列为一项议题，但该议题中实际包含增资 800 万元和由陈某认缴新增出资两方面的内容，其中由陈某认缴新增出资的决议内容部分无效不影响增资决议的效力。

二、股东行使优先认缴权是否有时效限制？

A 公司和蒋某认为，公司法对股东行使优先认缴权的诉讼时效没有规定，应适用《民法通则》规定的两年诉讼时效。A 公司和蒋某知道权利被侵害的时间是 2003 年 12 月 22 日，诉讼时效至 2005 年 12 月 22 日才届满，因此其主张优先认缴权应当得到支持。

股东优先认缴公司新增资本的权利属于形成权。虽然现行法律没有明确规定该项权利的行使期限，但为维护交易安全和稳定经济秩序，该权利应当在一定合理期间内行使，并且由于这一权利的行使属于典型的商事行为，对于合理期间的认定应当比通常的民事行为更加严格。

本案 A 公司和蒋某在某科创公司 2003 年 12 月 16 日召开股东会时已经知道其优先认缴权受到侵害，且作出了要求行使优先认缴权的意思表示，但并未及时采取诉讼等方式积极主张权利。在此后某科创公司召开股东会，决议通过陈某将部分股权赠与 B 公司提案时，A 公司和蒋某参加了会议，且未表示反对。A 公司和蒋某在股权变动近两年后又提起诉讼，争议的股权价值已经发生了较大变化，此时允许其行使优先认缴出资的权利将导致已趋稳定的法律关系遭到破坏，并极易产生显失公平的后果，故法院对 A 公司和蒋某行使对某科创公司新增资本优先认缴权的请求不予支持。

综上，股东优先认缴权是一种期待权，只有在公司现实地增加资本或者发行新股时，股东才能行使该项权利。同时，这种权利也是一种选择权，股东可以行使，也可以放弃。股东在知道其优先认缴权受到侵害的情况下，若不及时通过积极方式主张权利，在争议股权已经归于他人，法律关系已稳定的情况下，再提起诉讼主张行使优先认缴权，将可能得不到法院的支持。

第四部分 劳动法篇

90. 劳动者违反竞业限制协议被索赔高额违约金，能否得到法院支持?

□ 韩英伟

【案情简介】

某公司为软件开发公司，王某为任职该公司软件开发人员。2018 年 2 月 23 日，王某与某公司签订劳动合同一份，合同期限自 2018 年 2 月 23 日至 2019 年 2 月 22 日。合同第 1 条约定：“合同期内的工资为每月 20000 元，该工资中 3000 元属于竞业限制补偿金。”合同第 10 条约定同行竞业限制条款：“（1）乙方（王某，下同）在职期间不得自营或者为他人经营与企业同类的企业；（2）乙方承诺，无论任何原因从甲方离职，离职后 2 年内不得从事与甲方商业秘密、技术秘密有关的产品研发、生产和经营活动；（3）根据双方协商确定，离职后至竞业限制期限结束，甲方每月为乙方发放竞业限制补偿金 5000 元；（4）乙方不履行规定的义务，应当承担违约责任，一次性向甲方支付违约金，金额为乙方离职前一年的总工资收入的 100 倍，同时，乙方因违约行为所获得的收益应当归还甲方。”合同签订后某公司均按约定每月发放工资。其后王某以要回老家处理家事为由提出辞职，某公司予以准许，并结清工资及竞业限制补偿金，且该公司在王某离职后仍按每月 5000 元支付竞业限制补偿金。王某离职后不久，某公司即发现王某前往与其经营范围相似的某科技公司就职，并利用某公司的软件代码为该科技公司研发软件服务。某公司遂向法院起诉，请求确认王某违反竞业限制协议，并支付违反竞业限制违约金 24,000,000 元。

【判决结果】

法院判决被告王某支付某公司竞业限制违约金 204,000 元。

【律师解读】

《劳动合同法》第二十三条规定：“用人单位与劳动者可以在劳动合同中约定保守用人单位的商业秘密和与知识产权相关的保密事项。对负有保密义务的劳动者，用人单位可以在劳动合同或者保密协议中与劳动者约定竞业限制条款，并约定在解除或者终止劳动合同后，在竞业限制期限内按月给予劳动者经济补偿。”

可以看出，竞业限制义务是一种约定义务，以用人单位向劳动者支付经济补偿金为生效条件，在无补偿金的前提下，竞业限制协议对劳动者不发生法律效力。

《劳动合同法》第九十条规定：“劳动者违反本法规定解除劳动合同，或者违反劳动合同中约定的保密义务或者竞业限制，给用人单位造成损失的，应当承担赔偿责任。”

该条款并没有对赔偿数额加以规定，不过在实践中则可根据劳动者违反竞业限制义务给用人单位造成的实际损失为标准赔偿，如果约定过高，法院可根据实际情况调整。按照损害赔偿的一般原理，如果劳动者仅违反竞业限制义务，并未侵犯用人单位的保密信息，赔偿责任可以用人单位已给付的经济补偿金为限。如果同时涉及侵犯用人单位保密信息的，在证明违约行为、实际损失及因果关系的基础上，用人单位也可以请求赔偿实际损失。

本案中，王某任职软件开发工作，负责编写软件代码，是负有保密义务的相关人员，依法可以签订竞业限制协议。而某科技公司与某公司的经营范围相似，并利用某公司的软件代码为该科技公司研发软件，实则侵犯了用人单位的保密信息，王某确实违反了竞业限制的约定。且用人单位仍然按照协议约定在王某离职后继续支付经济补偿金。但是双方约定的违约金为王某年收入的100倍，明显过高，显失公平。综合用人单位的实际损失，王某的每月工资因素，判决赔偿违约金204,000元，与王某上一年度总工资相当，合情合理，于法有据。100倍的高额违约金的协议约定不能得到支持。

91. 用人单位因员工拒绝到新岗位报到，解除合同是否违法？

□ 张　鹏

【案情简介】

齐某于2010年9月21日入职某公司，2017年8月3日该公司向齐某下发调岗通知，将其岗位从电商部调至商超部，并要求其到商超部报到。齐某对岗位调整不予接受，继续在原岗位上班，并拒绝到新岗位报到。据此，2017年8月22日、9月15日某公司两次作出《违纪处罚通知书》。2017年9月18日，因被认为存在旷工行为，某公司再次做出《违纪处罚通知书》，并于当日向齐某发放"解除劳动合同通知书"，以齐某在工作中有两次以上一般违纪行为，该行为根据员工手册的规定属于严重违纪为由，解除劳动关系。其后齐某向劳动人事争议仲裁委员会提出仲裁申请，要求某公司支付违法解除劳动合同赔偿金等。该委支持其部分请求后，双方均不服，诉至法院。

【判决结果】

某公司解除劳动合同的行为属于违法解除，应当支付齐某违法解除劳动关系赔偿金96600元。

【律师解读】

本案的争议焦点为用人单位单方调岗的行为以及解除劳动合同行为的合法性。《劳动合同法》第三十五条规定："用人单位与劳动者协商一致，可以变更劳动合同约定的内容。变更劳动合同，应当采用书面形式。"调整岗位属于变更劳动合同内容的范畴，因此用人单位要对员工进行调岗，必须和员工协商并达成一致意见，否则用人单位无权调岗。结合本案，公司在未与齐某协商一致的前提下，强行将齐某调至新岗位，不符合法律规定，并不发生岗位调整的法律效力。其后该公司又以齐某未到新岗位报到属于违纪为由解除劳动合同，缺乏法律依据，因此应认定该公司单方面调岗的行为以及解除劳动合同行为违法。需要注意的是，本案齐某被调整工作岗位后，虽拒绝到新岗位报到，但其仍在原岗位上班，并未出现旷工的情形。如齐某因公司调整工作岗位而出现连续旷工的情形，此时公司根据规章制度解除合同很难认定为违法。

另外，实践中一些用人单位往往因公司的生产经营变化、部门撤销等原因单方调整员工的工作岗位，但以上原因通常又无法被认定为“客观情况发生重大变化”，因此上述情况，用人单位要对员工进行调岗，也必须和员工协商并达成一致意见，否则无权调岗。

92. 员工殴打经理被开除不服，法院如何判决？

□ 郭灿炎

【案情简介】

卢某为北京某农庄有限公司员工，在该公司任保安。某年中秋节前，卢某找公司经理尚某质询为何不发其月饼之事时，与尚某发生口角并厮打。其后尚某报警。当日，尚某被送至北京市某县医院治疗。

对此，公司发出通知，解除与卢某的劳动关系，理由为卢某“上班时间擅离岗位、严重违纪、暴行犯上、破坏公物”。公司提供了《员工奖惩制度》《员工纪律》。公司《员工奖惩制度》中规定：“员工有恐吓、威胁、诋毁、殴打主管或公司同仁或妨害团体秩序者予以终止合同。”卢某对《员工奖惩制度》不认可，但未提供反驳证据。

卢某不服，向某劳动仲裁委申请仲裁。劳动仲裁委作出裁决：公司支付卢某违法解除劳动关系赔偿金 22400 元。卢某认可仲裁裁决，公司却对仲裁裁决不服，向北京市某县人民法院起诉。

【判决结果】

一审判决公司无须支付卢某违法解除劳动关系赔偿金 22400 元。卢某不服提起上诉，二审驳回上诉，维持原判。

【律师解读】

一、严重违反劳动纪律可以开除

劳动纪律是指劳动者在劳动中应当遵守的规则和秩序，其目的是维护用人单位生产经营或其他活动。即使用人单位没有制定规章制度，但不得旷工、迟到、早退等仍是劳动者应当遵守的劳动纪律。从行为的危害性以及对用人单位造成的影响等方面来看，在上班时间、工作区域不得打架斗殴更属于基本的劳动纪律和职业道德。

卢某作为公司员工，于上班时间因中秋节发放月饼之事就在办公室殴打领导尚某，该行为依照通常情理判断明显违背敬业、友善等核心价值观，必然影响公司的正常工作秩序，属于严重违反劳动纪律。

根据《中华人民共和国劳动法》第二十五条规定，劳动者严重违反劳动纪律或者用人单位规章制度的，用人单位可以解除劳动合同。所以，公司以卢某“上班时间擅离岗位、严重违纪、暴行犯上、破坏公物”等理由解除与卢某的劳动关系，符合法律规定，属合法解除，无需向卢某支付经济赔偿金。

二、劳动维权有边界

劳动者如存在严重违反纪律的行为，即使用人单位没有制定明确的规章制度或者规章制度未依法定程序制定、公示，用人单位仍然可以以劳动者严重违反劳动纪律为由解除劳动合同。对于何种程度属于严重违反劳动纪律，则可依据通常情理判断，看它是否严重违背公序良俗等。

中秋佳节，本应是赏月吃饼、家人团圆、其乐融融的日子！很多单位发放月饼，是作为员工福利的一部分。本案中，卢某因单位没有发放月饼，就与领导厮打在一起，已经明显超越了劳动维权的边界，其应承担被解除劳动关系的法律后果。

三、劳动者违法犯罪被开除者不胜枚举

根据《劳动合同法》第三十九条规定，劳动者被依法追究刑事责任的，用人单位可以解除劳动合同。根据《关于贯彻执行〈劳动法〉若干问题的意见》第二十九条的规定，“被依法追究刑事责任”是指：被人民检察院免于起诉的、被人民法院判处刑罚的、被人民法院依据刑法第三十二条免于刑事处分的。

工作之外醉酒驾驶判刑后被单位解雇，澳籍华人员工在防疫隔离期间外出跑步被开除等例子不胜枚举。除此之外，越来越多的单位将"员工有侮辱性语言或不道德行为"作为解除劳动合同的管理规定，如发表不当言论被单位通知解除劳动合同等。

总之，作为一个劳动者，应该模范遵守国家法律法规，自觉践行社会公德，维护社会公共秩序和善良风俗，这既是个人的基本公德心，也是成为职场"弄潮儿"应具备的基本素养。

93. 不签订劳动合同，是否构成劳动关系?

□张 颖

【案情简介】

被告某福音健身馆是个人独资企业，投资人是A某。原告于2020年8月27日入职被告某福音健身馆，担任前台领班。原告与被告没有签订书面劳动合同，约定工资由底薪2300元/月+全勤100元。原告在被告公司工作至2020年10月24日，被告某福音健身馆从2020年10月25日起停业后，原告没有再上班。原告在工作期间，被告通过其投资人A某的微信转账方式支付工资给原告。其中，2020年9月21日，转账金额2300元，交易说明："八月份工资"。2020年10月20日转账金额1000元，交易说明："还有一千四百元余款，九月份工资"。

其后原告向某仲裁委申请劳动仲裁。原告请求：1. 请求确认原告与被告于2020年8月27日至2020年10月25日存在劳动关系；2. 请求确认原告与被告的劳动关系于2020年10月25日解除；3. 请求支付2020年9月剩余未发工资1400元；4. 请求支付2020年10月1日至10月25日未发工资2390.8元；5. 请求支付2020年8月27日至10月25日原告与被告未签订劳动合同的另一倍工资5020.8元；6. 请求支付经济补偿金5200元。某仲裁委作出《不予受理通知书》，主要理由为：原告未能证明与被告存在劳动关系。原告不服该通知书，提起诉讼。

法院依职权查明，被告向某市中级人民法院申请破产，某市中级人民法院立案破产审查。其后被告向某市中级人民法院撤回破产申请，某市中级人民法院准许被告撤回破产申请。另查，被告某福音领秀健身馆的投资人A某的微信号。

【判决结果】

1. 被告某福音健身馆应自本判决生效之日起十日内一次性支付未发工资3312.64元给原告。

2. 被告某福音健身馆应自本判决生效之日起十日内一次性支付未签订劳动合同二倍工资差额2243.67元给原告。

3. 被告某福音健身馆应自本判决生效之日起十日内一次性支付经济补偿金1250元给原告。

4. 驳回原告的其他诉讼请求。

【律师解读】

本案属劳动合同纠纷。本案的争议焦点如下：

一、关于原告与被告是否存在劳动关系的问题

原告主张2020年8月27日入职被告某福音健身馆，没有签订书面劳动合同，于2020年10月25日起没有在被告某福音健身馆工作，提供了微信聊天记录、收取部分工资的记录等证据予以证明。根据《中华人民共和国劳动争议调解仲裁法》第六条“发生劳动争议，当事人对自己提出的主张，有责任提供证据。与争议事项有关的证据属于用人单位掌握管理的，用人单位应当提供；用人单位不提供的，应当承担不利后果”的规定，因此原告与被告于2020年8月27日至2020年10月24日期间存在劳动关系。

二、关于原告请求被告支付未发工资3790元、未签定劳动合同的另一倍工资4790元和经济补偿金5000元的问题

（一）原告主张被告未发工资包括2020年9月份工资1400元和10月

份工资2390.8元，合计3790.8元，现请求3790元。笔者认为，原告与被告的劳动关系存续至2020年10月24日止，原告每月底薪工资为2300元+全勤100元，合计2400元，按原告提供的转账记录被告已支付2020年9月份工资1000元，还应支付9月份工资1400元及10月份工资为1912.64元（2600元/月÷21.75天×16天）给原告，合计3312.64元。因此原告主张未发工资3790元理据不足。

（二）原告主张未签订劳动合同的另一倍工资4790元。根据《中华人民共和国劳动合同法》第八十二条第一款“用人单位自用工之日起超过一个月不满一年未与劳动者订立书面劳动合同的，应当向劳动者每月支付二倍的工资”的规定，被告未与原告签订书面劳动合同，应支付原告未签订书面劳动合同的二倍工资。参照《某省劳动人事争议仲裁委员会关于审理劳动人事争议案件若干问题的座谈会纪要》第十五条“劳动者请求用人单位支付未订立书面劳动合同二倍工资差额的仲裁时效，依照《劳动争议调解仲裁法》第二十七条第一款、第二款和第三款的规定确定。用人单位应支付的二倍工资差额，从劳动者主张权利之日起往前倒推一年，按月计算，对按超过一年的二倍工资差额不予支持”的规定，原告于2020年8月27日入职，计算其未签订书面劳动合同二倍工资的日期是从2020年9月27日开始至2020年10月24日止。原告请求被告支付未签订书面劳动合同二倍工资差额未超过一年仲裁时效。被告应支付原告未签订劳动合同二倍工资差额为：2243.67元(2400元/月÷21.75天×3天+1912.64元)。

（三）原告以被告拖欠工资主张经济补偿金，根据《中华人民共和国劳动合同法》第三十八条“用人单位有下列情形之一的，劳动者可以解除劳动合同：未按照劳动合同约定提供劳动保护或者劳动条件的；未及时足额支付劳动报酬的；……”和第四十六条“有下列情形之一的，用人单位应当向劳动者支付经济补偿：劳动者依照本法第三十八条规定解除劳动合同的；……”的规定，原告请求被告支付经济补偿金理由充分。但开庭时原告未提供证据证明其在解除劳动合同前十二个月的工资标准，故因此确定按原告在解除劳动合同前十二个月的平均工资2500元［（2400元+2600元）÷2］。根据《中华人民共和国劳动合同法》第四十七条第一款“经济补偿按劳动者在本单位工作的年限，每满一年支付一个月工资的标准向劳动者支付，六个月以上不满一年的，按一年计算；不满六个月的，向劳动者支付半个月工资的经济补偿”的规定，因原告在被告处工作不满六个月，被告应支付原告经济补偿金 1250 元（2500 元/月 ÷2）。

94. 公司组织聚餐，醉酒发生交通事故属于工伤吗？

□ 吴京徽

【案情简介】

2019 年 8 月 26 日，公司组织员工在公司厂房内聚餐，并给员工提供了酒水，员工小李和同事小郑都喝了酒。饭后，小李搭乘小郑的两轮电动车回家，途中与轻型货车发生剐蹭，造成小李、小郑受伤。交通事故认定书认定小李不负事故责任。经鉴定，小李血液中检验出乙醇含量 125mg/100ml，小郑血液中检验出乙醇含量 115mg/100ml，二人发生交通事故时均属于醉酒状态。

小李为维护自身合法权益，于 2020 年 8 月 17 日向当地人力资源和社会保障局申请工伤认定，当地人力资源和社会保障局于 2020 年 10 月 12 日以小李受到的伤害符合《工伤保险条例》第十六条第二项“醉酒或者吸毒的”为由，出具了《不予认定工伤决定书》。小李不服该决定，于 2020 年 10 月 19 日向当地人民政府提起行政复议。复议机关经核实，小李参加公司聚餐前，为保证员工安全，公司已安排两名司机待岗护送饮酒员工回家。小李明知自己和同事小郑都已饮酒，仍旧未通知公司私自搭乘小郑驾驶的电动车离开并发生交通事故。故复议机关于 2020 年 12 月 24 日作出《行政复议决定书》，决定维持人力资源和社会保障局作出的《不予认定工伤决定书》。小李不服该决定，向人民法院提起诉讼。

【判决结果】

一审法院撤销被告人力资源和社会保障局作出的《不予认定工伤决定

书》；撤销复议机关作出的《行政复议决定书》；责令人力资源和社会保障局在本判决生效之日起六十日内对小李的工伤认定申请重新作出决定。

二审法院撤销一审法院作出的行政判决。

【律师解读】

根据《最高人民法院关于审理工伤保险行政案件若干问题的规定》第四条规定，社会保险行政部门认定下列情形为工伤的，人民法院应予支持：……（二）职工参加用人单位组织或者受用人单位指派参加其他单位组织的活动受到伤害的。根据《工伤保险条例》第十四条规定，职工有下列情形之一的，应当认定为工伤：……（六）在上下班途中，受到非本人主要责任的交通事故或者城市轨道交通、客运轮渡、火车事故伤害的。因此，公司组织聚餐，小李在聚餐后回家途中发生非本人主要责任的交通事故，如不考虑醉酒情节则符合认定工伤的情形，应当认定为工伤。

但在本案中，争议焦点为醉酒是否一律作为认定工伤的阻却事由。根据《工伤保险条例》第十六条规定，职工符合本条例第十四条、第十五条的规定，但是有下列情形之一的，不得认定为工伤或者视同工伤：……（二）醉酒或者吸毒的。鉴于该条款在司法实践中的适用极易产生争议，笔者在下文中结合一、二审法院判决作出阐述。

一、一审法院观点

根据《中华人民共和国社会保险法》第三十七条规定，职工因下列情形之一导致本人在工作中伤亡的，不认定为工伤：……（二）醉酒或者吸毒的。《工伤保险条例》第十六条第二项与《中华人民共和国社会保险法》第三十七条第二项关于醉酒不予认定工伤的规定存在冲突：在《工伤保险条例》中，无论醉酒与职工伤亡之间是否存在因果关系，均不得认定为工伤；而在《中华人民共和国社会保险法》中，“导致本人在工作中伤亡”的表述则强调了醉酒与职工伤亡之间的因果关系，即醉酒造成行为失控进而引发职工伤亡事故的，对于职工伤亡不认定为工伤，反之，如果醉酒与职工伤亡事故之间不存在因果关系，则不得以醉酒为由不予认定为工伤。《中华人民共和国立法法》第八十八条的规定：“法律的效力高于行政法规、地方性法规、规章。”因此，应当以《中华人民共和国社会保险法》

作为裁判依据。在本案中，小李虽然醉酒，但结合交通事故认定小李不负事故责任的结论，可表明小李醉酒与交通事故的发生、小李受伤之间不存在因果关系，故人力资源和社会保障局单纯以醉酒为由不予认定小李工伤不当。最终判决撤销人力资源和社会保障局作出的《不予认定工伤决定书》并责令重新作出。

二、二审法院观点

《中华人民共和国社会保险法》第三十七条第二项主要针对醉酒等导致职工本人在“工作中”伤亡，而本案系在上班途中发生了非本人主要责任的交通事故，并非“工作中”。原审法院对于“工作中”进行扩大解释没有法律依据。《中华人民共和国社会保险法》在此情况下并不存在与《工伤保险条例》冲突之处。根据《工伤保险条例》的规定，职工上下班途中发生交通事故受到伤害符合《工伤保险条例》第十四条第（六）项规定的情形可以认定工伤，但该职工存在符合第十六条规定有醉酒情形的，不得认定为工伤或者视同工伤。

笔者认为，根据“文义解释优先”的原则，《工伤保险条例》第十六条第二款应解释为“只要职工醉酒就不得认定为工伤”。二审法院据此认定被告作出的《不予认定工伤决定书》认定事实清楚、证据确凿，符合法律规定。当前司法实践中也大多采取这种观点。

95. 劳务派遣违反“三性”，是否会导致劳务派遣合同无效？

□ 王梓涵

【案情简介】

自2012年起，某劳务派遣公司与某公交公司签订劳务派遣协议，由劳务派遣公司向公交公司派遣员工，派遣员工在公交公司担任驾驶员工作。2021年3月，派遣员工吴某以公交公司安排从事的驾驶员岗位不符合法律规定的“临时性、辅助性、替代性”规定为由，申请仲裁确认吴某与劳务派遣公司之间签订的劳动合同无效，确认其与公交公司之间存在劳动关系。

【裁判结果】

驳回吴某仲裁请求。

【律师解读】

我们先了解什么是劳务派遣合同的“三性”。根据《劳动合同法》第六十六条规定，劳动合同用工是我国的企业基本用工形式。劳务派遣用工是补充形式，只能在临时性、辅助性或者替代性的工作岗位上实施。

首先，被派遣劳动者的工作岗位是依据用工单位的经营需求决定的，《劳动合同法》第六十六条的规定主要是对劳务派遣合同中对用工单位进行规制。根据现行理论与实践，合同是否被判为无效，应当看其违反的法律强制规范的性质。违反效力性强制规范，合同无效；违反管理性强制规范，合同未必无效。2012 年《劳动合同法》修正时，虽然该条规定表述从“一般”改为“只能”，进一步着重强调了劳务派遣的适用范围，但其目的是为了实现管理的需要而设置，并非针对行为内容本身，性质上应属于管理性强制规范，并非效力性强制规定。

其次，依据《劳动合同法》第九十二条以及《劳动合同法实施条例》第三十五条“用工单位违反劳动合同法和本条例有关劳务派遣规定的，由劳动行政部门和其他有关主管部门责令改正，情节严重的，以每位被派遣劳动者 1000 元以上 5000 元以下的标准处以罚款；给被派遣劳动者造成损害的，劳务派遣单位和用工单位承担连带赔偿责任”，明确规定了用工单位和劳务派遣单位违反劳务派遣相关规定应承担的后果，即可通过行政处罚来进行管理。法律并未明确规定直接否认劳务派遣合同的效力，若直接认定被派遣劳动者与用工单位存在事实劳动关系，则会出现双重劳动关系的问题。

最后，从公平公正的原则来看，若直接认定被派遣劳动者与用工单位之间存在劳动关系，事实上被派遣劳动者与用工单位之间不可能有书面的劳动合同，至此还可能出现《劳动合同法》第八十二条有关二倍工资条款的适用。用工单位和劳务派遣单位虽然是在非“三性岗位”上实施派遣用工，但是已经完全履行了相应的义务，支付了相应的对价。用工单位、劳务派遣单位在承担相应的行政责任后，还要承担巨大的民事责任，将极不利于平衡劳动者与用工单位、劳务派遣单位的利益关系，不利于矛盾的化解。

综上，笔者个人观点是：不能仅因为劳务派遣违反“三性”，就被认定派遣协议无效。

96. 用人单位能否对违纪员工进行罚款？

□张　鹏

【案情简介】

宋某于2007年2月就职某公司，双方签订了劳动合同。劳动合同附件包括《员工手册》。其《员工手册》纪律规范中规定；口头警告会附带每月100元的扣薪，连续扣薪3个月；书面警告会附带每月100元的扣薪，连续扣薪6个月。2018年9月3日，宋某因管理下属不到位，受到口头警告一次。2018年11月5日，宋某因无故旷工一天受到书面警告一次，员工纪律惩处记录上均有宋某签字确认。2019年1月，宋某提出辞职，并以公司违法罚款，未足额支付劳动报酬迫使其离职为由提出劳动仲裁，要求公司支付2018年9月－12月扣款500元以及经济补偿金等。劳动仲裁委支持其部分请求后，宋某不服，诉至人民法院。

【判决结果】

一审法院认为，企业规章制度中的罚款条款没有法律依据，故宋某据此要求公司支付2018年9月－12月扣款500元，符合法律规定，依法应予以支持，判决公司支付宋某扣款500元。某公司不服一审判决，提起上诉。

二审法院认为，公司依照规章制度对宋某罚款500元，是其自主经营权的正当行使，并不违反法律法规的强制性规定，也在合理范畴内。故宋某要求返还该500元应不予支持，判决驳回宋某诉讼请求。

【律师解读】

用人单位能否以员工违反公司制度为由，进行罚款或扣薪，实践中存在两种观点：

一种观点认为，随着《企业职工奖惩条例》被宣布废止，用人单位行使罚款权已无法律依据。而且现行劳动法也并未赋予用人单位对员工进行罚款的权利。即使按照《劳动合同法》第三十九条的规定，劳动者严重失职，营私舞弊，给用人单位造成重大损害的，用人单位可以解除劳动合同。用人单位在此种情况下也只能采取解除合同的措施，而并不能采取罚款的处罚。也有部分地方性法规支持该观点，如《广东省劳动保障监察条例》（2019修正）第五十条规定：“用人单位的规章制度规定了罚款内容，或者其扣减工资的规定没有法律、法规依据的，由人力资源社会保障行政部门责令改正，给予警告。”

第二种观点认为，依据《劳动合同法》第四条的规定，用人单位可以建立规章制度以规范劳动者的行为。该观点下，只要规章制度是按照《劳动合同法》相关规定通过民主程序制定并经公示，即对劳动者具有法律约束力。劳动者一旦违反规章制度，用人单位即可按照相关规定对劳动者进行罚款。支持该观点的地方性法规，如《深圳市员工工资支付条例》（2019修正）第三十四条规定：“用人单位可以从员工工资中扣减下列费用：（一）员工赔偿因本人原因造成用人单位经济损失的费用；（二）用人单位按照依法制定的规章制度对员工进行的违纪经济处罚；（三）经员工本人同意的其他费用。用人单位每月扣减前款第一、二项费用后的员工工资余额不得低于最低工资。”

笔者赞同第二种观点。劳动关系存在管理属性，即劳动关系中用人单位与劳动者之间是管理与被管理的关系，故劳动者应当遵守用人单位的规章制度。如劳动者违纪，用人单位仅能依据《劳动合同法》第三十九条的规定解除劳动合同，而不能依据规章制度给予劳动者更轻的罚款处罚，即不利于建立稳定的劳动关系，也无法保障劳动者的权利。因此，笔者赞同用人单位依据合法的规章制度对违纪员工进行罚款。

另外，用人单位应禁止滥用罚款权利，保证劳动者的合法收入，避免与《劳动合同法》等法律法规中保护劳动者权益的立法本意相背离，否则仍有被认定违法的风险。

97. 上班第一天就辞职，遇车祸，是否属于工伤？

□ 张　颖

【案情简介】

2017 年 7 月 28 日，张某与 A 公司签订劳动合同，并于 2017 年 7 月 31 日被 A 公司派遣至 B 公司工作。同年 7 月 31 日，张某参加了 B 公司的员工岗前培训，当天中午 11 时 17 分刷卡在食堂就餐，吃完午饭后，向 B 公司提交辞职申请，辞职理由是“不符合自己心仪的工作”。B 公司同意了张某的辞职申请，双方办理了离职手续。且根据公司的监控录像显示，张某于当日 12 时 27 分离开 B 公司之后，张某驾驶电动自行车在回家途中与一重型自卸货车相撞并被该货车碾压，经抢救无效于当日死亡。交警认定张某在该起事故中不承担责任。

张某家属于 2017 年 12 月 5 日向人社局提出工伤认定申请。2018 年 2 月 4 日，人社局作出《认定工伤决定书》认定为工伤。A 公司、B 公司不服，申请行政复议，要求撤销被诉工伤认定决定。2018 年 5 月 9 日，复议机关作出《行政复议决定书》，维持了工伤认定决定。

A 公司、B 公司仍不服，提起行政诉讼。

【判决结果】

一审判决驳回了 A 公司、B 公司的诉讼请求。

二审判决驳回 A 公司、B 公司上诉，维持原判。

【律师解读】

本案中，A 公司、B 公司主张张某已办理离职手续，与公司已不存在劳动关系，故其回家途中因交通事故死亡不属于在下班途中发生，且该交通事故亦非发生在合理时间和合理路线。具体分析以下两点：

第一，张某离职当天发生的交通事故是否属于下班途中。

员工从用工单位离职当日离开公司回家的行为应当认定为下班。虽然事发当日张某与用工单位 B 公司已经办理了离职手续，但劳动者离职当日完成的交接工作等也是其工作组成部分，之后其离开公司回家的行为应当视为下班。

根据本案证据，张某向 B 公司提出辞职申请，并未说明要与 A 公司解除劳动关系，故应当认定张某在离开 B 公司之时与用人单位 A 公司的劳动关系仍然存续。因此，事发当日张某离开用工单位 B 公司回家的行为应当认定为下班，发生交通事故理应认定为下班途中。

第二，交通事故发生的时间、地点是否属于下班途中的合理时间和合理路线。

根据《工伤保险条例》第十四条第（六）项规定，职工有下列情形之一的，应当认定为工伤：（六）在上下班途中，受到非本人主要责任的交通事故或者城市轨道交通、客运轮渡、火车事故伤害的。《工伤保险条例》第十四条第（六）项规定的“上下班途中”，指以上下班为目的往返于单位和住处之间的途中。根据在案证据，事发当日张某在离开公司几分钟内、在去往回家方向的道路上发生交通事故，其离开时间和行经路线属于下班途中的合理时间和合理路线，并且张某不承担事故责任，理应认定为工伤。

第五部分
行政法篇

98. 政府以信息“涉密”为由不予公开，法院为何判决败诉？

□娄 静

【案情简介】

本案原告赵某等五人系某村村民。因当地棚户区改造项目的建设，原告的宅基地被纳入征收范围，为核实征收的合法性，原告向当地市自然资源局申请公开征地项目的相关审批文件。其中原告申请公开的“土地利用年度计划及农用地转用指标”，市自然资源局以涉密为由未予公开。原告认为市自然资源局未履行政府信息公开的法定职责，于是向当地市人民政府提出了行政复议申请，请求确认市自然资源局不履行政府信息公开法定职责的行为违法，并请求政府依法责令被告按照原告的要求公开所申请的政府信息。市人民政府支持了市自然资源局的观点，认为市自然资源局已依法履行了信息公开的职责，行为未违法，并驳回了原告的复议申请。

本案代理律师经过分析案件后认为，被告市自然资源局以原告申请公开的信息涉密为由不予公开，此说法没有事实与法律依据。于是以市人民政府及市自然资源局为被告依法向当地人民法院提起了行政诉讼。

【判决结果】

确认被告未依法履行信息公开义务的行为违法，并责令其在法定期限内将原告申请公开的信息予以公开。

【律师解读】

一、原告申请公开的信息属于被告应当主动公开，也属于依申请公开的内容

《中华人民共和国政府信息公开条例》第二十一条规定：“除本条例第

二十条规定的政府信息外，设区的市级、县级人民政府及其部门还应当根据本地方的具体情况，主动公开涉及市政建设、公共服务、公益事业、土地征收、房屋征收、治安管理、社会救助等方面的政府信息；乡（镇）人民政府还应当根据本地方的具体情况，主动公开贯彻落实农业农村政策、农田水利工程建设运营、农村土地承包经营权流转、宅基地使用情况审核、土地征收、房屋征收、筹资筹劳、社会救助等方面的政府信息。”第二十三条规定：“行政机关应当建立健全政府信息发布机制，将主动公开的政府信息通过政府公报、政府网站或者其他互联网政务媒体、新闻发布会以及报刊、广播、电视等途径予以公开。”

《建设用地审查报批管理办法》第七条规定：“市、县国土资源主管部门对材料齐全、符合条件的建设用地申请，应当受理，并在收到申请之日起30日内拟订农用地转用方案、补充耕地方案、征收土地方案和供地方案，编制建设项目用地呈报说明书，经同级人民政府审核同意后，报上一级国土资源主管部门审查。”第八条规定：“在土地利用总体规划确定的城市建设用地范围内，为实施城市规划占用土地的，由市、县国土资源主管部门拟订农用地转用方案、补充耕地方案和征收土地方案，编制建设项目用地呈报说明书，经同级人民政府审核同意后，报上一级国土资源主管部门审查。”

本案中，被告市自然资源局作为市一级土地征收、房屋征收公布的机关，应当主动通过政府公报、政府网站或者其他互联网政务媒体、新闻发布会以及报刊、广播、电视等途径将公开信息向社会公布。对政府信息公开申请，其应当依照《中华人民共和国政府信息公开条例》第三十六条“（一）所申请公开信息已经主动公开的，告知申请人获取该政府信息的方式、途径的规定作出答复”。

本案中，原告申请的政府信息公开属于市自然资源局职责范围内，并且应当主动公开的内容，因此被告收到原告的政府信息公开申请之后，应告知原告获取信息的方式、途径，而以“不是由我局形成产生”为由推诿，此举已然构成行政不作为。

二、被告以原告申请公开的信息涉密不予公开，没有事实与法律依据

《中华人民共和国保守国家秘密法》第三条第一款、第二款的规定，国家秘密受法律保护，一切国家机关、武装力量、政党、社会团体、企业事业单位和公民都有保守国家秘密的义务。收到原告提交的政府信息公开申请后，被告应对案涉信息进行保密审查，系依照《中华人民共和国政府信息公开条例》第十四条的规定履职尽责。

根据《中华人民共和国反不正当竞争法》第九条第四款："本法所称的商业秘密，是指不为公众所知悉、具有商业价值并经权利人采取相应保密措施的技术信息、经营信息等商业信息。"

根据《中华人民共和国政府信息公开条例》第十四条："依法确定为国家秘密的政府信息，法律、行政法规禁止公开的政府信息，以及公开后可能危及国家安全、公共安全、经济安全、社会稳定的政府信息，不予公开。"第十五条："涉及商业秘密、个人隐私等公开会对第三方合法权益造成损害的政府信息，行政机关不得公开。"

被告以"该内容涉密"为由不予公开，却未依照《最高人民法院关于审理政府信息公开行政案件若干问题的规定》第五条第一款的规定进行举证，应承担对其不利的法律后果。

综上，根据《中华人民共和国政府信息公开条例》第五条"公开为常态、不公开为例外，遵循公正、公平、合法、便民的原则"之规定，因此，对于原告申请的信息应当依法公开。

99. 一张有路灯亮着的照片，为何影响行政案件的结局？

□ 张印富

【案情简介】

2019 年，某政府进行棚户区改造。棚户区改造范围内的住户作为普通百姓，既不了解拆迁政策也不了解自己被拆迁的补偿安置标准，为此申请政府信息公开。政府以已经公示了相关文件为由，拒绝提供住户们申请的政府信息。住户遂委托律师向某中级人民法院提起行政诉讼，请求确认某政府未依法履行政府信息公开职责违法。

庭审中，该政府提交的主要证据系一张照片，以此证实政府已经在工作日的白天内张贴了关于棚户区改造的相关文件。为核实证据的真实性，住户的代理律师要求查看照片原件。从照片看不清政府张贴文件的具体内容，无法证明政府已经张贴公示了棚户区改造的相关文件。特别是照片背景远处的路灯亮着，当即指出：该照片有问题。因为白天拍摄的照片，不会有远远的路灯亮着的背景；即便有路灯亮着，也不会显示到照片的背景中。某政府一直表明于白天张贴告示公开公布信息，而其提交的证据照片中远远的路灯亮着，表明是其“夜间”张贴告示，二者自相矛盾，无法认定该证据的真实性。法官当庭要求该政府解释，政府无法给出令人信服的说法。因此法庭最终采纳了住户方代理律师的意见。

【判决结果】

确认某政府不履行政府信息公开职责违法。

【律师解读】

这个案件，使笔者想起了世界十大奇案之一“月光下杀人案”中林肯与证人福尔逊一段对话：

1946 年，林肯受朋友之托，以被告辩护律师的身份到美国阿肯色州法院查阅了阿姆斯特朗被指控“谋财害命”一案的全部卷宗，从中获悉全案的“核心证据”在于控方证人福尔逊向法庭提供的书面证言，“证明在 10 月 18 日的月光下清楚地目击了阿姆斯特朗用枪击毙了死者”。在复审中，林肯与证人福尔逊有这样一段对话：

林肯：你发誓说认清了阿姆斯特朗？福尔逊：是的。林肯：你在草堆后，阿姆斯特朗在大树下，两处相距二三十米，能看清吗？福尔逊：看得清楚，因为月光很亮。林肯：你肯定不是从衣着方面认清的吗？福尔逊：不是，我看清了他的脸，因为月光正照在他脸上。林肯：你肯定时间在 11 点吗？福尔逊：充分肯定，因为我回头看了时钟，那时是 11 点 1 刻。林肯问到这里，就转过身，发表了著名的辩护：我不能不告诉大家，这个证人是个彻头彻尾的骗子，他一口咬定是 10 月 18 日晚 11 点在月光下认清了被告的脸，请大家想一想，10 月 18 日那天是上弦月，11 点时月亮已经下山，哪里还有月光？退一步说，也许证人把时间记得不十分精确，时间稍有提前，但那时月光应是从西往东照，草堆在东，大树在西，如果被告的脸面对着草堆，脸上是不可能有月光的。”

在这场辩护中，林肯通过对证人证言的当庭质证，利用天文学知识，摆事实，讲道理，用强有力的判断和推理，推翻了证人的证词，澄清了事实真相，为阿姆斯特朗洗清了不白之冤。

本案中，“夜间贴告示”本身就很滑稽，白天拍摄照片不可能有远远的路灯亮着的背景，即便路灯亮着，被告所说是白天张贴告示，也不可能拍摄到远远的路灯亮着。

通过一张有路灯亮着的照片，影响了本案件的结局，有以下三点启示：

一、打官司重证据，经验有时更重要

打官司重证据，证据必须具有真实性、合法性、关联性。判断证据是否具有“三性”，不仅要有相应的法律专业知识，更要有丰富的经验。赵括“纸上谈兵”，凭熟读兵书理论去打仗，结果被实战经验丰富的白起打得惨败。本案，被告“夜间”贴告示，可谓有“重证据”的专业知识，但“夜间拍照”制作假证，“假的真不了，真的假不了”，假的东西通常会有或多或少的蛛丝马迹。凭借在法庭上的质证经验，固定对方的证据内容，识破对方骗局，关键时刻经验有时更为重要。

二、细节决定成败

老子曾说：“天下大事，必作于细。”细节往往是事件发展的关键和突破口，能决定事件的走向。窥一斑而知全豹，从细微之处发现问题，往往是成功的特点之一。本案中，照片中的背景有路灯亮着，具备生活常识的人都会发现是夜间拍摄的。被告疏忽了这一小小细节，露出了马脚。偷鸡不成蚀把米，直接影响了案件的结局。

三、法律是用来惩恶扬善的，知识应该用在正当处

法律的本质是惩恶扬善，依法维护当事人的合法权益，维护社会的公平正义，这也是法治社会的必然要求。恶如果得不到应有的惩处，善就不能自由生长，受害的有可能是每一个社会成员。处理涉法问题，需要具备一定的法律专业知识，但专业人员的专业知识应该用在正当之处，不能凭借专业知识，钻法律漏洞，做违背法律本意的事情。法律之内应有天理人情在。“让人民群众在每一个案件中都能感受到公平正义”，尤其需要成为法律专业人员的自觉行为。不依法履行法定职责，本身就是违法的，弄虚作假更是被法律所禁止。

100. 超过办案期限，行政处罚决定是否合法？

□ 郝耀华

【案情简介】

2018 年 9 月 13 日，在某小区内，原告李某认为第三人张大某抢了她的椅子而对其进行辱骂，张大某的儿子张小某过去推了原告李某，父亲张大某未动手，期间，发生了伤人事件。2018 年 9 月 17 日，区公安分局所辖派出所制作《受案登记表》，对第三人张大某、第三人张小某打伤原告李某一案以行政案件立案受理。区公安分局分别于 2018 年 9 月 17 日和 2019 年 2 月 12 日对原告李某进行询问并制作《询问笔录》。2018 年 10 月 11 日，区公安分局经审批，将该案办案时间延长三十日。2020 年 8 月 12 日，区公安分局分别作出《处罚决定书》，向第三人张大某、第三人张小某宣读，第三人张大某、第三人张小某签字确认。2020 年 8 月 14 日，区公安分局将《处罚决定书》向原告李某送达。

原告李某不服该《处罚决定书》，于 2020 年 10 月 12 日向市公安局提出行政复议申请。同日，市公安局向区公安分局作出《行政复议提交答复通知书》，并于 2020 年 10 月 14 日送达。2020 年 10 月 22 日，区公安分局提交了《行政复议答复意见书》和证据材料。2020 年 12 月 8 日，市公安局作出《复议决定书》，决定维持《处罚决定书》，并分别向原告李某、区公安分局进行了送达。其后李某不服向法院起诉。

【判决结果】

1. 确认被告区公安分局于 2020 年 08 月 12 日对第三人张小某、第三人张大某分别作出的《行政处罚决定书》违法。

2. 撤销被告市公安局于 2020 年 12 月 08 日作出的《行政复议决定书》。

【律师解读】

《治安管理处罚法》规定："公安机关对报案应当及时受理并进行登记，公安机关办理治安案件的期限，自受理之日起不得超过 30 日，案情重大、复杂的，经上一级公安机关批准，可以延长 30 日。为了查明案情进行鉴定的期间，不计入办理治安案件的期限。"这里的"鉴定期间"，是指公安机关提交鉴定之日起至鉴定机构作出鉴定结论并送达公安机关的期间。公安机关应当切实提高办案效率，保证在法定期限内办结治安案件。

纵观本案，区公安分局于 2018 年 9 月 17 日受理案件，但直至 2020 年 8 月 12 日才对第三人张小某、第三人张大某作出处罚决定。区公安分局虽经过依法审批延长办案期限、为查明案情进行鉴定，但扣除上述期限，区公安分局于 2020 年 8 月 12 日作出的《处罚决定书》，仍明显超过上述法律规定的办理期限，属于程序违法。因此，区公安分局认为原告李某不配合鉴定工作导致超期作出处罚决定的理由不能成立。

《行政复议法》第二十八条第一款第（一）项规定："具体行政行为认定事实清楚，证据确凿，适用依据正确，程序合法，内容适当的，行政复议机关作出维持的行政复议决定。"结合本案，被诉《处罚决定书》超过法律规定的办案期限，属于程序违法的情况，但市公安局仍适用《行政复议法》第二十八条第一款第（一）项的规定，作出维持被诉《处罚决定书》的行政复议决定属于适用法律错误，因此依法应予撤销。

行政效率是行政管理的原则之一。《行政处罚法》在规范行政处罚行为和推进行政机关依法行政的同时，同样重视提高行政效率。《行政处罚法》对行政处罚时效的规定，表明了法律对行政机关依法办案、及时办案的要求。

101. 无证房屋被强制拆除，法院为何判决赔偿？

□ 娄　静

【案情简介】

李某于1995年在某县国有农场购买房屋四间及小院一个。李某的房屋及房屋所在土地因“县公路晋级改造”项目实施而涉及征收。在李某未签署任何安置补偿，未给予李某合法安置的情况下，某镇政府于2021年1月8日将李某的房屋及地上附属物进行强制拆除。针对2021年1月8日某镇政府组织的强行拆除行为，李某认为对其造成重大经济损失和巨大精神损害，严重损害了李某的合法权益，便委托律师为其提供法律帮助。

【判决结果】

责令某镇政府对李某的财产损失予以全面赔偿。

【律师解读】

笔者接受委托后，首先在行政强制诉讼中，提起确认违法之诉。法院判决支持李某诉讼请求，判决确认涉案房屋被强制拆除的行为违法。随后在国家赔偿阶段，针对涉案房屋原有的补偿问题依法转化为赔偿程序解决，依法提起国家赔偿诉讼。根据《中华人民共和国国家赔偿法》第四条规定，行政机关及其工作人员在行使行政职权时有下列侵犯财产权情形之一的，受害人有取得赔偿的权利：（四）造成财产损害的其他违法行为。某镇政府应依法对李某的财产损失承担行政赔偿责任。

关于本案要明确赔偿标准问题。赔偿标准问题的解决，应先确认涉案房屋所在土地的性质，是属于国有土地还是集体土地？通过律师充分调查取证，获得李某的房屋所在地属于国有土地的确切证据。但涉案房屋未取得所有权证，对于无证房是否应当补偿？李某认为镇政府应依法予以赔偿，但镇政府则认为无证建筑为违法建筑不应予以补偿，原被告双方产生较大争议。笔者认为，可以通过以下观点支持李某主张：

由于本案已确定涉案房屋所在土地性质为国有土地，对于因修建县道而实施的征收，应依据《国有土地上房屋征收与补偿条例》的法定程序实施。《国有土地上房屋征收与补偿条例》第二十四条第二款规定："市、县级人民政府作出房屋征收决定前，应当组织有关部门依法对征收范围内未经登记的建筑进行调查、认定和处理。对认定为合法建筑和未超过批准期限的临时建筑的，应当给予补偿；对认定为违法建筑和超过批准期限的临时建筑的，不予补偿。"而涉及征收的房屋情况往往比较复杂，尤其是旧城区、城中村或国有农场，存在大量因历史原因未依法办理产权登记或未依法办理审批许可手续的建筑。对于此类建筑，征收部门应当组织有关部门依法进行调查、认定和处理，并应就此在行政诉讼中承担相应举证责任。因此，负责调查、认定、处理的征收部门应负有对未登记的建筑物的合法性作出处理和认定的法定责任。而本案中，征收机关未依法发布征收决定又未对案涉无证房屋及构筑物进行勘测、调查、认定及处理，李某也从未收到过任何涉案房屋的此类处理结果。而在实施强制拆除前，就涉案房屋双方进行过磋商评估。镇政府因对李某自行委托的评估结果有异议，拒绝补偿后，直接实施了强制拆除。镇政府主张对案涉无证房屋及构筑物系违法建筑不应予以赔偿的主张，无事实依据及法律依据，不应得到支持。

法院经审理后，采纳了律师观点，认定镇政府应及时作出赔偿决定。按照全面赔偿原则，对李某的合法权益全面、及时、一次性赔偿到位。

102. 土地房屋被征收，外嫁女是否享有安置补偿？

□ 温奕昕

【案情简介】

某市开发区管理委员会因建设引河调蓄项目，某市开发区村民住宅被纳入征收范围进行中心城区棚户区（城中村）改造。原告王某位于某市开发区的宅基地及土地被征收，其所在的土地具体用于建设引河调蓄项目中的水库项目。某市开发区管委会在实施项目拆迁中，制定了征收拆迁政策及实施细则。

原告女儿王小某虽出嫁，但在本地分有责任田而男方未分地，和老公在本地有独立住房且长期居住，因此原告按照政策应享有拆迁补偿。政府拆除原告房屋征收土地后，某市开发区管委会也认可原告外嫁女儿享有安置补偿，与原告签署《房屋补偿安置协议》，决定对原告（含外嫁女）进行补偿安置房及支付补偿款。然而，后期政府以《房屋补偿安置协议》违反法律规定和当地政府政策为由，拒绝履行协议。原告遂向法院起诉。

【判决结果】

《房屋补偿安置协议》具有法律效力，原被告双方都应按照协议履行相应的义务。

【律师解读】

土地是农村集体经济组织成员赖以生存的基本生产资料。农村集体经济组织成员是靠土地为生的，没有土地就失去了最基本的生活保障。

《最高人民法院关于审理涉及农村土地承包纠纷案件适用法律问题的解释》第二十四条规定：“农村集体经济组织或者村民委员会、村民小组，可以依照法律规定的民主议定程序，决定在本集体经济组织内部分配已收到的土地补偿费。征地补偿费方案确定时已经具有本集体经济组织成员资格的人，请求支配份额的，应予以支持。”从该司法解释可知，只要具有集体经济组织成员资格的人，即具有相应份额的土地补偿费。同理，宅基地房屋征收，也应具有相应的房屋安置补偿。《最高人民法院关于为实施乡村振兴战略提供司法服务和保障的意见》（法发〔2018〕19号）第三十七条规定：“依法妥善处理农村集体经济组织成员资格问题，保护农民基本财产权利。充分认识集体经济组织成员资格对农民享有土地承包经营权、宅基地使用权和集体收益分配权等基本财产权利的重要意义，审慎处理尊重村民自治和保护农民基本财产权利的关系，防止简单以村民自治为由剥夺村民的基本财产权利。依法依规保护农村外嫁女、入赘婿的合法权益。”

本案中，当地政府拆迁政策《关于某市开发区棚户区（城中村）改造房屋征收与补偿安置工作实施细则》第六页载明“安置办法”，其第十条规定：

“凡有本地户口，调地时分有责任田的出嫁女，在本村有独立住房且长期居住的，男方在居住地无房，没有享受过正常安置，本人及户口在本村的子女按人均 $40m^2$ 进行安置……协议签订时，需要提供以下材料：外嫁女的身份证、本人及子女户口本、结婚照；所嫁男方身份证、户口本；外嫁女在男方未分地证明；女方在本村有责任田的证明；四邻、小组、村共同出具的女方本村长期居住证明。”

根据上面征地政策规定，原告已提交了以上材料并已签署《房屋补偿安置协议》，协议并没有违反法律规定和当地政府政策，原告享有外嫁女安置补偿，政府应当履行安置协议，故法院支持原告诉讼请求作出上述判决。

103. 排放的水污染物达标，为何受到行政处罚？

□ 高　庆

【案情简介】

李某系个体工商户 A 区铝产品加工厂业主，曾因未办理环评手续、环保设施未验收即投入生产受到过行政处罚。

2019 年，B 区生态环境保护局在该厂位于 B 区的厂房检查时，发现该厂涉嫌私自设置暗管偷排污水。B 区生态环境局经立案调查后，依照法定程序，向李某作出行政处罚决定，责令立即拆除暗管，并罚款 10 万元的处罚决定。李某认为其排放的水污染物达标、没有对环境造成损害，不应受到行政处罚，遂以 B 区生态环境局为被告，向法院提起行政诉讼，请求撤销该处罚决定。

【判决结果】

驳回李某的诉讼请求。

【律师解读】

《行政处罚法》第二十二条规定："行政处罚由违法行为发生地的行政机关管辖。"以及《环境行政处罚办法》第十七条规定："造成跨行政区域污染的行政处罚案件，由污染行为发生地环境保护主管部门管辖。"李某的铝产品加工厂登记注册地虽在A区，但其生产加工造成环境污染的事实发生在B区。因此，B区生态环境局有权对李某的铝产品加工厂作出行政处罚的决定。

根据我国《水污染防治法》规定，禁止以私设暗管的方式排放水污染物，逃避监管。李某的铝产品加工厂排放的污水符合排放污水的相关标准。但私设暗管排放的仍旧属于污水，应由县级以上人民政府环境保护主管部门责令改正或者责令限制生产、停产整治，并处以十万元以上一百万元以下的罚款；情节严重的，报经有批准权的人民政府批准，责令停业、关闭。李某以其排放的水污染物达标，没有对环境造成损害为由，主张不应受到行政处罚的，人民法院不予支持。

环境行政处罚自由裁量权应遵循合法合理、过罚相当、公开公平公正原则。该铝产品加工厂曾因实施"未办理环评手续、环保设施未验收即投入生产"的违法行为受到过行政处罚，因此本案系二次违法行为。B区生态环境局有权在《水污染防治法》第八十三条规定的幅度内，综合考虑二次违法事实，对该工厂作出罚款10万元的行政处罚。

104. 杨某诉自然资源和规划局行政行为违法，为何被驳回？

□ 郭灿炎

【案情简介】

杨某系某市某村村民，在该村有宅基地。2013年11月15日，某市国际港务区在网站上发布了《某市国际港务区征地拆迁安置补偿实施办法》，某市国际港务区管理委员会于2016年4月12日作出某港发（2016）28号《关于印发〈某市国际港务区重点建设项目拆迁补偿安置实施办法〉的通知》，于同年8月9日作出某港发（2016）74号《关于印发某市国际港务区重点建设项目拆迁补偿安置实施办法补充条款的通知》，其后又陆续发布搬迁安置补偿方案及搬迁通告。2019年10月24日，某市天某房地产资产评估顾问有限公司接受委托，对杨某的涉案房屋作出评估，估计对象征收价值合计447775.00元。2019年10月27日，某市自然资源和规划局向杨某送达了《集体土地上房屋征收评估报告》，杨某妻子周某进行了签收。2019年11月28日，某市自然资源和规划局对杨某作出了《领取搬迁安置补偿款、签订〈搬迁安置补偿协议书〉和清腾房屋及附属物、交出土地的通知书》，并于同日在招商银行为杨某专户存储了拆迁补偿安置费用2191742.00元。《通知书》含附件2019007－1号、2019007－2号《费用结算表》及《收付款业务回单》。次日，因杨某妻子拒绝签字，该自然资源和规划局向杨某留置送达了《通知书》。2019年12月27日，该局向杨某作出并留置送达了《责令限期交出土地决定书》。杨某未依法申请复核。随后，该局依法向杨某送达了《领取搬迁安置补偿款、签订〈搬迁安置补偿协议书〉和清腾房屋及附属物、交出土地的通知书》，杨某收到该通知后，在规定时间内拒绝领款。该局对杨某的房屋及附属物补偿费用进行了专户储存。经该局多次沟通和上门催告，杨某仍然拒绝领取搬迁安置补偿款、签订《搬迁安置补偿协议》以及腾退房屋及其他附属设施并交出土地。该局责令杨某在接到决定书之日起五日内腾退房屋及其他设施，交出土地，逾期将依法强制执行。杨某不服，认为某市自然资源和规划局作出的决定书未依法定程序进行，未公开相关征地批准文件，也未依据法律规定对案涉宅基地上附属物进行测量评估，不具备交出土地的法定条件，且案涉决定书违反法律法规强制性规定，属于无效行为依法应予撤销，因此提起行政诉讼。

【判决结果】

1. 依法驳回杨某的起诉。
2. 杨某不服提起上诉，二审驳回了杨某的上诉请求。

【律师解读】

一、自然资源和规划局已经依法履行“一批复两公告”法定征收程序，程序合法

（一）经省政府批准，涉案某市某村集体土地被依法征收。杨某房屋在被征收的集体土地范围内，依法应按照集体土地的征收程序予以征收。

（二）某市人民政府于2019年4月24日发布了《某市人民政府征收土地方案公告》，公告规定了具体征地范围及到某市国土资源局办理征地补偿登记期限；同日，某市自然资源和规划局依法发布了《某市自然资源和规划局征地补偿安置方案公告》，公告明确告知了土地征收补偿安置标准、适用依据以及对公告内容有不同意见的，可在2019年5月9日前以村委会或村民小组为单位，以书面形式送达某市国土资源局港务分局。

二、杨某无正当理由拒绝接受安置补偿，且拒不交出土地，已经严重影响到征收工作的正常进行

（一）评估公司受征收部门委托按照土地征收程序，对杨某宅基地上房屋及其附属设施进行了房屋及附属物评估，征收部门及评估公司已将《集体土地上房屋征收评估报告》向杨某依法进行了送达。杨某对于评估报告并未申请复核程序或裁决程序，应视为对评估结果的认可。

（二）评估程序结束后，征收部门依法向杨某送达了《领取搬迁安置补偿款、签订〈搬迁安置补偿协议书〉和清腾房屋及附属物、交出土地的通知书》，杨某收到该通知后，在规定时间内拒绝签订安置补偿协议，也拒绝领取补偿款及腾退房屋。征收部门对杨某的房屋及附属物补偿费用进行了专户储存。

综上，依照《最高人民法院关于审理涉及农村集体土地行政案件若干问题的规定》第十四条，该局作出《责令限期交出土地决定》，完全符合法定条件。

三、杨某的主张无事实和法律依据

（一）根据自然资源和规划局提交的相关证据，能够证明该局在集体土地征收过程中，依法进行了土地征收公告、征地补偿安置方案公告，同时也进行了意见征求和社会稳定风险评估。并且在征收过程中，征收部门对杨某的房屋及附属物进行了评估，依法送达了评估报告。

（二）补偿程序合法。虽然在国家层面对集体土地征收未有明确规定，但本案被告为了充分保障被征收人合法权益，还是参照了《国有土地上房屋征收与补偿条例》相关精神，进行了评估程序，并将评估报告依法送达杨某。杨某在收到评估报告后，未申请复核。

（三）补偿实体完全合法。本案中，为充分保障杨某的生活水平、生活保障、居住保障等问题，在送达给杨某的《领取搬迁安置补偿款、签订〈搬迁安置补偿协议书〉和清腾房屋及附属物、交出土地的通知书》中，该局按照就高原则对杨某进行了货币补偿提存，同时也明确告知了其房屋安置的权利。

四、杨某认为《决定书》违反法律强制性规定，属于无效行为请求撤销，无法律依据

（一）《决定书》并非是杨某所错误理解的、孤立的行政处罚行为，而是政府在土地征收过程中，为保障征地工作的及时进行，由法律明确规定的行政决定。该《决定书》既不是行政处罚，也不是行政强制，而是政府在土地征收过程中的行政决定。

（二）本案中，案涉集体土地上房屋征收，目前除《土地管理法》《土地管理法实施条例》及相关土地征收的法规，并没有类似《国有土地上房屋征收与补偿条例》这样的全国适用的法律规范。但本案被告除按照有关法律法规进行“一批复两公告”征收程序外，还尽可能参照《国有土地上房屋征收与补偿条例》相关规定，履行评估程序、补偿程序，充分保障了杨某的合法权益，亦未违反法律法规的强制性规定。

五、拆迁补偿被征地人不能超越法律，漫天要价

（一）杨某不尊重经法定程序根据土地性质进行的补偿安置，漫天要价、拒绝协商，超越了法律、政策所能给予的最大可能保护，不但不符合法律规定，也完全超出安置补偿的合理性限度。

（二）在绝大部分被征收人已经按照政府制定的搬迁安置补偿办法搬迁的情况下，杨某毫无根据地要求完全按照国有土地上房屋补偿标准进行补偿。征收部门和实施单位动迁以来几乎天天派工作人员到包括杨某在内的拒迁户做各种工作和沟通、协商，从未放弃过协商的努力。但杨某反复无常，以国家建设工期紧迫为要挟，提出极不现实的要求，不仅超越了法律，也完全脱离了现实，没有合理性，而且对其他被征收人也不公平。

综上，法院支持了某自然资源和规划局作出的责令限期交出土地决定，依法驳回了杨某的诉讼请求。

105. 案发三年治安拘留，是否合法？

□ 潘建华

【案情简介】

2015 年 8 月，舒某 1 因某地的归属问题与村委会发生争议，伙同舒某 2 用砖和泥砌成砖墙将村委会和会议室门口堵住。

当日，某公安分局接该村委会主任张某的报警，依法对该案受理。经过调查认定了该事实。某公安分局同日对舒某 1 作出行政拘留的行政处罚，但未对舒某 2 予以处理。

直到 2019 年 3 月，根据原报案人的反映，某公安分局对该案再次处理，给予舒某 2 行政拘留十日的行政处罚。

舒某 2 不服，向某公安局申请行政复议。公安局确认某公安分局逾期作出的行政处罚决定违法，但其违反程序的情形不足以导致被诉行政处罚决定被撤销。

舒某 2 仍不服，起诉至法院要求撤销某公安分局作出的行政处罚决定书以及某公安局作出的行政复议决定书。

【判决结果】

判决撤销某公安分局作出的行政处罚决定书以及某公安局作出的行政复议决定书。

【律师解读】

法院经审理认为，针对同一治安案件，某公安分局已对舒某 1 作出行政处罚，案发三年后，某公安分局基于同一案件事实，又对舒某2作出行政处罚决定，违反了《治安管理处罚法》关于办理治安案件的期限的规定，程序严重违法，应依法予以撤销。对于本案，作以下分析：

一、行政机关办理行政案件应遵循及时效率原则，在法定期限内办结案件

行政主体作出行政行为时，在不损害行政相对人合法权益的前提下，所遵守的步骤、方式、顺序、时限等程序要素必须确保基本的行政效率。行政机关办理行政案件应遵循及时效率原则，要求行政行为必须按照法律规范的时限要求内作出，行政案件的办理必须符合行政程序规定的各种时间限制。

效率是行政的生命与基础，无效率则无公正。“迟来的正义非正义”，延迟作为也是不作为的一种形式。执法办案必须严格遵循及时原则的要求，避免推诿拖沓、懒政怠政。

二、严重超过法定办案期限作出的治安行政处罚属程序严重违法，应予撤销

《治安管理处罚法》第九十九条规定：“公安机关办理治安案件的期限，自受理之日起不得超过三十日；案情重大、复杂的，经上一级公安机关批准，可以延长三十日。”

本案中，某公安分局对舒某2作出的行政处罚决定已经远远超出法定办案期限。

根据《行政诉讼法》第七十条第三款“行政行为有下列情形之一的，人民法院判决撤销或者部分撤销，并可以判决被告重新作出行政行为：……（三）违反法定程序的”规定，行政机关应当遵守法定办案期限。在无正当理由的情况下，超出法定期限内对相对人作出行政处罚，不符合《行政处罚法》的立法精神，违反法定程序，属于滥用职权。该行政处罚决定应予撤销。

后　记 AFTER WORD

2022年2月4日—2月20日，冬奥会在北京成功举办，中国队荣获9金4银2铜总共15枚奖牌，位居奖牌榜第三名，取得我国冬奥会历史上最好的成绩。2022年3月4日—3月13日，冬残奥会在北京成功举办，中国队荣获18金20银23铜总共61枚奖牌，位居奖牌榜第一名。在向“双奥”取得的佳绩致敬的同时，“盈科律师一日一法”核心团队亦不忘初心、砥砺前行。经过编辑、校对等一系列程序，《“律师说法”案例集（4）》马上就要与广大读者见面了。中国共产党第二十次代表大会将于2022年下半年在北京召开，此案例集将作为献礼篇，为法治中国贡献一份力量。

2019年7月16日，在盈科党委书记郝惠珍的策划和指导下，“盈科律师一日一法”公众号创刊。2019年10月23日，“盈科律师一日一法”公众号运行百天新闻发布会成功举行。2020年12月22日，《“律师说法”案例集（1）》出版发行。2021年6月22日，《“律师说法”案例集（2）》出版发行。2021年6月30日，“盈科律师一日一法”编委会入驻北京中信大厦五十五层。2021年7月20日，在北京中信大厦成功举办“盈科律师一日一法”公众号创刊两周年新闻发布会。2021年12月22日，《“律师说法”案例集（3）》出版发行。

目前，“盈科律师一日一法”公众号文章被120家公众号转发，被今日头条、搜狐网、新浪网、新浪微博等200多家网站转载。投稿作者单位包括二十多家分所，合计110余人。

《“律师说法”案例集（1）》选择的是从公众号创刊至2020年4月30日发布的案例，封面颜色是红色。《“律师说法”案例集（2）》选择的是从2020年5月1日至2020年12月31日发布的案例，封面颜色是橙色。《“律师说法”案例集（3）》选择的是从2021年1月1日至2021年6月

30 日发布的案例，封面颜色是黄色。《“律师说法”案例集（4）》选择的是从 2021 年 7 月 1 日至2021 年 12 月 31 日发布的案例，封面颜色是绿色。本书总共分五个部分，包括民事法 39 篇、刑事法 30 篇、公司法 20 篇、劳动法 8 篇、行政法 8 篇，合计 105 篇。

在编委会张印富、杨倩、张其元、娄静、刘涛、袁方臣、汤学丽、高庆、李娟、王琪、李韬等人的大力支持下，在孙向阳、徐稔璎、何忠民、赵爱梅、郭灿炎、温奕昕、张颖、禚伟、张鹏、王阳、郝耀华、潘建华、付珊、师萌等律师的辛苦付出下，从 2022 年 1 月 1 日开始，历经多次审稿，本书如今终于汇编成集。

我代表编委会，向本案例集投稿的作者，向长期支持我们的广大读者朋友，再次表示感谢。

盈科律师事务所全球总部合伙人
“盈科律师一日一法”主编　**韩英伟律师**
盈科刑民行交叉法律事务部主任

2022 年 3 月 20 日于北京